大型会展交通

Large-Scale Exhibition Transportation
From World Expo to China International Import Expo

从世博到进博

朱洪 谢辉 谢恩怡 —— 著

同济大学 出版社
TONGJI UNIVERSITY PRESS
·上海·

图书在版编目(CIP)数据

大型会展交通:从世博到进博 / 朱洪,谢辉,谢恩怡著. —上海:同济大学出版社,2025.1
ISBN 978-7-5765-0782-9

Ⅰ. ①大… Ⅱ. ①朱… ②谢… ③谢… Ⅲ. ①文娱活动—交通管理—研究 Ⅳ. ①G241.3

中国国家版本馆 CIP 数据核字(2023)第 014419 号

大型会展交通——从世博到进博

朱 洪 谢 辉 谢恩怡 著

责任编辑 姚烨铭 **责任校对** 徐春莲 **封面设计** 王 翔

出版发行	同济大学出版社　www.tongjipress.com.cn
	(地址:上海市四平路1239号　邮编:200092　电话:021-65985622)
经　　销	全国各地新华书店
排　　版	南京文脉图文设计制作有限公司
印　　刷	常熟市华顺印刷有限公司
开　　本	787mm×1092mm　1/16
印　　张	18
字　　数	332 000
版　　次	2025 年 1 月第 1 版
印　　次	2025 年 1 月第 1 次印刷
书　　号	ISBN 978-7-5765-0782-9
定　　价	136.00 元

本书若有印装质量问题,请向本社发行部调换　　版权所有　侵权必究

序

上海是国际会展之都，十分注重大型会展的组织和举办。2010年上海成功举办了第41届世界博览会，这也是第一次在发展中国家举办世界博览会，历时184天，吸引了190个国家、56个国际组织以及中外企业参展，累计接待参观者7 308万人次。2010上海世博会让世界看到了蓬勃发展的上海。2018年11月5—10日，首届中国国际进口博览会在上海举办，这是世界上第一个以进口为主题的国家级展会。新冠疫情期间，中国国际进口博览会也如期举办，截至2024年已成功举办了七届。2021年5月21—7月2日，第十届中国花卉博览会在上海崇明举办。可以预见，未来还将有许多大型国际会展及重大会议在上海举办。大型会展期间必定会有大量的客货交通流，高度集聚的交通流给周边交通设施带来压力，对外部交通设施和配套交通有着较高的要求。相关部门组织研究团队在会展筹备阶段开展交通保障方案研究，在会展运行阶段开展研制和评估工作，为大型会展活动交通保障工作提供全过程技术支持。

通过对会展活动交通的持续跟踪研究，可以发现会展交通除了需求总量大、高峰集中外，还涉及人群多元化、交通构成复杂、出行品质要求高等诸多特征。同时，会展交通组织管理涉及部门多，协同性要求高等，不同于日常城市交通特征。需从场馆规划选址阶段即开始考虑会展交通组织的需求，以因地制宜布局场馆、科学合理配置交通设施、精细化交通流线设计和多方协同运营保障机制等为原则展开研究。

上海市城乡建设和交通发展研究院全面参与了2010上海世博会的交通组织方案研究和保障工作，全过程参与中国国际进口博览会的交通保障研究工作，持续跟踪分析国际车展、国际医药展、国际家具展等大型会展活动的运行特征，形成了不同层级、不同类别、不同规模的会展活动交通规划与交通组织保障方案，积累了较为丰富的实践经验。为传承经验和提升大型会展活动交通组织研究和保障能力，组织编写了《大型会展交通——从世博到进博》一书。

本书共十一章,主要分为上、下两篇,上篇为技术篇,包括大型会展交通的关键技术、组织方法、研判方法以及评估方法。下篇为实践篇,着重介绍2010年上海世博会、国际汽车展、中国花卉博览会以及中国国际进口博览会四个典型会展交通保障的案例,并展望未来会展活动的交通保障方法和技术。相信,本书的出版,可以为从事大型会展活动的交通研究人员和行业管理人员提供技术指导和参考。

2025年1月

前言

大型会展是城市对外开放和向世界展示其综合实力的重要窗口。安全、可靠、有序的交通运行是大型会展活动成功举办的关键。如何把握大型会展客流演变规律和交通需求特征，引导形成合理会展交通组织体系，并提供高品质的会展出行服务，是一个值得深入研究和思考的课题。2010年，中国上海世博会成功举办；2015年，国家会展中心落户虹桥商务区，每年都举办一系列主题会展活动；2018年后，上海连续多年成功举办中国国际进口博览会。从世博会到进博会，上海形成了丰富的大型会展交通的组织与保障经验，值得深入研究和总结。

集约交通优先是大型会展交通保障的首要策略，但仍需兼顾参展游客的个性化需求，在轨道交通发挥主力作用的前提下，场馆周边要优先布置公交枢纽场地、大客车停车泊位，还要为出租车保障服务提供场地，为少量小汽车出行提供远端接驳服务。除此之外，统筹保障、均衡流量、内外衔接和精细管理也是大型会展活动交通保障的基本策略。客流的短时集聚是大型会展活动的一个重要特征。入场高峰，客流集中到达往往与日常早高峰交通叠加，周边道路和轨道交通系统将承担额外负担；离场高峰，客流可能会向轨道车站出入口、出租车上客点、停车场短时集聚，出现离场排队情况。为此，需要制订内外联动的交通保障指挥体系。

本书分为四个部分：绪论（第1章）、技术篇（第2章到第6章）、实践篇（第7章到第10章）和展望（第11章）。

技术篇重点阐述了大型会展交通的关键组织技术、研判和评估方法，包括信息采集和预测分析、交通规划和设施配套、客流组织和运营保障、监测研判和动态调整以及跟踪评估和持续优化等关键技术。将交通供需平衡理论和集约交通优先发展理论贯穿大型会展交通组织与保障的全过程。系统分析大型会展交通规模、空间分布、时间分布和集散方式等需求特征，以及大型会展道路交通、公共交通、静态交通等各交通系统的承载力。大型会展交通供需平衡的核心理念在于为各种大型会展交通需求营造一个合理交通出行环境。同时，结合国内外通用的技术方法，介绍了大型会展交通所涉及的轨道交通、道路交通、静态交通、公共交通、出租汽车、慢行及货运车辆的组织方法要点，以及大型会展活动过程中的会展交通特征、周边交通特征、城市交通特征实时研判方法和各种交通运行特征评估方法的流程。

实践篇重点介绍了2010上海世博会、国家会展中心各类展会、上海崇明花博会和中国国际进口博览会等典型大型会展的交通组织经验。不同的会展客流特征不完全相同，同样的展会不同的举办日期也会表现出不同的客流特征，加上背景交通的变化，这要求在保障策略指导下，需建立差异化和针对性的预案，通过现场指挥实现精准可控的目标。通过对上海实践案例的分析，梳理和总结特大城市大型会展交通运行的规律、特点及应对策略和措施。

感谢上海市交通委员会各位领导和同仁的指导，特别是连续多年安排研究团队入驻进博会、花博会、上海国际汽车展等交通保障现场指挥部开展综合研判工作，给予我们最接地气的感悟。在参与会展交通保障方案的研究过程中，也得到了上海市公安局交警总队的指导和帮助，在此也一并感谢。感谢上海市城乡建设和交通发展研究院研究团队每一个成员的执着和付出，持续研究大型会展保障方案，持续开展大型会展客流研判和评估工作，积累下的宝贵资料和数据是本书编写的基础。感谢上海市交通发展研究中心、同济大学等研究机构为本书的花博会案例编写贡献了素材。此外，本书第7章中包含了邵丹的卓越工作成果，第9章中融入了江文平、王东磊的宝贵心血，第10章王东磊也作出了重要贡献等，感谢他们为本书的实践篇提供资料，为本书增添光彩。

由于笔者水平有限，不足与疏漏在所难免，恳请读者指正。

2025年1月

目录

序

前言

■ 第 1 章　绪论 / 1
1.1　大型会展的概念及对城市发展的意义 / 1
1.2　大型会展的交通特征 / 6
1.3　大型会展活动对城市交通的影响 / 8
1.4　国内外典型大型会展交通组织综述 / 9

———————————— 技术篇 ————————————

■ 第 2 章　信息处理和预测分析 / 21
2.1　交通信息采集及分析技术 / 21
2.2　交通需求预测分析技术 / 27
2.3　交通承载力分析技术 / 36

■ 第 3 章　交通规划和设施配套 / 41
3.1　场馆配套交通规划依据 / 41
3.2　场馆配套交通规划策略 / 41
3.3　场馆配套交通规划方法 / 43
3.4　场馆配套交通规划要素 / 45
3.5　国家会展中心配套交通规划 / 46

第 4 章 客流组织和运营保障 / 55
- 4.1 对外交通客流组织 / 55
- 4.2 轨道交通基本保障 / 58
- 4.3 道路交通组织管理 / 62
- 4.4 停车设施配套保障 / 65
- 4.5 巴士公交多样服务 / 72
- 4.6 出租汽车精准调度 / 78
- 4.7 步行交通有序组织 / 79
- 4.8 货运交通科学管理 / 80
- 4.9 交通信息综合引导 / 81

第 5 章 监测研判和动态调整 / 84
- 5.1 城市交通预判和响应 / 84
- 5.2 会展客流实时监测和分析 / 86
- 5.3 场馆交通实时研判和动态调整 / 91

第 6 章 跟踪评估和持续优化 / 98
- 6.1 客流基本特征和规律评估 / 98
- 6.2 交通设施运行情况评估 / 100
- 6.3 交通管理措施实施效果评估 / 104

实践篇

第 7 章 中国上海 2010 年世界博览会
——城市核心区高强度客流的大型会展活动交通保障 / 109
- 7.1 世博会概述 / 109
- 7.2 世博交通演变历程 / 113
- 7.3 世博交通指挥体系 / 119
- 7.4 世博交通特征评估 / 124
- 7.5 世博交通经验总结 / 134

目录

- **第 8 章　上海国际汽车展**
  ——市场化消费型的大型会展活动交通保障 / 138
  - 8.1　发展演变 / 138
  - 8.2　交通组织方案 / 145
  - 8.3　交通跟踪评估 / 159

- **第 9 章　第十届中国花卉博览会**
  ——郊区特殊区位有限通道的大型会展活动交通保障 / 162
  - 9.1　概述 / 162
  - 9.2　交通需求承载力分析 / 165
  - 9.3　交通组织方案 / 180
  - 9.4　G40 通道专项组织方案 / 182
  - 9.5　交通运行情况 / 189

- **第 10 章　中国国际进口博览会**
  ——高规格定期举办的大型会展活动交通保障 / 192
  - 10.1　概述 / 192
  - 10.2　交通需求分析 / 200
  - 10.3　交通设施承载力分析及保障策略 / 213
  - 10.4　交通设施保障 / 229
  - 10.5　交通运行保障 / 233
  - 10.6　交通信息保障 / 244
  - 10.7　交通研判和评估 / 247
  - 10.8　长效保障机制建议 / 256

- **第 11 章　展望** / 263
  - 11.1　大型会展交通组织经验总结 / 263
  - 11.2　大型会展交通理念在日常交通中的应用 / 264
  - 11.3　未来科技在大型会展交通组织中的应用 / 265

- **参考文献** / 268
- **附录** / 271

第1章
绪 论

1.1 / 大型会展的概念及对城市发展的意义

■ 1.1.1 大型会展活动的概念

1988年,美国联邦公路局对已规划特殊活动进行了定义[1][2][3],即:在特定时间和地点发生的能引起交通需求不正常增长的特殊活动,包括体育活动、游行、国家庆典、国际峰会、节日集会和焰火表演等。

《大型群众性活动安全管理条例》[4]2007年发布,明确大型群众性活动是指法人或者其他组织面向社会公众举办的每场次预计参加人数达到1 000人以上的下列活动:

(1) 体育比赛活动;

(2) 演唱会、音乐会等文艺演出活动;

(3) 展览、展销等活动;

(4) 游园、灯会、庙会、花会、焰火晚会等活动;

(5) 人才招聘会、现场开奖的彩票销售等活动。

2015年《上海市公共场所人群聚集安全管理办法》[5]明确:展览场馆、博览场馆、体育场馆、文化娱乐场所、机场航站楼、轨道交通车站、客运车站和客运码头等公共场所,面向社会公众举办的每场次预计参加人数1 000人以上的称为大型群众性活动。

展览会、博览会等会展活动是大型群众活动的主要类型之一。在一定的地域空间,围绕会展活动,定期或不定期、制度或非制度的,面向社会公众举办的,每场次预计参加人数1 000人以上的,称为大型会展活动。

1.1.2 大型会展活动的分类

会展活动的基本形式是会议、展览会、博览会、交易会、展销会和展示会等。随着社会经济的迅猛发展,人民生活水平不断提高,人们为了公共利益而组织的展览会、博览会活动日益增多,规模越来越大。不同类型的会展活动由于其活动内容、规模、组织方式的不同,所引发的交通需求和特性也不尽相同。同时,活动举办的时间、地点、气候等因素也会对会展活动期间的交通特性产生影响。

1)按照会展活动涉及范围分类

(1)国际大型会展活动

指在国际范围内产生重要影响,规模巨大,参与人员众多的大型会展活动。其活动参与者来自世界各地,如世博会、国际车展、国际医药展和国际家具展等活动。往往是在同一个区域内多个场馆在相同或者相近的时间发生的多个展览展销活动。

(2)国家大型会展活动

指在全国范围内产生重要影响、参与人员众多的大型会展活动。其活动参与者大部分来自国内,如中国工业博览会、中国进出口商品交易会(The China Import and Export Fair,以下简称"广交会")等。

(3)地区大型会展活动

指在会展活动举办当地产生重要影响、参与人员较多的大型会展活动。其活动参与者大部分来自当地或地区,如婚博会、家装展、健身展等。

2)按照会展活动展期分类

(1)长期会展活动。大都常年举行,其展览场所固定,展品变动不大,如博物馆内的常年展。

(2)定期会展活动。一般固定为每隔一段时间之后,在某一特定时间内举行,例如,中国国际进口博览会(China International Import Expo,CIIE)每年固定在11月5—10日举办;上海国际汽车展每两年举办一次;中国花卉博览会一开始是两年一次,从第三届开始改为四年一届等。其展览主题大都既定不变,但允许变动展览场所和展品内容。一般而言,定期会展活动往往呈现连续性、系列性的特征。

(3) 临时会展活动。随时可根据需要与可能举办。它所选择的展览场所、展品内容乃至展览主题往往不尽相同,但其展期大都不长。

3) 按照会展活动规模分类

《国家会展中心(上海)交通保障总体方案》[6]针对国家会展中心会展活动规模也进行了分类,共有下述四类:

(1) 中小型规模会展活动日均客流在3万人次以下,对周边交通无影响或影响不大;

(2) 大型规模会展活动日均客流在3万~10万人次,对周边交通有影响,但通过局部临时性措施可以解决;

(3) 特大型规模会展活动日均客流在10万~20万人次,对周边交通有较大影响,需要采取全市范围的应急响应措施;

(4) 超大型规模会展活动日均客流在20万人次以上,对周边交通有较大影响,并波及全市交通,需要采取严格的管控措施确保人员安全集散。

■ 1.1.3 大型会展活动的历史演变

会展活动最早的形式是集市,后来随着规模越来越大,交易的商品种类和数量以及参与的人员越来越多,逐渐就形成特定的展览活动。至15世纪,德国莱比锡市和欧洲其他国家的许多城市相继成为世界展览名城。随着欧洲"地理大发现"(西方史学对15~17世纪欧洲航海者开辟新航路与发现新大陆的通称)的进展、国际贸易活动的频繁和经济全球化的深入,会展活动逐渐扩展到美洲等其他地区[7]。会展活动推动了世界贸易和世界经济的发展,许多发达国家通过举办大型会展活动抢占市场,会展活动的类型越来越丰富,参加的国家或城市越来越多,影响也越来越大,比如世博会。1928年11月22日,来自31个国家的政府代表签署了世界上第一个关于管理和协调国际性展览会的《1928年国际展览会巴黎公约》(以下简称《巴黎公约》),《巴黎公约》规定了世界博览会的举办周期、主办者和参展者的权利与义务等。第二次世界大战结束后,一批因战争而停办的展览会和博览会重新开张,"米兰博览会""巴黎博览会""莱比锡博览会"被誉为连接各国贸易的三大桥梁。

20世纪70年代,随着经济全球化发展,会展产业规模逐渐迈向国际化。国际分工体系的深化和科学技术的进步,极大地推动了国际会展业的发展。欧洲会展业经过一百多年的发展,已成为全球会展经济中整体实力最强和规模最大的经济产业,德国成为世界第一会展强国,亚洲的新加坡、日本、阿联酋等地会展经济已成为重要的支柱产业。

我国会展活动发展缓慢。1873年,我国首次参加在奥地利举行的维也纳世界博览会,此后官方或民间又以组团参加、寄物参展、派员参展等形式参加了20多次世界博览会。1905年,清政府工商部颁布《出洋赛会通行简章》,对华商出国参展作出了统一规定,鼓励商家踊跃参展,还征用北京前门设立"京师劝工陈列所",以展示各地工业品。我国有史以来第一次全国性博览会——南洋劝业会于1910年在南京举办,展期6个月,观众达30多万人次。1915年,中华民国政府派员参加了在美国旧金山举办的巴拿马太平洋万国博览会,获得众多大奖。

改革开放以后,我国会展经济开始从无到有、从小到大发展起来。1978年,中国贸促会在北京举办的新中国成立以来的第一个国际性的博览——"十二国农业机械展览会",标志着中国会展业开始由单国会展向国际会展过渡[8]。1999年,我国在云南昆明成功举办了为期184天的专业性世界园艺博览会,标志着我国会展业已发展到了一个新的阶段。1999年12月,在国际展览局第126次全体大会上,中国政府正式宣布申办2010年世博会。2002年12月3日,经国际展览局大会投票表决,中国获得2010年世博会举办权。2010年上海世博会也是由中国举办的首届注册类世界博览会,主题为:"城市,让生活更美好!"

自2018年起,中国国际进口博览会(以下简称"进博会")每年在国家会展中心(上海)举办。进博会由商务部和上海市人民政府主办,中国国际进口博览局、国家会展中心(上海)承办,为世界上第一个以进口为主题的国家级展会。举办进博会由习近平主席亲自谋划、亲自提出、亲自部署、亲自推动,是中国着眼推进新一轮高水平对外开放作出的一项重大决策,是中国主动向世界开放市场的重大举措。至2024年11月10日,进博会已在国家会展中心(上海)成功举办七届。

1.1.4 大型会展活动对城市发展的意义

会展活动是现代服务业的重要组成部分,随着我国城市经济结构的不断演进和升级优化,会展活动已成为衡量一个城市开放度、城市活力和发展潜力的重要标志之一。会展活动与城市发展是一种相辅相成的关系,会展活动需要城市提供产业发展和服务的支撑,同时,城市又从会展活动发展中得到极大的利益。没有城市,会展活动无以立足;没有会展,现代城市的生活也会失去许多色彩,会展活动在城市发展中起着不可忽视的作用。

1）会展活动能提升城市的知名度与美誉度

会展活动是最有意义的城市广告,它能够向世界各地的与会人员宣传一个城市的经济发展实力和科学技术发展水平,向人们展示城市的精神风貌,扩大城市影响,提高城市在国际上的知名度和美誉度。同时,城市知名度和美誉度的提高反过来又会吸引投资、促进旅游发展,从而推动城市经济的发展。

2）会展活动能为城市带来一定的经济创收

会展活动不但能提高城市的知名度和美誉度,为城市带来一定的社会效益,还能为城市带来很好的经济效益。会展活动具有较高的利润,它不仅能给城市带来场租费、搭建费、广告费和运输费等直接的经济收入,还能给酒店、旅游、金融和交通运输等诸多行业带来巨大的商机,从而带动人们在交通、餐饮、住宿、购物和旅游为一体的第三产业上的消费。

3）会展活动能提高城市竞争力

对举办城市而言,大型国际会议、展览活动的举办能够迅速提升城市经济实力,增强经贸合作与交流,促进城市经济、科技、文化的发展,改善城市形象,拉动城市建设,改善投资环境,推动城市经济发展与国际接轨,进而带动城市经济的协调发展,提高城市的国际地位,从而提高会展举办城市的综合竞争力。如1999年昆明世界园艺博览会的成功举办,让世界了解了云南,也让云南了解了世界,扩大了云南对外开放的进程。

4）会展活动促进城市基础设施建设

会展活动的成功举办需要城市基础设施建设做保障,要求会展举办地配备较为全面的商业、餐饮、旅游、娱乐和交通等设施,对城市的交通配套、会展场馆和城市市容市貌等的建设起到很好的促进作用,进而带动城市基础设施的建设。

5）会展活动促进城市经济贸易合作

会展经济可以促进城市经济贸易合作。会展孕育着无限商机,它为企业开展营销活动提供了很好的平台,通过这个平台,参展商和观众可以充分地了解双方的供需信息。在一些交易会、展览会和洽谈会上,很多供需双方会签署大额的购销合同,投资、转让和合资意向书,从而在短时间促成买卖双方的交易。如 2019 年和 2020 年进博会意向成交金额都在 700 亿美元以上。

1.2 / 大型会展的交通特征

■ 1.2.1 参展客流日益增加,诱发旅游客流增加

大型会展活动有展期 5~10 天的短期展会,比如广交会展期 5 天,进博会展期 6 天,上海国际汽车工业展览会和北京国际汽车展览会展期都是 10 天。也有展期近百天的展会,比如韩国 2012 年丽水世界博览会 93 天,中国 2010 年上海世界博览会(以下简称"世博会")和意大利 2015 年米兰世界博览会展期是 184 天,阿联酋 2020 年迪拜世界博览会是 173 天等。随着经济发展,会展活动的规模越来越大,吸引的客流规模也越来越大,也带来大量的游客。例如 2010 年上海世博会客流是历届世博会客流高峰,达到 7 308 万人次(表 1-1)。世博会期间,上海旅游集散中心累计接待观博游客 193 万人次,向长三角旅游景点发送游客 39.5 万人次。根据 2010 年上海市国民经济和社会发展统计公报,2010 年上海全年接待国际旅游入境人数 851.12 万人次,比 2009 年增加 35.3%,全年接待国内旅游者 21 463.16 万人次,比 2009 年增加 73.6%。

表 1-1 典型大型世博会活动客流规模

年份	地点	名称	种类	举办天数	参观人数(万人次)	主题
1970	日本大阪	日本万国博览会	综合	183	6 422	人类的进步与和平
1974	美国斯波坎	美国斯波坎世界博览会	专业	184	480	无污染的进步
1975	日本冲绳	冲绳世界海洋博览会	专业	183	349	海洋——充满希望的未来
1982	美国诺克斯维尔	诺克斯维尔世界能源博览会	专业	152	1 113	能源——世界的原动力
1984	美国新奥尔良	路易斯安那世界博览会	专业	184	734	河流的世界——水乃生命之源

（续表）

年份	地点	名称	种类	举办天数	参观人数（万人次）	主题
1985	日本筑波	筑波世界博览会	专业	184	2 033	居住与环境——人类的家居科技
1986	加拿大温哥华	温哥华世界运输博览会	专业	165	2 211	世界通联
1988	澳大利亚布里斯班	布里斯班世界博览会	专业	184	1 857	科技时代的休闲
1992	意大利热那亚	热那亚世界博览会	专业	92	800	哥伦布
1992	西班牙塞维利亚	塞维利亚世界博览会	综合	176	4 100	发现的时代
1993	韩国大田	大田世界博览会	专业	93	1 400	挑战新的发现
1998	葡萄牙里斯本	里斯本博览会	专业	132	1 000	海洋
1999	中国昆明	1999年昆明世界园艺博览会	专业	184	950	人与自然——迈向21世纪
2000	德国汉诺威	汉诺威世界博览会	综合	153	1 800	人类
2005	日本爱知	2005年爱知世博会博览会	综合	185	2 205	自然的睿智
2008	西班牙萨拉戈萨	萨拉戈萨世博会	专业	93	800	水与可持续发展
2010	中国上海	中国2010年上海世界博览会	综合	184	7 308	城市，让生活更美好
2012	韩国丽水	韩国2012年丽水世界博览会	专业	93	800	生机勃勃的海洋及海岸

注：数据来自百度查询。

■ 1.2.2　客流需求相对集中，给设施和运输带来突发性压力

大型会展活动吸引大量的参加者和参观者，从而吸引了大量的小汽车和公共交通需求，而且由于这些活动一般都有确定的开始和结束时间，造成交通量在时间分布上高度集中，瞬时间产生的交通流对道路、停车场等交通设施以及公交运输带来

较大压力。比如2010上海世博会期间,上海地铁全路网总开行列车次数90.101万列次,累计加开7 914列次;世博公交专线42条共投入运营班次788 791班次;投入4 000辆世博专属出租车,出租汽车每车日均服务车次38车次,行驶里程368千米/日。

■ 1.2.3 交通服务具有层次性,时间可靠性要求高

大型会展活动通常涉及不同规模和级别的安保要求,需要为不同级别客户群提供相应标准的交通服务,具有明显的优先层次,同时对参与者的出行时间的可靠性要求高,例如进博会客户群包括特邀嘉宾、媒体、工作人员、参展商、专业观众、普通观众以及志愿者和安保人员等,各客户群交通服务优先层次依次是特邀嘉宾＞媒体＞工作人员(及志愿者、安保人员等)＞观众(专业观众、普通观众)。

■ 1.2.4 交通组织涉及单位多,沟通协调工作量大

大型会展活动交通组织涉及多个政府部门和相关单位,包括主办方、承办方,设施规划、建设部门,交通管理部门、运输管理部门和企业等。在大型会展活动交通组织规划的过程中,各单位需要沟通协调大量事项,运营期间也需要保持信息互通。

1.3 / 大型会展活动对城市交通的影响

大型会展活动对城市交通的影响主要在两个方面:一是大型会展活动产生的交通需求给城市日常交通网络带来额外的交通压力,二是大型会展活动期间交通管制手段也会对周边日常交通产生一定影响。

■ 1.3.1 大型会展产生的需求带来额外的交通压力

通常情况,城市日常交通需求与交通供给呈持平或小于交通供给状态。但由于大型会展活动举办产生会展交通需求,叠加日常交通需求,可能给城市日常交通网络带来额外的交通压力。叠加交通需求大于日常交通供给,会使日常交通网络产生交通拥堵,给市民的日常交通出行带来不便。

1.3.2　大型会展交通管制手段会对周边日常交通产生一定影响

为了保障大型会展活动的正常运行,交通管理部门通常通过制定交通管制措施或手段,临时管制会展活动区域的日常交通需求,从而保障会展活动交通需求。会展交通管制手段涉及道路限行、公交站点调整、轨道站点进出站组织调整、出租车和网约车管理、步行和自行车管理等。与道路施工、交通事故等产生的影响不同,大型会展活动管制手段的影响是对举办地的各交通系统产生影响,会展活动结束后,才恢复正常。交通管理部门需要根据会展活动安排事先进行交通设施完善、制订相应的运输服务方案和交通管理措施,在保障大型会展活动交通服务的同时,尽量减少对社会日常交通的影响。

1.4 / 国内外典型大型会展交通组织综述

1.4.1　日本2005年爱知世博会交通组织

2005年3月25日至9月25日,主题为"自然的睿智"的爱知世博会于日本名古屋东部丘陵(长久手町、丰田市和濑户市)举行。爱知世博会展馆面积共计173公顷,场址分为濑户会场和长久手会场(图1-1)。历时185天的会展期间共计22 049 544名游客进行参观[9][10][11],爱知世博会期间观众人数如表1-2所示。

表1-2　爱知世博会观众情况统计

类型	数量
全部观众数量	22 049 544(人次)
每日平均观众数	119 186(人次)
单日最大观众数(2005年9月18日)	281 441(人次)
观众平均滞留时间	6小时
重复参观(两次及以上)观众百分比	38.1%
外国观众百分比	4.6%(大约每日5 482)

注：资料来源《2005年日本国际博览会》。

爱知世博会场址濑户会场和长久手会场距离名古屋市中心约20千米,从名古屋到场馆主要有两大系统:一是道路系统,采用停车换乘(即P+R)形式,布置6个大型

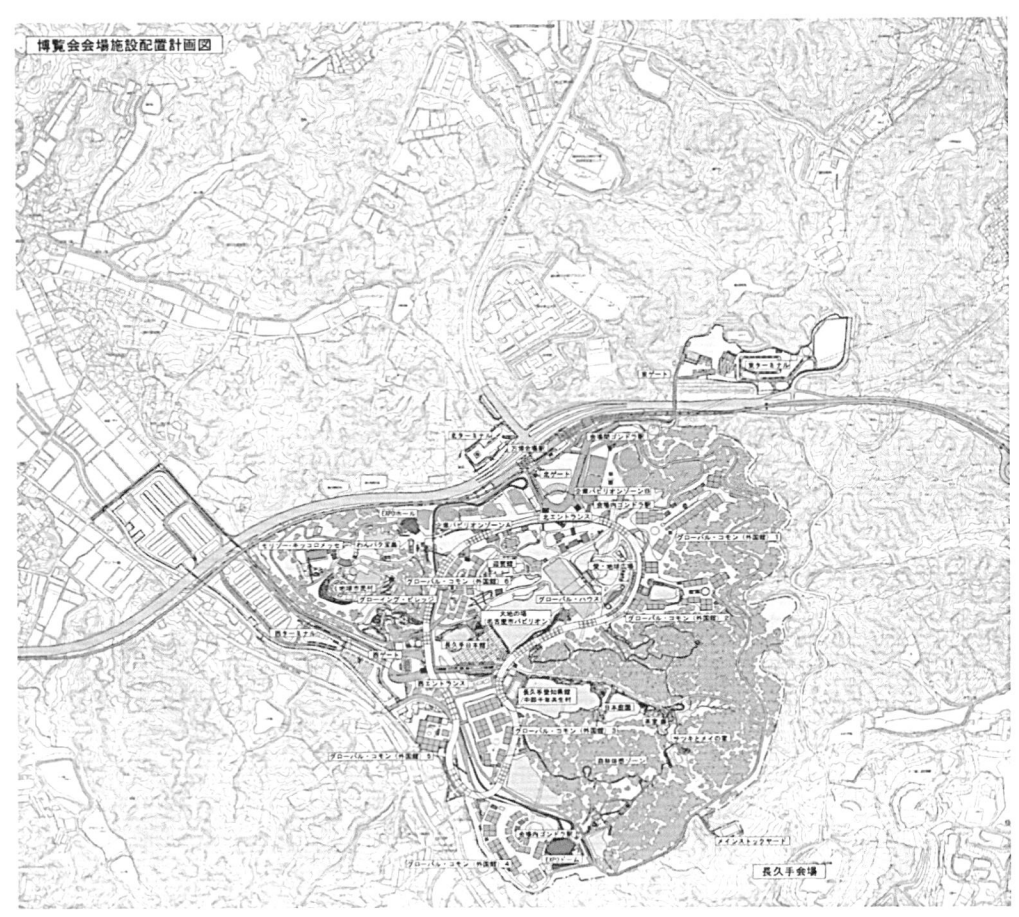

图 1-1 爱知世博会会场规划图
[源于:杨熹微.总设计师谈日本爱知世博会[J].时代建筑,2005(5)]

停车场,约 10 600 个泊位,游客经换乘世博园专用巴士进入园区。二是轨道系统,通过名古屋站到场馆有两条路径,一条是通过 JR 中央本线至爱知环状铁路再换乘磁浮进入园区,另一条是通过地铁东山线换乘磁浮进入园区。磁浮车站、公共停车场与世博会园区各个出入口衔接良好。如表 1-3 所示,据统计,各种衔接方式中,磁浮列车所承担运力最大,约 854 万人,占全部观众人数的 38.7%;自驾车停车换乘人数为 434 万人,占全部观众人数的 19.7%;专线巴士(Yakusa 站到会场,Fujigaoka 站到会场)226 万人,占全部观众人数的 10.2%;团队巴士 337 万人,占全部观众人数的 15.3%;其他方式(步行、二轮车、摩托车等)到达 354 万人,占全部观众人数的 16.1%[11][12]。

表 1-3　爱知世博会外部交通出行方式占比

交通方式	观众人数	百分比
磁浮列车	854 万人次	38.7%
专线巴士（Yakusa 站至会场，Fujigaoka 站至会场）	226 万人次	10.2%
自驾车停车换乘	434 万人次	19.7%
团队巴士	337 万人次	15.3%
其他（步行、二轮车、摩托车等）	354 万人次	16.1%
合计	2 205 万人次	

如图 1-2 所示，爱知世博会园区内部交通工具主要有空中缆车、电车、智能多模式交通系统、燃料电池公交车和三轮自行车等[14][15]。爱知世博会园区内部出行约达 1 200 万人次，园区内部以绿色的多模式出行为主，见表 1-4。

磁浮列车

空中缆车

可沿轨道运行、无人驾驶的智能多模式交通系统

人力三轮自行车

电力驱动游览车

图 1-2　爱知世博会园区内部主要交通工具

表 1-4 爱知世博会园区内部交通方式及占比

交通方式	观众人数	百分比
森林爷爷缆车	336 万人次	28.1%
燃料电池公交车	100 万人次	8.4%
智能多模式交通系统	179 万人次	15.0%
森林小子缆车	434 万人次	36.3%
环球电车	113 万人次	9.5%
出租三轮自行车	32 万人次	2.7%
合计	1 194 万人次	100%

1.4.2 德国汉诺威会展交通保障

德国汉诺威会展中心距离市中心 7.5 千米,展馆占地约 100 万平方米,室内展览面积达到 49.8 万平方米,室外展览场地 5.8 万平方米,有 26 000 多个展位,主要承办欧洲乃至世界上有重要影响的大型专业化展览。每年举办 50 场以上的专业展览,包括世界工博会、CEBIT 会等全球知名展览,年吸引客流量约 230 万人次,日参展观众最高达到 20 万人次,是名副其实的世界会展之都[17][18]。

如图 1-3 所示,汉诺威会展中心配有停车场 50 000 个泊位,展览中心周边有 2 条地铁线、专用客运铁路(高铁)、货运铁路、市郊列车及有轨电车连接机场、火车站等多种交通类型。配套道路设施主要包括一条对外高速公路、一条围绕会展中心环路[6]。

1) 道路系统

(1) 对外高速公路

汉诺威会展中心位于汉诺威城市的南部,37(6)号高速公路由北向南穿越会展地区,并通过南、北 2 个互通立交与围绕会展的环路连接。37(6)号高速公路与东西向 2 号高速在会展中心北部方位连接,向东可以到达柏林,向西可以到达多特蒙德。37(6)号高速公路与南北向 7 号高速在会展中心东部方位连接,向北可以到达汉堡,向南可以到达法兰克福。为了满足高峰时段车流进出会展地区的需要,37 号高速公路会展区段早、晚高峰经常根据需要实施单向进或单向出的交通组织。

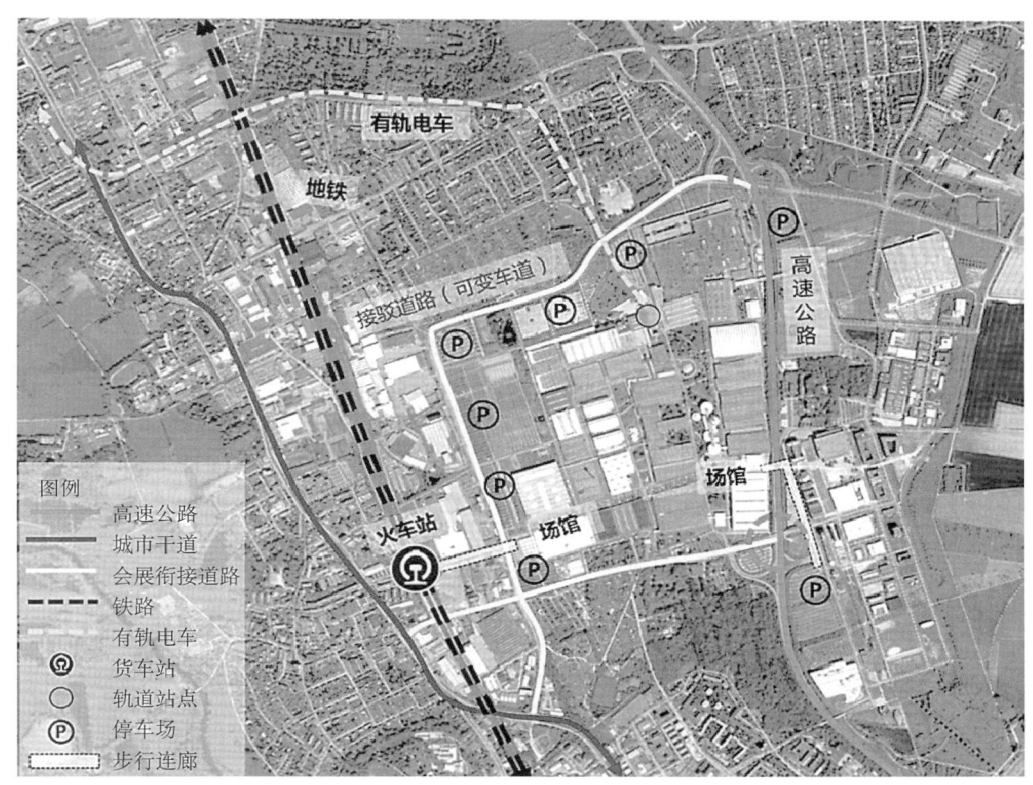

图 1-3　德国汉诺威会展中心交通设施
[源于 https://www.earthol.com/city-23.html]

（2）围绕会展中心环路

汉诺威会展中心环路长度约 5.8 千米，双向 4～6 车道断面形式。环路内用地面积约 2 平方千米，被 37 号高速公路分为 2 部分。西部的 1.5 平方千米为会展核心范围，分布着会展中心 27 个展馆和北部、西部的主要停车设施；东部的 0.5 平方千米主要为东部停车设施和部分配套服务设施。

各类进出会展的车流主要经由 37 号高速公路——会展南互通或北互通——会展环路出入会展地区。此外，会展环路还与周边一些地区道路联系，便利会展中心与周边配套地区的沟通。

2）轨道系统

汉诺威会展中心共设有 3 个轨道车站，包括位于西侧的 DB（德国铁路公司）铁路车站，位于北部、东部的 SB 有轨电车车站。

(1) DB 铁路会展中心车站

DB 铁路会展中心站约 8 股道,南北有 3 个旅客站台,具有客、货两用功能,但主要发挥客运功能。每日停靠多条德国国内外列车线路,既包括高速铁路 ICE,也包括德铁的区域短途铁路 S 线。此外,除了德国铁路公司 DB 运营的铁路车次外,也停靠私人铁路公司 ME 与 RRB 经营的列车线路。在会展高峰时段,鉴于汉诺威城市人口规模仅 50 多万人,城市宾馆与宾馆床位数有限,许多会展参展商和会展观众选择住到周边城市,区域铁路会展客运需求比较突出。尽管车站铁路具有货运功能,但是汉诺威会展物流主要采用公路集装箱运输,铁路运输需求实际比较小。

(2) SB 有轨电车车站

汉诺威会展中心有南、北 2 个有轨电车车站。会展中心北出入口设 1~2 处,始发往铁路汉诺威站的 8 路、18 路有轨电车,不到 20 分钟就可以到达汉诺威铁路站。会展中心东出入口设 3 处,始发穿越汉诺威城市的 6 路、16 路有轨电车。

3) 人行设施

DB 铁路会展中心站,距离会展中心最近的西侧入口约 330 米。当局建设了一个二层步行廊道,并安装了自动步道,连接铁路车站和最近会展出入口,给旅客提供了一个视野开阔、步行舒适的交通平台。

4) 出入口

汉诺威会展中心共有 10 个出入口,其中东部有 2 个出入口,北部有 3 个出入口,西部有 3 个出入口,南部有 2 个出入口。

西部 1 号出入口,通过 2 层平台与 DB 铁路会展中心站连接,北部 1、2 出入口与 SB 有轨电车会展北站连接,东部 3 号出入口与 SB 有轨电车会展南站连接。

5) 出租车

汉诺威会展中心共有 4 处出租车上下客点,主要位于北部 1 号和 2 号出入口、西部 3 号出入口、西部 1 号出入口及南部 1 号出入口附近。鉴于私家车出行、轨道交通出行的比重较高,汉诺威会展中心出租车出行需求相对较低,每处出租车上下客点规模实际上并不大。

6) 停车设施

汉诺威会展中心 45 个有编号的停车场中,既有地面停车场,又有多层立体停车场,共有停车泊位5万个。客车停车场包括小客车停车场、巴士停车场,部分小客车停车场为多层立体停车库。货车停车场分大货车停车场、小货车停车场,主要集中在西侧和南侧。西侧36～44号停车场可以停放小货车,道路对面一物流中心可停放大货车。

相对而言,汉诺威会展中心货车停车场地并不大。一方面主要因为大型展览布展、撤展时间平均达1～2周,平均每日产生货运停车需求有限;另一方面会展展馆区域各类道路、广场空间比较充裕,展馆区域也具有比较大的蓄车能力。

7) 交通组织管理

(1) 快速道路衔接系统

展馆两端分布有两座高速公路立交,通过会展衔接道路直接进入展馆四周的停车场。

(2) 路权灵活分配

内部道路根据潮汐车流特征,灵活分配路权,疏解交通。

(3) 便捷连续的慢行交通

通过两条空中走廊,直接连接火车站与展馆、停车场与展馆、实现无缝衔接。

(4) 分散布局的大规模停车场

沿展馆四周分散布局有多个停车场,总规模达到5万个泊位,可以利用3个方向衔接道路实现疏解。

1.4.3 广州广交会交通保障

广交会创办于1957年4月25日,每年春秋两季在广州举办,由商务部和广东省人民政府联合主办,中国对外贸易中心承办。广交会是中国历史最长、层次最高、规模最大、商品种类最全和到会采购商最多且分布国别地区最广、成交效果最好的综合性国际贸易盛会,被誉为"中国第一展"[19][21]。

在2004年广交会春季展会以前,广交会一直是在位于广州市的流花展馆举办。至2004年琶洲展馆投入使用以后,近几年的广交会按照"两届、两期、两馆"的展会模式,即每年两届、每届两期和每期在流花展馆、琶洲展馆两个展馆共同举办[22][23]。至2008年秋交会(第104届广交会)开始,琶洲展馆将独立承担全部广交会任务,展会模式也调整为"一馆、两届、三期",即每年两届、每届三期、每期都在琶洲展馆举办。琶洲展馆位于广州中心城区东部,是目前亚洲最大的会展中心之一,分A,B,C三个展馆,总会展面积约34万平方米,可设约1.8万个国际标准展位。

第133届广交会定于2023年4月15日至5月5日在广州线上、线下同步举办[24],于2023年4月15日开幕后,全面恢复线下展,并首次启用四期展馆,面积由过去的 118 万平方米扩大到 150 万平方米。如图 1-4 所示,目前周边主要的交通基础设施有东西向的新港东路与南北向的华南快速路、科韵快速路、东环高速公路及地铁 4 号线、8 号线等。根据广交会期间展商和商客的出行特征,展商和商客的客流到达高峰相互错峰,根据调查统计显示(图 1-5),65%的展商在 8 点前到达场馆,提前做展示前准备;35%的商客也在 9 点开馆前到达场馆。但展商和商客的离开高峰存在相互重叠的现象,都在 17:00—18:00 达到离开高峰。

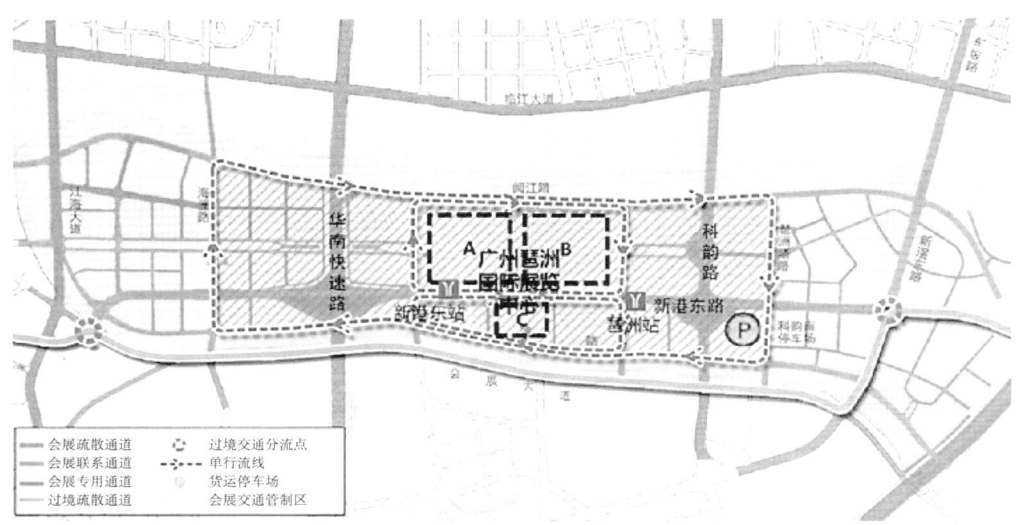

图 1-4 广州琶洲会展中心交通配置

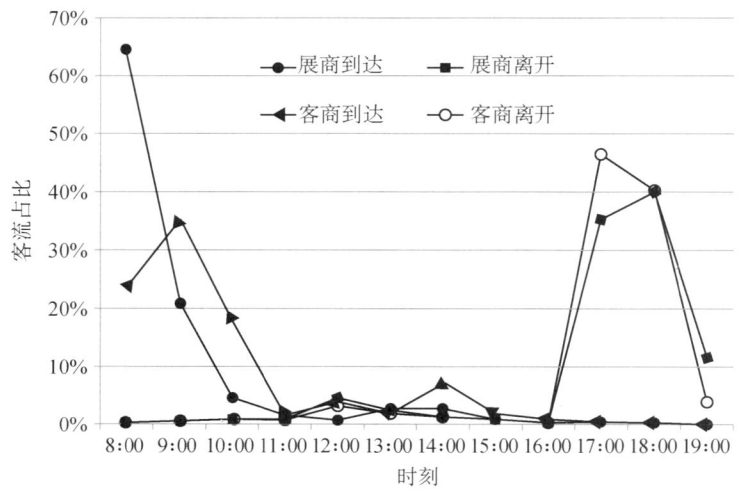

图 1-5 广交会交通出行特征

根据2023年4月12日上午10时广州市人民政府新闻办公室在广州市新闻发布厅召开的第133届广交会城市保障工作新闻发布会(2023年总第21场)介绍的广交会交通服务保障情况,在第133届广交会期间,广州市交通运输部门将按照"发挥大运量公共交通疏运作用、合理安排出租汽车运力、强化交通服务综合保障"的工作思路,积极组织好各类公共交通服务保障。

1) 增加地铁发班

广州地铁4号线、8号线在广交会期间将采用专用时刻表,通过增加上线列车、备用车上线加开、空车定点投放等措施提升运力,并根据广交会现场客流情况,在琶洲站和邻近换乘车站采取客流临时管制措施;此外,有轨电车针对展会客流情况增加25%的运能匹配,高峰期列车间隔缩短至10分钟内。

2) 提高公交车运能

在广交会展馆区域开设2条前往环市中路和流花路方向的公交车临时专线,并加大途经展馆公交车线路的发班密度,囤积运力空车切入,提升周边公交车的运输效能。

3) 开行广交会展馆与白云国际机场间的往返专线

白云国际机场至广交会展馆方向开行时间为9:30—16:00;广交会展馆至白云国际机场方向开行时间为11:00—18:00;平峰期每30~45分钟一班,高峰期视客流情况滚动发班。

4) 加大巡游出租车、网约车保障力度

每日安排不少于2000辆巡游出租车、网约车前往广交会展馆参与疏运保障。

5) 加大停车位供给

统筹利用琶洲展馆、周边酒店、写字楼和住宅区现有配套停车场,以及周边有条件的闲置地块设置临时停车场共计16830个泊位(含大货车),并依托"广州泊车"微信小程序发布"广交会展馆"周边电子收费停车场的实时动态信息,方便参展客商提前"找位"停车。

2023年5月5日,第133届广交会线下展在广州圆满落幕,线上平台持续常态化运行。第133届广交会总展览面积达150万平方米,线下参展企业数量达3.5万家,累计进馆超290万人次,均创历史新高。线上线下参会境外采购商来自229个国家和地区。其中线下参会境外采购商129 006人,来自213个国家和地区。"一带一路"共建国家采购商62 698人,人数占比48.6%。现场出口成交216.9亿美元。常态化运营线上平台,4月15日至5月4日期间的线上出口成交34.2亿美元。

据广州地铁统计,2023年4月15日至5月5日广交会期间,毗邻会展中心的琶洲站、新港东站总进站分别为94.26万人次和68.77万人次,总出站则为88.23万人次和65.89万人次。广交会期间广州公交共开行公交专线及如约定制巴士1 283班次,疏运27 576人次;开行水巴临时专线16趟,疏运2 122人次;开通定制包船专线30趟,接待2 074人次;集结巡游出租车20 000车次,疏运37 011人次;组织礼宾车队1 812班次,疏运54 025人次。

Technical
技术篇

技术方法来源于大型会展交通组织的实践。

通过需求预测、设施规划和客流组织等技术科学编制交通保障方案；通过综合研判和跟踪评估等技术，实现对交通保障方案的动态调整和持续优化。

大型会展交通组织技术路线

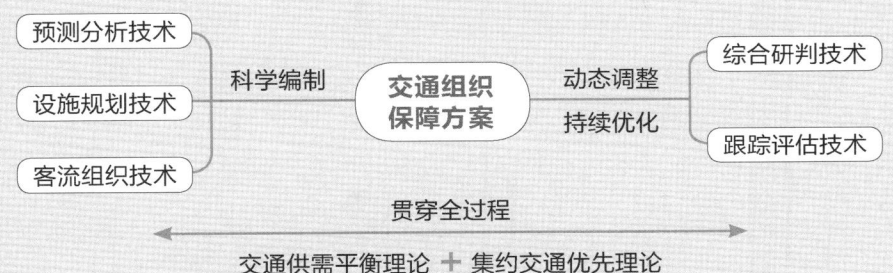

第 2 章 信息处理和预测分析

2.1 / 交通信息采集及分析技术

大型会展活动举办期间,为及时、准确、全面反映大型活动交通保障情况,并加强对大型会展活动各类人群的交通信息服务,有必要进行一系列信息采集工作和实时数据处理工作,在此基础上进行相应的综合研判,为交通保障指挥调度等工作提供决策参考和支持。

■ 2.1.1 数据收集内容

数据收集内容根据指挥调度、综合研判、总结评估等工作需求确定,力求及时、全面地反映大型活动客流和交通的运行情况。根据需求不同,数据收集内容和数据颗粒度大致可分为实时数据、当日数据、全周期数据三个阶段。

1)实时数据

实时数据以每小时一报送为频率,时效性强,形成实时播报,以便实时掌握当前交通运行情况,作出及时的调度指挥决策。如表 2-1 所示,实时播报数据收集内容包含轨道交通、地面公交、出租车、包车客运、停车场、道路交通等人次及车次数据。

表 2-1 大型会展活动实时数据收集内容

数据分类	序号	内容	颗粒度
轨道交通	1	相关站点进出站量（人次）	运营时间内，每小时报送
轨道交通	2	相关站点排队时间（分钟）	
地面公交	3	相关保障线路发车班次（车次）、客流量（人次）	
地面公交	4	应急线路发车班次（车次）、客流量（人次）	
地面公交	5	各线路上客点排队时间（分钟）	
出租车	6	到场车辆数（车次）、乘客数（人次）	
出租车	7	离场发送车辆数（车次）、蓄车数（辆）、发送乘客数（人次）	
出租车	8	上客点乘客等候时间（分钟）	
停车场	9	相关保障停车场进车数、出车数（车次）、在库数（辆）	
停车场	10	各车载客数（人/车）、上下客数	
团队巴士	11	保障车辆数（车次）、人数（人）、服务对象	
团队巴士	12	特别专线发车数（车次）、运送乘客数（人）	
道路交通	13	场馆周边高快速路、地面道路运行状态	
道路交通	14	地区道路拥堵里程比	
道路交通	15	拥堵节点排行	
客流情况	16	入场人数、离场人数（人次）、在馆人数（人）	

2）当日数据

当日数据为当日运营结束后整理报送，反映一整天交通运行情况（表 2-2）。根据实际条件采集当日客流、车流情况，用于编制当天运行日报，对当天运行情况进行总结，提出问题，预判次日情况。其中部分数据可通过实时数据累计获得。

表 2-2 大型会展活动当日数据收集内容

数据分类	序号	内容	颗粒度
轨道交通	1	相关站点进出站客流量（人次）	运营结束后，全天数据
轨道交通	2	相关区段各站间断面客流量（人次）	
地面公交	3	相关线路客流量（人次）	
停车场	4	停车预约措施下，当天预约量、第二天预约量（车次）	

(续表)

数据分类	序号	内容	颗粒度
道路交通	5	场馆周边高快速路、地面道路运行状态图	运营结束后，选取高峰小时
	6	地区道路拥堵里程比	
对外交通	7	对外枢纽抵离客运量（人次）	运营结束后，全天数据
客流情况	8	外省市客流来源分布	
	9	市内客流出发地分布	

3）全周期数据

受限于实际技术手段和实际需求，部分交通分析时效性不强、实时数据采集有难度，因此在大型会展活动结束后经统一采集整理，进行后评估分析（表2-3）。全周期数据主要针对整个展期交通情况总结和后续编制完整后评估报告的需求，其中部分数据可通过实时数据、当日数据累计获得。

表2-3 大型会展活动全周期数据收集内容

数据分类	序号	指标	颗粒度
轨道交通	1	相关站点客流量（清分后）	会展整个期间的数据。部分内容还需采集会展前的数据，作有无对比
	2	相关线路断面客流量（清分后）	
	3	到、离相关站点的OD量	
道路交通	4	场馆周边高快速路路段及匝道流量、车速、饱和度	
	5	场馆周边地面道路流量、车速、饱和度	
	6	地区道路拥堵里程比	
	7	大型活动专用道运行情况（车次/小时）	
	8	对外道口及附近收费站流量	
常规公交	9	相关线路客流量（人次）	
机动车	10	制证车辆数	
客流情况	11	实际发票、制证情况	

2.1.2 数据采集技术

从大型会展活动交通保障实际应用出发，相关数据收集方法可分为大数据自动采集、视频监控采集、人工采集和抽样调查采集等。

1) 大数据自动采集

随着大数据时代的到来,信息化、数字化技术逐渐深入到交通运行和管理中。城市轨道交通、地面公交、停车路网等交通系统大多已成立相关信息中心,以数字化转型战略为指引,用大数据强劲赋能,形成数字资源体系,驱动业务流程变革和重塑,为乘客出行提供更好的增值服务。

针对大型会展活动相关数据,可基于常态既有的大数据信息系统,挑选与大型会展活动相关的点位、线路,接入保障体系中,以实现相关运行数据的采集。

2) 视频监控采集

通过融合各单位视频资源,全方位了解路、人、车实景。如场馆内部监控视频、停车场视频、公交视频、公安交管视频及路况视频等多方视频资源,对视频进行集中展示,使用户在指挥大厅就能全面观察园区、车站、相关道路、停车场和公交车的运行实景,直观展现交通运行情况,及时发现交通事故、交通拥堵、大客流等。

3) 人工采集

对于大型会展活动临时的交通保障措施,因没有条件安装信息化数据采集设备,需要通过人工记录的方式采集,如保障会展的临时停车场地、临时公交线路等。需在大型会展活动运行前制订人工报送数据方案,提前对相关人员进行培训和演练。

4) 抽样调查采集

对于一些观众意愿、观众体验,以及部分监控、数据监测盲区部分,以上数据采集方式都无法获得,需要提前制订调查方案,通过抽样调查获得。

■ 2.1.3 数据处理技术

数据处理是对数据的采集、存储、检索、加工、变换和传输。数据处理的基本目的是从大量的、可能是杂乱无章的、难以理解的数据中抽取并推导出对于某些特定的人们来说是有价值、有意义的数据。从会展交通保障的应用角度,数据处理主要是通过统计分析、可视化表达、数据挖掘和预测性分析,达到对运行情况的分析小结、对后续运行情况的预测研判等功能。

1）统计分析

最基本的数据处理功能，对大量交通运行数据进行普通的分析和分类汇总等，计算总量、均值，满足大多数常见的分析需求，包括小时统计分析、半日统计分析、全天统计分析和全会展周期统计分析。

2）可视化分析

将数据可视化，形成数据图表，形成对管理方和用户最友好的表达，让数据自己说话，让用户直观地感受到结果。

3）数据挖掘

通过一系列计算、分割、集群和孤立点分析等方法对大量数据进行精炼，挖掘价值，发现交通运行特征，比如到达和离开会展场馆的交通方式结构比例，参加会展的客流来源分析等。

4）预测性分析

根据可视化分析和数据挖掘的结果，对之后的交通运行情况作前瞻性判断，指导交通保障实时指挥调度。

2.1.4 数据发布技术

在前期数据采集、数据处理工作后，将数据以用户友好的方式进行发布和呈现。一方面对交通保障管理者，数据发布要呈现清晰、及时、深度的交通运行状况，便于分析决策；另一方面对参展客流及活动相关方，数据发布要展示对出行有引导意义的数据和信息。总体上大型活动交通信息的落脚点一般为展示大屏、数据图表、出行信息。

1）展示大屏

通过一张屏掌控会展交通全局。将所有监测信息在统一的大屏上进行集成展示和监测，便于管理者掌控交通全局，全面了解交通总体运行态势。大屏展示内容可基于功能图标的拖拽式操作进行任意切换，根据关注的热点，实现页面布局的灵活调整和组合。

2）数据图表

将数据采集及处理结果形成数据图表，通过各种图形化和数字化方式表达，形成交通运行态势,直观反映交通运行规律和发展特征,为大型活动日常监管和辅助决策提供信息化保障。通过了解会展园区当日和历史的客流、车流以及各种交通运行数据,以便管理者及时掌握交通运行态势,研判交通运行趋势,为科学决策提供支撑,从而能够更加科学、高效地开展交通运行分析工作。

3）出行信息

如图 2-1 所示,在参展客流用户端,通过大型会展活动 App、大型会展活动公众号、电子地图、道路动态诱导屏(情报版)、场馆显示屏、站内广播、交通广播电台及媒体宣传等多种渠道发布信息,包括信息指引、出行引导和预约服务等功能,从需求端有效引导客流。

图 2-1　电子地图和公众号等信息化手段

2.2 / 交通需求预测分析技术

大型会展活动交通需求与常规交通需求特性存在不同。常规交通需求在一定的时间内具有相对稳定性和变化规律,其预测一般是在对大量累年数据的收集及现状交通状况调查分析的基础上,通过比较成熟的交通需求预测模型实现。大型会展活动交通需求具有突发性、交通吸引点单一性、交通流量单向骤增性和短时性等特点,且不同类型的会展其交通需求不尽相同。

我们通常采用常规四阶段法来预测大型会展活动的交通需求。在预测步骤上,首先进行客流规模预测;然后研究交通分布模型,预测交通分布情况;再结合举办城市交通运输方式和活动参与者交通出行特点进行交通方式划分;最后,基于交通方式建立交通分配模型,对会展参与交通量进行分配。交通分配一般借助交通模型软件分析,本节仅对前三个步骤进行介绍。

2.2.1 客流规模预测

由于大型会展活动中客流出行目的地一致,因此客流规模即为会展的总吸引量,且交通 OD 中的吸引点明确。同日常交通生成预测不同,会展的客流规模受到场地条件、活动性质、主办方运营等多方面影响,在实践中,预测方法主要有设施容量核算法、参会意愿调查法、分类分析法、经验类比法等。

1)设施容量核算法

设施容量核算法是基于大型活动的展出规模、活动举办时间、参展方规模等大型活动自身特征,测算而得到客流规模。一般可基于同类活动的展出时间、占地面积、参展国家或企业梳理和客流规模进行多元回归估计,得到预测大型活动的客流规模。

对于有固定座位或者人数严格受限的大型活动,客流规模可通过活动场所能容纳的最大人数和上座率共同确定。

2)参会意愿调查法

参会意愿调查是国际性大规模展览活动前期规划设计的基本要求,已广泛应用于各级别综合型/专业型大型活动。根据会展活动的性质特点,参展意愿调查可在都市圈范围开展侧重区域人口、参会意愿、客流来源与分布等客流特征问题的多阶段随机抽样调查,也可在一定城市区域范围内开展关注交通保障规划问题的调查。

调查问卷一般设计为简明询问式(问题不大于10个),根据实际情况酌情考虑性别、年龄、家庭组成、职业和拥车情况等独立个体因素。问卷设计内容可为参会意愿、群体特性、交通特性和潜在客流等交通保障规划信息,附加收入水平、旅游支出、票价意愿、熟悉程度、参会经历和参会目的与建议等旅游信息。其中,涉及境外游客调查关注游客的来源组成、散客团队构成、旅游交通链的地点与交通方式和中外游客驻地分布;本地居民调查关注出行的时间选择、住宿选择、交通方式选择、倾向类型和出行构成;外地旅客调查关注旅客的出行目的、客流来源、驻地分布和出行构成。此外,还可补充进行出行意愿调查,关注意愿参会个体的交通方式选择、期望出发时间、期望到达时间和期望游览时长。

3) 分类分析法

分类分析法是一种基本的数据分析方式,根据其特点,可将数据对象划分为不同的部分和类型,再进一步分析,能够进一步挖掘事物的本质。在会展活动中,参与方往往由各类人群组成,如参展商、工作人员、观众和志愿者等,其中观众还能继续细分,每类人群具有其特殊的出行规模和特点,将其分类分析再整合,即形成会展活动客流规模和特点。

(1) 参展商

参展商是指在会展活动期间利用固定的展出面积进行直接信息交流的特定群体,是展览会的主体之一。对于会展活动而言,参展商的规模早已确定,出行客流规模和特点较易掌握,可直接从主办方处获得相关数据。此类客流每日都会出行,出行方式组织性强,出行时间早出晚归,信息较易提前掌握。

(2) 工作人员

工作人员是指维持会展运营的相关保障人员。此类客流规模提前固定,每日出行且交通方式相对规律,可直接从主办方或者场馆运营方处提前获得相关数据。

(3) 志愿者

部分会展会向高校或社会招募志愿者,进行相关辅助服务。此类客流规模提前固定,每日出行且出行方式大多为组织集中出行,整体可控,可直接从主办方处提前获得相关数据。

（4）观众

观众即为来展会参观、商谈、采购等的群体，是决定一个展览会各方利益主体收益高低的最终决定因素，而且是决定一个展会是否成功的重要因素。观众的数量决定一个展会的人气、交易额、展商满意度等。

从观众性质上，可分为专业观众、社会观众。专业观众又称贸易观众，是指从事展会上所展出的商品或服务的设计、开发、生产、销售或者提供相关服务的专业人士或者用户。专业观众参加展会往往有很强的目的性和规划性，会提前进行报名、制证、组团参展等，因此专业观众规模数据也可直接从主办方处提前获得，主办方也会对专业观众数量有一定的目标要求。社会观众即非行业相关的、对展会感兴趣的普通观众。社会观众参展具有一定随机性，同展会内容、场馆区位、交通便捷性等相关，其客流规模通常可根据常住人口分布、离场馆的距离等因素，结合主办方控制要求来进行预测。

从观众来源上，可分为国内观众、国外观众，其中国内观众又可分为本地观众和外地观众。对于国际性的大型活动，活动参与者中国外观众人数占有相当的比例，特别是具有世界影响的大型博览会，例如世博会、进博会等，通常此类国际性活动观众所占比例都有数据参考。对于国内、地方大型活动，国外观众一般很少，通常忽略不计。对于国内的外地观众其性质与国外观众性质相同，其观众比例同样有数据参考。通过比例与主办方提供的观众总量，即可得到各类型观众的数量。

4）经验类比法

经验类比法即分析类似大型活动出行群体的交通行为特征，以此来类比所分析的大型活动客流，从而进行预测。经验类比法可同其他方法共同组合应用，通过类比总量、类比参数等途径，对客流规模及后续交通分布、出行方式等进行预测。

2.2.2 客流空间分布预测

常规的城市交通规划中进行居民OD出行调查是进行出行分布预测的基础，但在会展活动实践中，由于会展各有其特殊性质，这种传统方法实操性不高。因此，针对会展出行分布引入了多种预测模型。

1）基于重力模型的预测方法[28]

重力模型的基本思想是交通区i到交通区j的交通分布量同交通吸引量成正比，与交通区i和j之间的交通阻抗参数，如两区间交通的距离、时间或费用等成反比。其模型基本形式如下：

$$X_{ij} = K \frac{T_i^\alpha U_j^\beta}{t_{ij}^\gamma} \tag{2-1}$$

式中，X_{ij}——交通区 i 到交通区 j 的交通分布量；

T_i——交通区 i 的交通产生量；

U_j——交通区 j 的交通吸引量；

t_{ij}——交通区 i 与交通区 j 之间的交通阻抗参数；

K，α，β，γ——待定系数。

根据 $\sum_i X_{ij} = U_j$ 和 $\sum_j X_{ij} = T_i$ 两式，又可将重力模型分为有约束、单约束和双约束三类。

该方法的优点为计算简单，易于掌握和推广。虽需要调查，但数据易于通过多种简单调查方式获得。模型中考虑到了出行距离及会展活动特性等多个影响因素。方法的缺点为模型参数的估计需要历史数据的积累。

2）经济水平预测——恩格尔系数法[30]

客流出行主要受到各个交通小区的人口数量、区域年内生产总值、区域恩格尔指数等因素的影响，所以客流出行比例即可能产生的客流数量占各行政区的人口比例与小区恩格尔指数的倒数成一定的比例关系。恩格尔系数代表了居民的生活水平，是指食品支出占居民消费支出的比重。先假定经济条件相同的居民参加会展活动的概率相同，则各行政区的交通生成模型如下：

$$G_i = P_i \times \kappa \times (1/N_i)^\beta \quad i = 1, 2, 3, \cdots \tag{2-2}$$

式中，i——各行政区编号；

G_i——i 区可能产生的客流数量；

P_i——i 区常住人口数量；

N_i——i 区恩格尔系数；

β——系数参数；

κ——回归系数。

接着可得到各个行政区域的客流产生的相对比例，可由式（2-3）得出：

$$L_i = \frac{G_i}{\sum_{i=1}^{I} G_i} \tag{2-3}$$

式中，L_i——各行政区的相对比例；其他符号意义同前。

该方法是针对超大规模的会展活动提出的，它的前提假设是每一个居民都有同等参加会展活动的愿望。但大型会展活动受到活动举办时间、举办区位等因素的影响，因此该方法对大型会展活动客流进行分布预测出行误差的可能性较大。

3）结合恩格尔系数法的重力模型

由于恩格尔系数法只考虑到了经济水平对客流分布的影响，没有考虑到出行距离及会展特性等多个客观影响因素，因此基于重力模型结合恩格尔系数法对分布预测模型进行改进。与重力模型的基本假设一致，首先假定：如果不受距离影响，每个行政区有购买能力的居民参加大型活动的概率一致；在各行政区情况相同的条件下，实际活动客流参加量与距离和行政区经济水平能力成反比。则可得基于重力模型和恩格尔系数法的客流生成预测基本公式为：

$$G_i = \kappa \times \frac{P_i}{t_i^\alpha N_i^\beta} \tag{2-4}$$

式中，G_i——第 i 个行政区的客流人数；

P_i——第 i 个行政区的常住人口数量；

t_i——第 i 个行政区到活动场所的距离；

N_i——第 i 个行政区的恩格尔系数；

κ——回归系数。

■ 2.2.3 客流时间分布预测

客流到、离场时间分布通常采用经验法进行预测，主要和会展开始和结束运营时间相关，也同展会性质相关。

根据以往展会经验，交通较为便捷的场馆到达高峰一般在开始运营前1小时，高峰小时系数0.2~0.3之间；对于区位离市区较远的场馆，出行时间较长，到达高峰一般在开始运营后1小时，高峰小时系数一般在0.2以内。

离场时间方面，相比到达分布更为均衡。对于进博会等政府主导的组织性较强的商贸洽谈为主的展会活动，专业观众占比高，计划性强，在完成签约后即离场，客流离场高峰从午后即开始。对于花博会等区位离市区较远的大型会展活动，由于出行时间较长，离场时间也会较运营结束时间提前。对于车展、世博会等区位较近、展会内容较为大众化的大型会展活动，在园时间较长，离场高峰运营结束前1小时开始。

■ 2.2.4 客流集散方式预测

大型会展活动中的出行方式选择模型是交通需求预测模型的重要组成部分，预测精度直接影响大型活动交通需求分析的结果，合理、客观的出行方式选择预测能够为会展活动的交通组织、管理和疏散方法提供科学的决策依据。由于会展活动展客商、志愿者、工作人员等人群的出行方式可控性、可得性强，可参照经验值或主办方提供的数据取值，此处仅针对不确定性较大的观众群体进行集散方式模型分析。

交通方式划分可用非集计模型和集计模型。相对于集计模型的数据量大且模型较宏观粗略，非集计模型具有数据需要量小，更能准确反映出行行为，逻辑性也较强的优点。基于大型会展活动交通的出行特点，在非集计模型和集计模型的基础上建立会展观众交通方式预测模型。首先根据大型会展活动的观众调查数据建立出行方式非集计模型，并对非集计模型进行标定、验证，然后再根据非集计模型的数据进行集计分析，得到大型会展活动观众交通方式的宏观和整体数据。

由于非集计模型中的 Probit 模型算法实现较为困难，在选择项达到三个以上时模型相当复杂，Logit 模型由于其显式性、求解算法简单等特点使其在经济、交通等领域得到广泛应用。因此，此处采用 Logit 模型中的基本模型的改进模型 Logistic 模型。Logistic 模型是目前许多软件的 MNL 模块为了方便各选项之间的比较，同时提高运算效率而采用的一种计算方法，主要是针对二分类或多分类反应变量建立的一种回归模型。

1) Logistic 模型的建立[29][32]

首先，确定非集计模型的效用函数的形式及影响变量，并据此收集整理建模所需的数据。然后运用极大似然估计法或其他数值估计方法进行参数标定，并为模型的检验工作作准备。再利用得到的统计量进行检验，最后计算观众出行方式选择概率。

2) 效用函数的确定

大型会展活动观众交通方式选择预测模型预测基本假设如下。

假设一：所有的观众在每次决策时总是选择效用值最大的选择项，随机项服从二重指数分布；

假设二：观众关于每个选择项的效用值由观众自身的特性和选择项的特性共同

决定。

假设观众 k 可以选择的出行方式有 n 种,选择第 i 种出行方式的概率为 P_i($i=1,2,\cdots,n$),效用为 U_{ik},U_{ik} 由固定项(V_{ik})和概率项(ε_{ik})组成,则 U_{ik} 可以用式(2-5)表示:

$$U_{ik}=V_{ik}+\varepsilon_{ik} \qquad (2\text{-}5)$$

根据个体效用最优理论,观众总是选择效用最大的出行方式。若观众 k 选择第 i 种交通方式,可供选择的交通方式有 n 种,则

$$\begin{aligned}P_{ik}&=P(U_{ik}\geqslant U_{jk})=P(V_{ik}+\varepsilon_{ik}\geqslant V_{jk}+\varepsilon_{jk})\\&=P\Big[V_{ik}+\varepsilon_{ik}\geqslant \max_{j=1,2,\cdots,n}(V_{jk}+\varepsilon_{jk})\Big]\\&=P\Big[\max_{j=1,2,\cdots,n}(V_{jn}+\varepsilon_{jn})-(V_{ik}+\varepsilon_{ik})\leqslant 0\Big]\end{aligned} \qquad (2\text{-}6)$$

式中,$j=1,2,\cdots,n$;$j\neq i$;$0\leqslant P_{jk}\leqslant 1$;$\sum_{j=1}^{n}P_{jk}=1$。

令概率项 ε_{jk} 服从参数为 $(0,1)$ 的二重指数分布,则 $U_{jk}=V_{jk}+\varepsilon_{jk}$ 服从参数为 $(V_{jk},1)$ 的二重指数分布。根据二重指数分布的性质知 $\max\limits_{j=1,2,\cdots,n}(V_{jk}+\varepsilon_{jk})$ 服从参数为 $\Big(\ln\sum_{j=1}^{n}\mathrm{e}^{V_{jk}},1\Big)$ 的二重指数分布。令 $\max(V_{jk})=\ln\sum_{j=1}^{n}\mathrm{e}^{V_{jk}}$。

则:

$$\begin{aligned}P_{ik}&=\frac{1}{1+\exp[\max(V_{jk})-V_{jk}]}=\frac{1}{1+\exp\Big[\ln\sum_{j=1}^{n}\mathrm{e}^{V_{jk}}-V_{ik}\Big]}\\&=\frac{\exp(V_{ik})}{\sum_{j=1}^{n}\exp(V_{jk})}\end{aligned} \qquad (2\text{-}7)$$

设效用函数的概率项 $\varepsilon_{ik}=0$。用线性关系描述特征变量(选择项特性和观众个人属性)和固定项(V_{ik})之间的关系,并对固定项函数添加一常量 γ_i(回归截距)后其形式如下所示:

$$V_{ik}=\sum_{m=1}^{t}\theta_{im}x_{ikm}+\gamma_i \qquad (2\text{-}8)$$

式中,x_{ikm}——观众 k 选择第 i 种交通方式中所包含的第 m 个特征变量,共 t 个特征变量;

θ_{im}——第 i 种交通方式的第 m 个特征变量所对应的回归系数。

将式(2-8)代入式(2-7),可得到

$$P_{ik} = \frac{\exp(\gamma_i + \sum_{m=1}^{i} \theta_{im} x_{ikm})}{\sum_{j=1}^{n} \exp(\gamma_i + \sum_{m=1}^{i} \theta_{jm} x_{jkm})} \tag{2-9}$$

3) 选择项及特性变量的确定

城市大型会展活动观众交通方式的选择普遍集中在地面公交、团队巴士、出租车、小汽车、轨道交通、步行以及非机动车,根据城市实际情况不同而调整。

由于非集计模型的分析对象为观众个体,对特征变量的选择主要取决于观众在大型会展活动出行时选择交通方式的影响因素,也即出行者特性。观众个人是交通方式选择的主体,其个人属性在很大程度上影响着其参加会展对交通方式的选择。个体属性有自然属性、经济属性、文化属性和社会属性之分,人口统计学上多用性别、职业、年龄、收入和教育程度等代表其主要特征。高收入者或职员、公务员都偏向于自驾车以及出租车,低收入者或学生、工人则偏向于公共交通或骑自行车、电动车。同时,观众个人是否拥有车对观众选择交通方式的影响也很大,如果拥有车,那么选择自驾车的概率就比别的方式要高。因此,主要分析由于观众个人的年龄、收入水平、受教育程度的不同以及是否拥有私家车的情况所引起的选择交通方式的差异。

同时大型会展活动观众在选择出行交通方式时受到出行距离的影响较大。近则偏向于步行和非机动车,远则很大程度上选择机动车。而且出行距离对交通方式的特性有直接的影响,出行距离远,对于公共交通来说有可能意味着更不舒适,对个人交通来说则意味着出行费用的增加。出行距离远也直接增加了出行时间价值。又由于出行时耗受到出行距离和选择的出行方式的双重影响,因此通常在减少交互效用的基础上只考虑出行距离的影响。

4) 模型参数估计

通常采用 SPSS 回归软件标定参数,SPSS 软件采用最大似然法来标定参数 θ_{ik}。主要步骤如下。

(1) 确定极大似然函数

极大似然估计法依据的原理是概率最大的事件在一次试验中最可能出现来寻求总体的概率密度或概率分布中所含未知参数的估计。

(2) 获得梯度向量和荷塞矩阵

具体计算过程在此不赘述。

5) 模型验证

Logistic 模型的显著性检验，分为整体模型检验与个别参数检验两个部分。

(1) 整体模型的拟合优度检验

整体模型检验是比较每一个观测值的预测概率与实际概率间的差异。因此进行整体模型显著性检验时，也必须利用参数估计时的似然比函数的自然对数值。对 Logistic 分析最大似然估计值的拟合优度检验，必须将似然比函数的自然对数值转换为卡方值，利用卡方分布进行显著性检验。

(2) 个别参数的显著性检验

当 Logistic 整体模型的拟合性达到显著时，表示所投入自变量能有效对因变量的概率进行预测，此时研究者必须进一步对个别参数进行显著性检验，以决定和解释自变量和因变量间的关系。可采取 Wald 检验、Score 检验等。

具体计算过程在此不赘述。

6) 大型会展活动交通方式选择的集计分析

大型会展活动观众交通方式非集计模型的研究对象是观众个体，它将观众的原始资料不进行集计处理而直接用来构造非集计模型，求出的是每个观众的交通方式选择概率，而会展组织疏散所需要的实际预测结果是全体观众选择某种交通方式的总概率，因此需要将个体观众的选择概率转化为全体观众的选择概率，就需要用到集计分析。

通过对各种集计方法的分析对比，混合集计的结果较好，且对于混合集计来说，分类越细致，集计结果越合理。因此，选用混合集计法对非集计模型的数据进行分析。结合上文对观众生成、分布以及交通方式选择的预测，混合集计法的具体计算步骤如下。

(1) 首先将在大型会展活动观众生成总量和观众分布预测的基础上按照一定规则对全体观众进行交叉分类，可以按照收入水平、年龄和出行距离分类，也可按照国外观众、国内本地观众、国内外地观众分类。具体如何分类根据大型会展活动特点，每一个因素分成三至五档。

(2) 对各类采用特性集计方法求出该类观众对选择项的选择概率。

(3) 最后将各类选择概率按人数加权求出全体观众对选择项的选择概率。

2.3 / 交通承载力分析技术

在以往大型会展活动客流需求预测中,大多从会展角度出发,基于活动特点、观众特点、出行意愿等因素对客流进行预测。主要是采用上一节所述的传统的四阶段法,对大型会展活动观众生成、分布、方式划分及分配进行预测,进而对相关道路、公交、停车场等交通设施规模提出建设要求。但在一些开发较为成熟的区域,已无条件新增过多交通设施,同时城市交通设施规划建设周期较长,总会形成局部的交通设施"空白期",一味地从会展活动本身角度出发,交通系统将出现供需不平衡的情况,产生较大风险,参与者出行体验感也会大大降低。在这种情况下,从设施承载力角度对客流进行测算,提出控制建议,能使客流需求预测工作更为完整、科学、全面,在设施受限的情况下保障交通的安全有序。

2.3.1 交通承载力测算方法

交通承载力分析即结合设施供给能力,发现供需瓶颈点和矛盾点。从瓶颈点和矛盾点出发,分系统计算各交通设施承载力,通过经验判断、数据统计、模型模拟推算等方式对其客流承载能力进行分析,形成综合交通承载力判断,从设施供给角度提出客流控制建议。

交通承载力的测算方法大致可分为以下四步。

1)分解交通系统

根据大型会展活动交通保障方案,将整体交通系统拆分成涉及大型会展活动的各交通子系统,作为基本承载力分析单元。一般可分为道路交通、地面公交、轨道交通、停车设施和出租汽车等系统。

2)判断交通瓶颈

分析判断每个交通子系统的交通瓶颈。如道路交通瓶颈,一般为若干主要通道或是周边路网;地面公交瓶颈一般为车辆配车或是场站容量;轨道交通瓶颈一般为线路运能或站点能力;出租汽车瓶颈一般为运能配置、蓄车空间或者上客点发车效率。

3) 测算分系统承载力

在判断交通瓶颈的基础上,从瓶颈点和矛盾点出发,测算得到相应的车流、人流承载能力,统一换算成以客流量(人次)为表征。例如停车设施承载力和道路承载力,先以车辆数为表征,然后再根据车均载客人数换算成客流量,以便后续纳入综合承载力分析。

4) 形成综合承载力

将各交通子系统承载力进行整合,得到总体客流承载力数据,提供总客流控制、停车预约控制、道路交通控制和公交限流等措施的依据。

2.3.2 道路交通承载力测算

道路交通承载力分析可分为大范围快速集散系统和场馆周边到发系统。

1) 大范围快速集散系统承载力

主要针对承担市域长距离快速集散的高快速路系统。

(1) 现状背景交通运行情况分析和大型会展活动增量交通影响道路分析,找到主要通道;

(2) 基于现状交通量和主要通道的通行能力,分析工作日、周末状况下主要通道的通行能力余量,找到道路瓶颈点(图2-2);

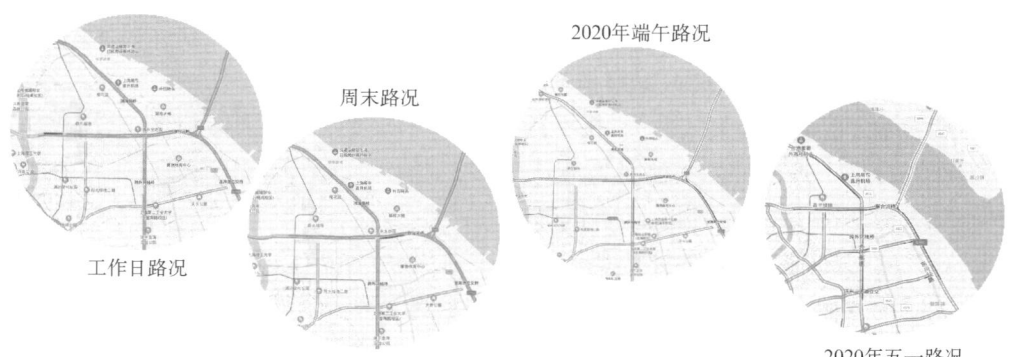

图2-2 花博会快速集散系统主要通道瓶颈判断

(3) 设置可接受的拥堵状况指标值,在此基础上结合道路瓶颈点通行能力余量,倒推会展活动的合理交通量(标准车当量数),即为以标准车流量为表示的承载力;

（4）结合交通方式预测，将所得合理交通量划分为小汽车、出租车、大客车和公交车等车型，结合车均载客数计算得到车流量（人次），即为以客流量为表示的承载力。

2）场馆周边到发系统承载力

主要针对场馆周边地面道路路网。由于场馆周边地面道路具有系统性，通道和路径多样，主要通过交通模型进行承载力分析（图 2-3）。

测试条件1　　　　　　　　　　　　测试条件2

图 2-3　道路交通承载力测试效果图

（1）构建场馆周边道路交通模型，进行现状背景交通运行情况分析和大型会展活动增量交通影响道路分析，找到相关道路；

（2）结合前期交通方式预测，将不同大型会展活动客流水平的小汽车、出租车、大客车和公交车等车型的车流量换算成标准车，输入交通模型中进行分配试算，得到不同客流水平下的周边道路运行情况；

（3）设置可接受的拥堵状况指标值，基于试算得到相应的客流水平，即为以客流量为表示的承载力，相应的车流量即为以标准车流量为表示的承载力。

3）道路承载力整合

对大范围快速集散系统、场馆周边到发系统计算得到的承载力，取较小值，即为综合道路承载力。

2.3.3 客运交通承载力测算

客运交通承载力测算主要分为以下三类。

1) 轨道交通承载力

综合考虑大型会展活动相关轨道交通线路和站点的承载力。

(1) 对现状背景交通运行情况和大型会展活动增量交通影响进行分析,找到主要线路和站点。

(2) 基于现状客运量、主要线路和站点的运输能力,分析工作日、周末状况下主要线路和站点的运输能力余量,找到轨道交通瓶颈点,可能是线路断面运能,也可能是站点通行能力(图 2-4)。

图 2-4　国家会展中心 2 号线国家会展中心站站外客流情况

(3) 设置可接受的大客流状况指标值,如车辆在某一瓶颈断面的满载率、站点限流情况下的排队进站时间等。在此基础上结合轨道交通瓶颈点运输能力余量,倒推大型会展活动的合理轨道交通客流量,即为轨道交通客流承载力。

2) 地面公交承载力

地面公交承载力往往取决于配车数和枢纽场站规模。

(1) 对现状背景交通运行情况和大型会展活动增量交通影响进行分析,找到主要线路和站点。

(2) 基于现状客运量、主要线路和站点的运输能力,分析工作日、周末状况下主要线路和站点的运输能力余量,找到地面公交瓶颈点。需要注意的是除了常规公交线路外,有些大型会展活动会临时开辟专用公交线路,临时线路的配车和发车能力也需要一并考虑。

(3) 设置可接受的大客流状况指标值,如车辆满载率、乘客站内排队时间等。在此基础上结合地面公交瓶颈点运输能力余量和前期的交通方式预测,倒推大型会展活动的合理地面公交客流量,即为地面公交客流承载力。

3) 出租车承载力

出租车承载力一般取决于调度车辆运能、蓄车空间、到发车效率及道路承载力。

(1) 结合前期交通方式预测,判断既有调度车辆运能合理性。

(2) 在调度车辆运能满足既有需求的情况下,测算蓄车空间是否足够、乘客上车点排队等待时间是多少。

(3) 若蓄车空间足够、乘客上车点排队等待时间在设定的可接受范围内,则调度车辆运能合理。若蓄车位不足够或排队时间超出可接受范围,则需要减少调度车辆运能,重复测算直至蓄车位和排队时间满足要求。

(4) 将上一步所得的调度车辆运能纳入道路承载力分析中的大型会展活动增量交通量中,判断道路承载力是否满足要求。若不满足,则需要再缩减调度车辆运能直至满足承载力。

(5) 经过上一步得到的调度车辆运能即为出租车以车次为表示的承载力,结合车均载客数可得以客流为表示的出租车承载力。

2.3.4 停车设施承载力测算

停车设施承载力一般和停车场车位数、出入停车场的道路承载力有关。

(1) 结合前期交通方式预测,以车均载客数将客流换算至车辆数,判断既有停车位是否足够。注意考虑停车位的周转率。

(2) 若停车位不够,则需要减少车辆数,直至停车位足够。

(3) 将上一步得到的车辆数纳入道路承载力分析中,分析对道路运行的影响。若能满足所设置的道路拥堵状况指标值,则该车辆数即为以车辆数为表示的停车设施承载力,以车均载客数换算可得以客流为表示的停车设施承载力。若无法满足所设置的道路拥堵状况指标值,则需要进一步降低车辆数,直至满足道路承载力。

第 3 章
交通规划和设施配套

3.1 / 场馆配套交通规划依据

（1）城市总体规划，特别是场馆周边的用地规划和综合交通规划，包括场馆周边主要城市功能分布，场馆周边路网规划，轨道交通、地面公交等客运交通规划，停车设施规划，等等。

（2）场馆会展活动举办方案，包括会展开始及结束日期，会展规模，会展组织，会展参加人数及进出场馆时间特征等。

（3）场馆周边已有各类交通设施状况（构成、布局、运行特征、承载能力及负荷状况等）。

（4）场馆所在区域在会展期间拟采取的安全保卫和交通管制措施等。

3.2 / 场馆配套交通规划策略

会展场馆配套交通设施规划及交通组织首先必须满足会展举办方对会展交通服务的具体要求，在此前提下兼顾社会交通，不影响周边居民生活或企业生产活动出行。

1) 规划基本原则

（1）必须满足会展交通服务的要求。

（2）必须处理好会展交通组织与社会交通的协调关系,尽量减少对周边城市正常生活的干扰。

（3）必须保证会展交通具有良好的可达性和较高的服务水平,满足到达和疏散的基本要求。

（4）做到各种性质的交通流线（包括人与车、不同层次的车与车、不同层次的人与人）在空间或时间上避免交叉冲突。

（5）充分利用现有设施,并综合考虑会展场馆的长期性,新建或改造设施满足会展场馆活动的长期发展需要。场馆内部优先保障功能性交通配套需求,优先考虑公交巴士车辆停车场和上、下客的设施配套。

2) 规划主要策略

（1）会展配套交通纳入区域交通发展统筹考虑

会展配套交通规划不能够脱离区域交通独立存在,必须纳入周边区域交通发展进行统筹考虑,立足整个区域的综合交通体系发展框架下,重点关注综合交通设施的功能布局、交通组织和运营方案的总体协调,通过综合交通体系规划改善会展到发交通,减少与周边交通的相互干扰,实现场馆的成功运营与带动周边开发建设的双赢局面。

（2）构建以轨道交通为核心的低碳会展客运体系

建立轨道交通为核心、常规公交为辅助的多层次公共交通体系,既有区域低碳交通发展的需求,也有会展交通需求与交通系统供应存在差距的约束,同时兼顾社会公平的原则。要采取明确的公共交通优先政策,不断提高公共交通运营速度,促使公共交通出行比重的不断增加,同时又必须考虑到会展出行的多样性需求,能够提供多元化的新型公交方式,注重建设各类快速公共交通系统,引导会展出行结构的合理发展,保障会展交通平稳运行。

（3）会展到发交通与周边地区交通适度隔离

周边地区的高强度开发势必造成地区交通与会展到发交通的相互干扰。为了便于会展有序组织各类客货交通,也避免过境交通受会展交通影响产生大面积拥堵,应构建基于到发专用的会展客货道路设施,结合大型会展期间交通需求管理手段的运用,实现会展到发交通与周边交通在空间和时间上适度隔离,从而保证地区交通的品质不受较大影响。

(4) 注重解决会展全过程的动静交通需求

动静交通平衡对于保障道路交通服务水平具有重要意义。会展周边道路资源有限,加上会展撤换展吸引大量货车,必须合理组织客货停车,采取有效停车引导与需求的管理措施,实现会展全过程动静交通空间、时间的有序分布,避免过多车辆集聚到会展周边,才能够保障会展道路交通畅达,减少会展客货停车对周边地区交通的不利影响。

(5) 结合会展实际运营配置展馆区交通设施

由于场馆大部分时间举办的展会是中小型展会,日均吸引客流不高,交通压力处于可承受范围内。会展高层次参展客商对高品质集散交通服务有较强的需求,过分强调公交、限制个体机动的交通供给策略将导致会展整体品质和竞争力的下降。必须结合会展的实际运营组织,采取适度满足个体化交通方式的交通供给策略,使交通供给满足中小型展会和 VIP 客商的需求。

(6) 建立核心控制、外围集散的会展道路客货运体系

建立基于停车换乘的会展客车交通系统和外围轮候的货车交通系统。对于客车,实现停车换乘。实施对会展核心区域停车泊位的有限供应、特许车辆通行权的有效控制,通过在外围区域围绕轨道站点建设 P+R 换乘设施,实现社会客车在外围区域集散,客流通过轨道交通系统与会展联系,实现个体机动方式与集约方式的转换。对于货车,采用停车轮候。加强会展周边道路交通管理,杜绝会展货运车辆的占道停车现象,通过在外围区域设置专用会展货车轮候区,作为提前到场货车的蓄车区,实现会展货运交通由分散到集中的管理。

3.3 / 场馆配套交通规划方法

场馆配套交通规划是场馆交通组织与运行计划制定的依据。场馆配套交通规划的主要流程如图 3-1 所示。

1) 场馆客流货流需求预测

包括场馆客流预测和场馆货流预测。其中客流预测方面,根据场馆规模及活动

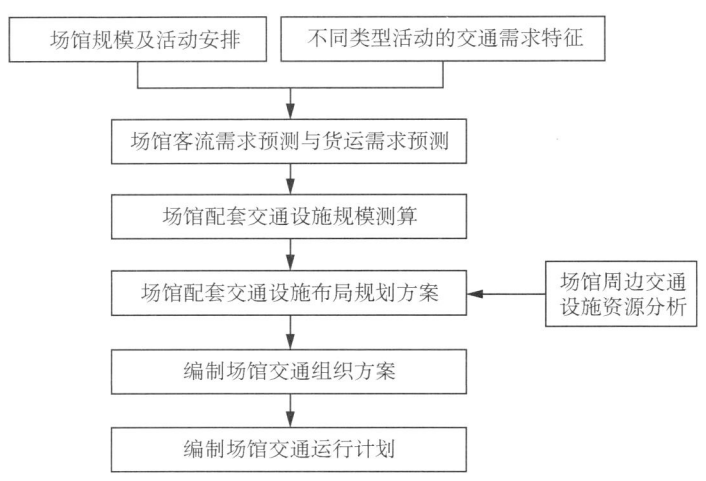

图3-1 场馆配套交通规划流程图

安排,参考不同类型会展活动的交通需求特征,对不同类型会展的客流总体规模、日客流高峰、客流来源分布及客流到、离交通方式等进行预测。货流预测方面,根据场馆展会布展或撤展的安排,参照不同类型会展活动的货车交通特征,预测不同类型会展的货车车流规模、日货车需求量、货车停车场地规模等。

2）场馆配套交通设施规模测算

结合不同类型会展的安保措施、交通服务方式、设施服务效率等测算场馆各类交通设施规模。对于与周边区域交通共享的设施,需要考虑周边区域交通需要的规模。

3）场馆配套交通设施布局规划方案

根据交通设施规模测算、交通服务需求、场地条件以及场馆周边地区交通设施资源等,制订初步的场馆交通设施规划方案,包括:各类停车区分布及规模、各类乘车区分布及规模、排队区规模等。其中,停车区是场馆配套交通有序运行的主要设施,需要满足各类车辆的停放需求。做好停车区的布局规划工作,从而确保各类车辆及行人到、离场馆的需求都考虑在内,是场馆配套交通设施规划的关键。乘车区是场馆内交通运行的主要区域,需要满足各种交通方式的乘客需求,乘车区交通规划方案应实现以下目标:尽量避免车辆与行人之间的冲突,乘车区和车辆驻屯区分离设置,避免在乘车区内或周边地区进行车辆调度；上、落客区分离设置的场馆,应能保证上客区和落客区之间的有效连通;乘车区需要制订清晰明确的指示标志;乘车区设计简单灵活的排队系统,保证对排队客流的有序组织;场馆入口与乘车区的步行距离需满足需求等。

4) 场馆交通组织规划方案

根据交通设施规划方案,结合各类客流到、离场馆区域的活动规律,制订场馆交通组织方案,并对服务需求中步行距离等进行校核,如果不满足需求,则对设施规划方案中乘车区布设进行调整。各场馆交通组织方案需考虑无障碍设施的规划,预留无障碍通行条件。另外,对大客流、极端天气等突发情况,需要制订应急交通组织预案。

5) 场馆交通运行评价方案

对场馆区域交通运行状况进行评价,尤其是场馆周边公共交通站点、场馆各类排队区域、场馆乘车区(排队区、出入口区域)及场馆入口等重点区域进行客流仿真模拟和风险识别。在场馆运行评价良好的基础上,确定最终的场馆交通设施规划和交通组织方案。

3.4 / 场馆配套交通规划要素

场馆配套交通规划包括轨道、公交、出租车等客运系统规划、道路网络规划、客车停车规划和货运交通规划等要素。

1) 轨道交通规划要素

在全市域轨道交通线网的基础上,考虑场馆配套轨道交通需求,规划相应的轨道交通设施设备。具体需要明确配套轨道交通规划的定位与模式,轨道交通的连接方向与走向,轨道交通的站点选址及出入口布局等。

2) 公交枢纽规划要素

结合轨道交通线网站点规划及既有公交线路开行情况,从填补轨道空缺、加强轨道接驳、服务场馆客流的角度,明确场馆公交线路规划方案、公交枢纽场站需求规模和选址方案、交通指引方案等。

3) 出租汽车规划要素

结合场馆展会的需求分析,明确出租汽车到达的落客点位置(包括社会客车的落客点位置)、离场出租汽车需求规模、离场出租汽车蓄车场规模、社会客车临时上客点位置、乘客排队区域和交通指引方案等。

4) 道路交通规划要素

结合场馆展会的机动车需求分析,明确到、离场馆的配套道路,到、离停车场的集散道路,到、离交通枢纽的连接道路。明确道路货运、客运、公交专用道等功能。明确场馆配套道路和集散道路与高快速路的衔接方案和交通流组织方案、交通流引导方案等。

5) 客车停放规划要素

结合场馆客流分析,明确场馆公交车、大客车、VIP车辆、应急车辆及小客车等客车的停车场规模和选址,客车停车场与场馆间的交通流组织,以及客车进出停车场的交通组织方案和交通引导方案等。

6) 货车交通规划要素

结合场馆货车需求分析,明确场馆布展、撤展期间以及展览期间所需的货车规模、货车停车场地、货车进出场馆的交通流线组织和交通引导方案等。

3.5 / 国家会展中心配套交通规划

通过规划完善道路、轨道线网、停车场站、枢纽等各类交通子系统,构建与国家会展中心(上海)需求相适应、与周边地区总体发展相协调的综合交通体系,全面提升地区道路交通水平,协调组织好会展交通、地区交通、过境交通,为整个地区发展打下坚实交通基础[37][38]。

3.5.1 轨道交通规划

如图3-2所示,随着虹桥商务区整体开发,会展区域内形成"三线四站"的轨道线网方案。

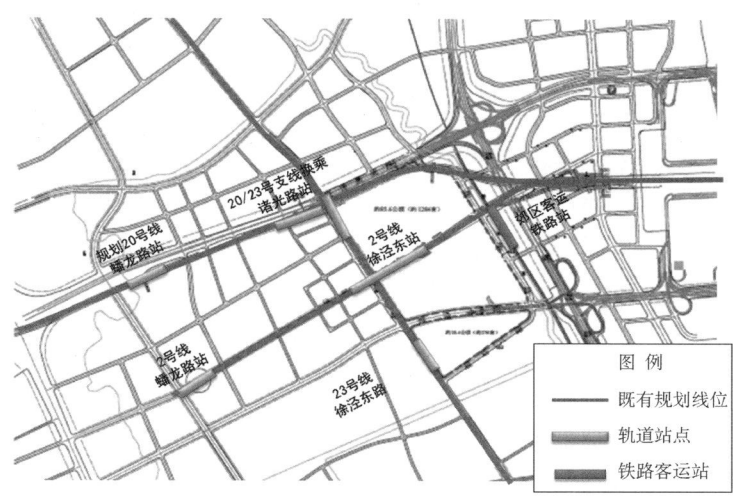

图 3-2 会展"三线四站"轨道交通网络规划方案

如图 3-3 所示,远景规划为避免会展客流的过度集中,加快客流集散的速度,会展周边形成了轨道交通 2 号线、原规划 20 号线(现为 17 号线)、原规划 23 号线三条线路及国家会展中心站(2 号线)、国家会展中心站(原规划 20 号线、23 号线)、徐泾中路站(23 号线)四个站点。

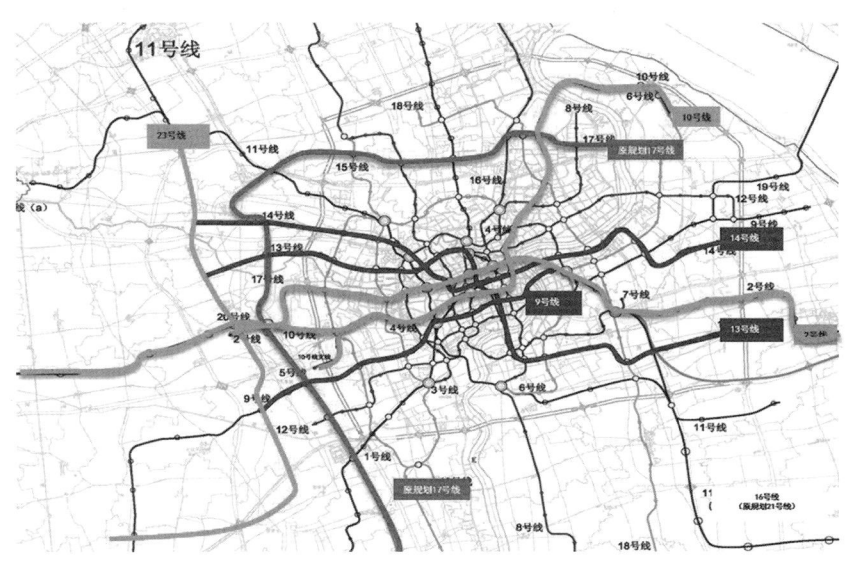

图 3-3 会展区域轨道交通远景网络规划方案

轨道交通 23 号线为远景新增线网,商务区内部区段沿诸光路—金丰路布设,同时将轨道交通13号线、14号线向西延伸,轨道交通23号线可与13号线延伸线、14号线、17号线、2号线和9号线形成衔接换乘。

3.5.2 公交枢纽规划

如图3-4所示,配合轨道交通站点及展区主要出入口,在诸光路以西、崧泽大道以南设立一个大型公交枢纽,面积达到1万平方米左右,服务地区常规公交线路、专线巴士、短驳巴士等车辆的停靠或经停,避免地区交通干扰到会展交通,公交枢纽设置一定的公交泊位,并提供乘客等候和集散区域。

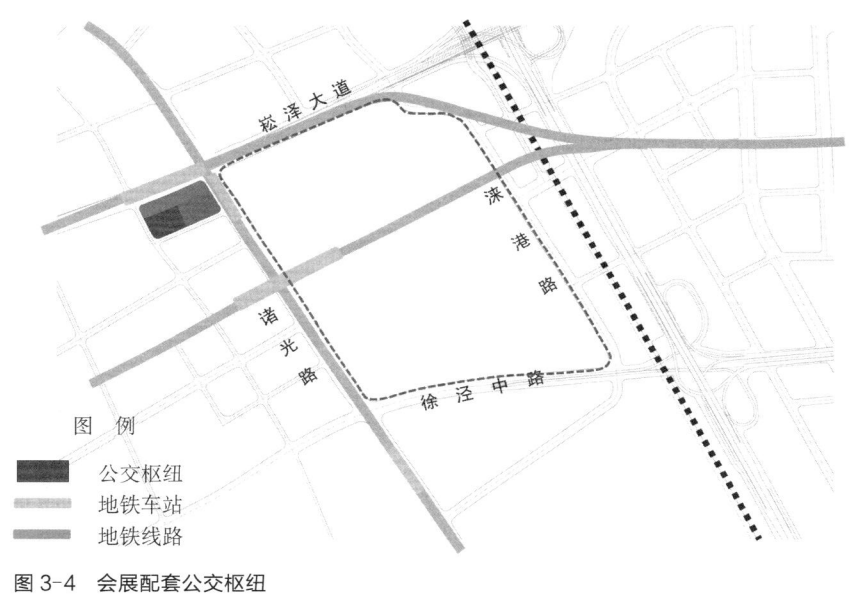

图3-4 会展配套公交枢纽

3.5.3 出租汽车规划

如图3-5所示,出租车蓄车场由综合停车场和展馆内部及专用道路空间联合解决。

(1) 综合停车场地下层:综合停车场外环线铁路西侧部分用地地下一层作为出租车蓄车场,可以提供大约800个停车泊位。出租车通过地下车库连接通道联系涞港路,从而进入会展展馆区内载客。

(2) 会展专用道路:涞港路将作为国家会展中心的专用道,不服务过境交通,其道路需要进行拓展,路侧部分车道可以作为离馆高峰的出租车蓄车空间,提供约100个停车泊位。

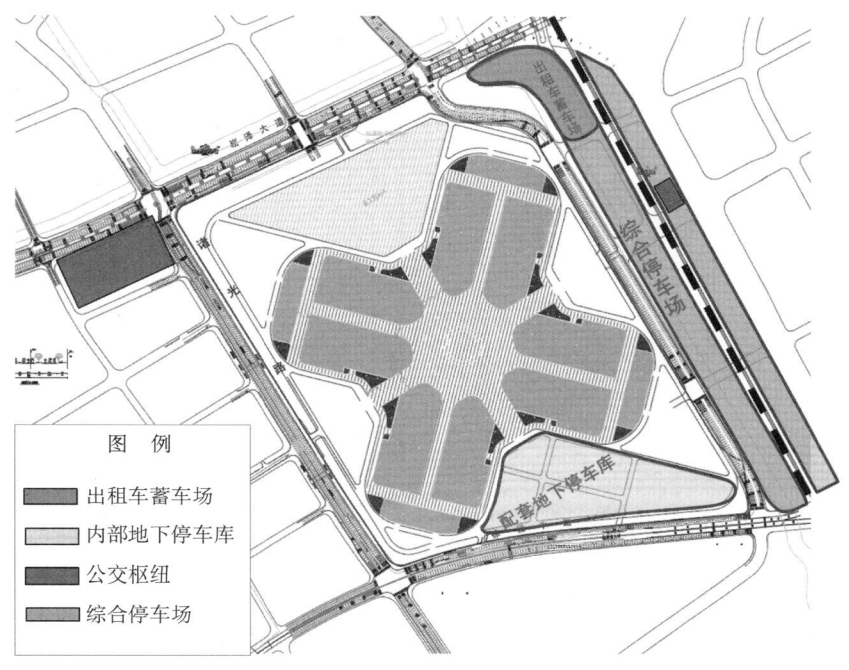

图 3-5　出租车设施规划图

（3）会展内部环路：会展内部将设置专用环路系统，可以提供约 100 个停车泊位。

（4）出租车下客点：出租车下客点采取路抛式，沿会展周边划定出租车下客路段，主要在会展周边专用环路上。

（5）出租车上客点：出租车上客点采取定点上车模式，在会展区域内部依据展馆主要出入口布设 8 处上客点，每处设置约 5 个上客点。

3.5.4　道路交通规划

如图 3-6 所示，为满足会展客货车流的进出需求，会展外围规划配套了多条道路。

1）会展区域联系快速路匝道

由于北青快速路和诸光路地道近期建成的难度较大，为了解决会展综合体近期运营需求，增设崧泽、嘉闵高架的匝道。

（1）崧泽高架增设匝道：崧泽高架诸光路附近增设一对西向东服务长三角车流的会展专用出入匝道。

（2）徐泾中路立交改造：新增嘉闵高架北向西转向匝道服务北部来展车流。

图 3-6 远期会展配套建成道路方案

（3）涞港路—嘉闵高架通道：嘉闵高架在沪青平公路附近新增一对会展专用上下匝道，在铁路外环线西侧落地，并新建地面道路向北延伸接涞港路，形成会展南部专用通道。

2）会展区域对外快速通道

建成北青快速路通道及其地面道路，形成商务区北部地区的对外联系中心城的快速通道，缓解 G50 沪渝高速的交通压力。

3）会展专用通道

沿金丰路—诸光路构建诸光路地道，诸光路地道方案北起北青高架，通过出入匝道与北青高架形成快速连接，在崧泽大道以北抬升至地面，形成服务会展专用通道。

4）会展四周道路

拓宽围绕会展用地范围四周的地面道路，包括诸光路、徐泾中路、崧泽大道、涞港路和规划六路。

5）区域内部联系道路

新增诸光路地面道路（北青快速路—沪青平公路）、徐泾中路、蟠龙路和天山西路,改善区域内部的道路联系。

6) 联系货车轮候区道路

拓宽华徐公路(北青公路—崧泽大道)段,便利1号货车轮候区与会展综合体的主要道路联系,同时提供G15与1、2号客运停车场的便捷地面道路联系。

3.5.5 客车停放规划

1) 展馆区停车设施

展馆区小汽车停车设施主要满足VIP车辆、工作人员以及中小型展会观众的停放需求,大约能够提供4 000个小客车泊位和200个大巴泊位。展馆区停车设置基本采取地下停车场的方式,位于会展展馆区用地的南侧区域。

2) 配套综合停车场

如图3-7所示,利用铁路外环线两侧与华翔路和涞港路之间的原绿化用地建设配套综合停车场,满足酒店巴士、部分小汽车等停放需要,预计提供1 000辆大巴与2 000辆小汽车停车泊位。

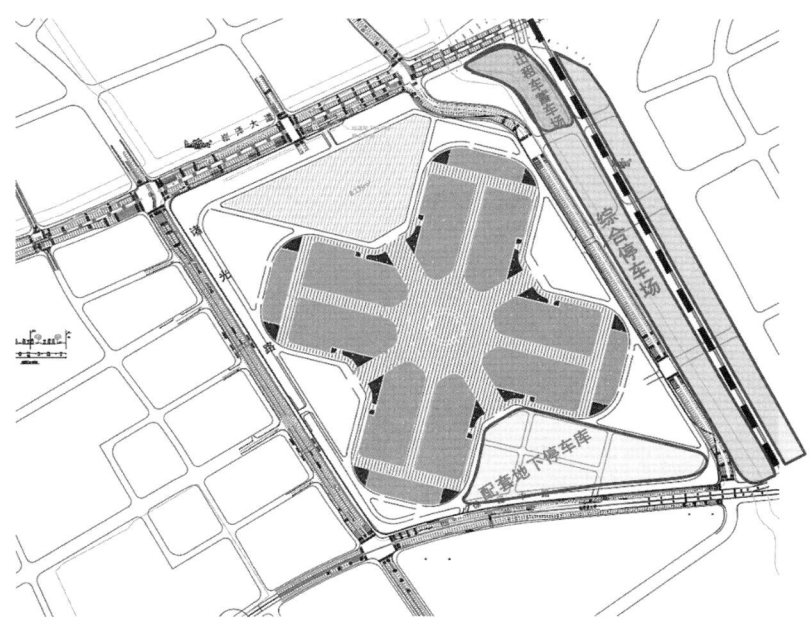

图3-7 会展地块及周边停车设施规划

综合停车场采用二层立体车库模式,地面层作为大巴停车区域,西侧车流通过涞港路进出,东侧车流通过华翔路进出,人流通过二层人行廊道联系展馆区;地下层作为小客车停车区域,进出车流通过下穿铁路的地下通道实现与核心区及国家会展中心的联系,并在各地下车库之间设置联络通道,连接各个车库。

3) 外围会展配套停车场

如图3-8所示,结合外围轨道站点和捷运系统站点综合开发,设立4处为展馆区服务的停车场。

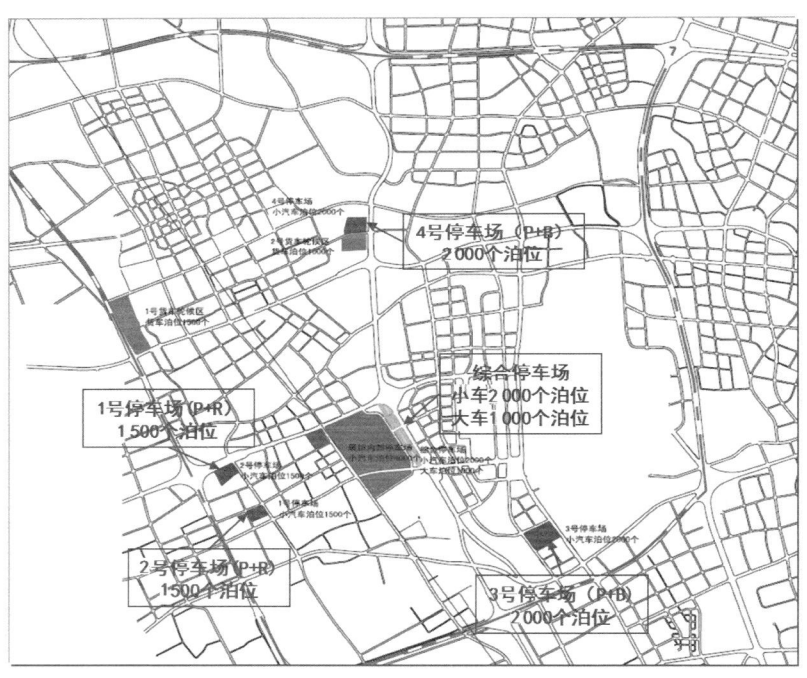

图3-8 会展外围停车换乘设施规划

1号停车场,位于崧泽大道以南、蟠龙路以西地块,原为待开发用地,主要服务于青浦方向、上海北部郊区及江苏方向停车换乘轨道交通17号线的会展客流,规划设置停车泊位1 500个,占地面积55 070平方米。

2号停车场,位于徐民路与蟠龙路口西南,原为工业用地,主要服务于青浦方向、上海南部郊区及浙江、安徽方向停车换乘轨道交通2号线的会展客流,规划设置停车泊位1 500个,结合建筑综合开发。

3号停车场,位于申昆路和七莘路之间的地块,原为待开发用地,主要服务于中心城南部停车换乘规划轨道交通或公交的会展客流,规划设置停车泊位2 000个。

4号停车场,位于嘉闵高架以西、北青公路以北,原为农用地,主要服务于中心城北部停车换乘公交的会展客流,规划设置停车泊位2 000个。

客运停车设施共提供1.3万个小客车停车泊位和1 000个大巴停车泊位,与1.5万个小客车停车泊位客运停车需求预测要求相差的部分,考虑与会展配套区、货车轮候区实现区域调节使用。

■ 3.5.6 货运交通规划

如图3-9所示,为避免撤换展期间货运车辆占道停放,采取"货运轮候区+专用货运通道"的策略。大型会展期间,所有会展货运车辆必须先进入轮候区等候,再按照会展组织安排的入场时间进入会展区装卸,严禁直接到达会展周边等候入场。由于会展综合体周边的别墅区、虹桥商务核心区、青浦大型居住社区都属于交通敏感地区,大量货车的进出将对这些地区造成交通和噪声影响。为了避免影响,划定会展货运车辆指定的货运行驶通道,其余道路禁止货车通行。

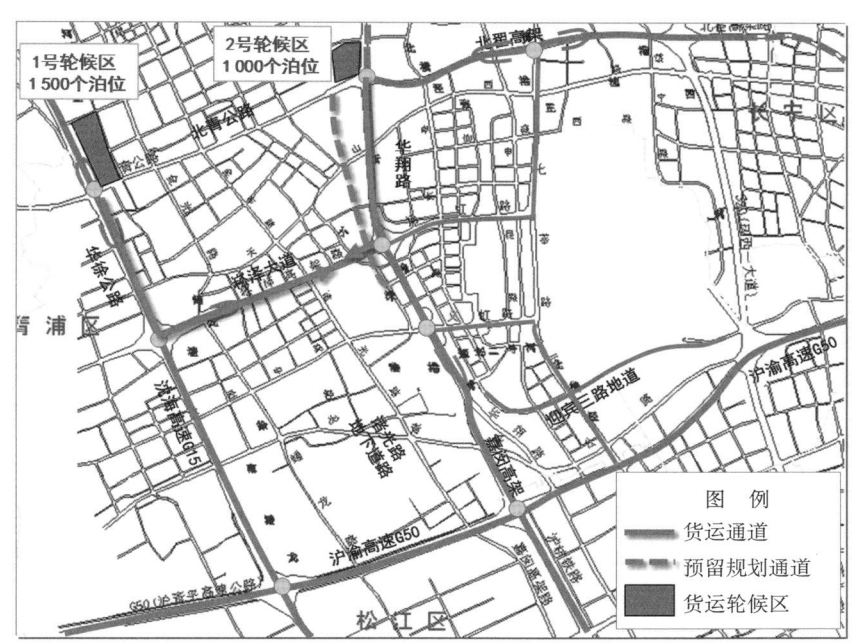

图3-9 外围停车轮候的货运交通体系规划

1）货运轮候区

商务区范围内设置两处专用货车轮候区，作为提前到场货车的蓄车区。

（1）1号轮候区：位于北青公路以北、G15以东的华漕备用发展地，泊位1 500个。

（2）2号轮候区：位于嘉闵高架以西、北青公路以北的绿地，泊位1 000个。

会展控详规划中原规划2号停车场停车泊位规模为2 000个大车泊位，但考虑到货车的轮候周转率及货运轮候区本身的交通组织难度，会展综合交通规划中将2号轮候区泊位降至1 000个。

2）专用货运通道

（1）1号轮候区进场主通道：华徐公路—崧泽大道。

（2）2号轮候区进场主通道：华翔路—崧泽大道。

（3）预留规划通道：预留规划路—涞港路作为会展专用通道。

第 4 章
客流组织和运营保障

4.1 / 对外交通客流组织

对外交通是服务大型会展活动客流中非本地客流的出行。以上海世博会为例，世博会非本地游客中，国际及港澳台地区客流约占 5%，这部分客流基本采用航空方式来沪；国内（不含长三角）游客比例约 30%~45%，其中约有 30% 采用航空方式来沪，约 40% 采用铁路方式来沪；长三角地区游客约占 40%，其中约 40% 采用铁路方式来沪，30% 采取长途客车方式来沪。

4.1.1 对外交通运力保障

对外交通设施的状况分析，包括对外交通的服务能力、年均增长率、日服务客流规模，以及大型会展活动举办时的服务能力增长趋势判断等方面分析与判断。

1）航空方面

民用航空是服务国际旅客和国内长距离旅客出行的主要交通方式。拥有民用航空，对举办大型会展具有很直接的帮助，特别是举办国际性的大型会展，国际旅客可以直接到达，以免中转周转。

由于会展性质的多样化，对航空的需求也存在多样化。大型国际会展，比如世博会、进博会等国际旅客数量规模较大,需要叠加大型会展的国际国内旅客,考虑民航的运力保障能力。2010年上海世博会交通保障研究组研判世博会期间给上海机场带来5万~10万人次/日的增量,叠加上海城市航空需求,上海航空客流吞吐量需增至24万~28万人次/日。为此,提出对虹桥机场进行扩建,提升机场保障能力至40万人次/日,保障世博会的出行需求。

2)铁路方面

铁路是城市对外交通的主要方式,也是大型会展活动中服务举办城市以外省市参展人员的主要方式,为举办大型会展活动提供很好的基础条件。大型会展期间,部分参会人员中通过铁路方式到达,需要通过分析大型会展期间,铁路客运的日到发客流规模,来调配运力。

随着国家铁路网络的不断完善和加密,铁路运行图也在不断调整,铁路列车发车班次也在不断优化完善过程中。目前,铁路基本可以根据网络预订车票的需求规模,来临时调配铁路列车运力,在春节、五一、国庆等长假期间,可以增加线路班次。对于大型会展带来的铁路客流增量,通常情况下,日常铁路运力是可以保障的。对于铁路客运需求特别大的大型会展活动,可以联合铁路管理部门研究提升运力的保障方案。

3)长途客运

随着高速铁路的逐步成网,长途客运服务范围在逐渐萎缩。大型会展活动期间,长途客运可以为尚未开通高速铁路的比邻县市提供服务,也可以发展旅游包车业务,为大型会展的团队参展人员提供团队包车服务。2010年上海世博会期间,根据预判在世博日常客流规模下,长三角地区班线基本能满足需求,无须加班,当发生大客流集聚时,将按照历年"春运"期间的加班方式处置。

4.1.2 内外交通组织衔接

由于机场、火车站、长途客运站等在城市里是分散布置,为方便对外交通旅客到、离会展活动场地,最直接的方法是在机场、火车站、长途客运站增设直达大型活动举办场地的公交专线或接驳线。如2010年世博会期间设置的机场专线、铁路专线、长途客运专线三类。

1)机场专线

如表4-1所示,在虹桥机场、浦东机场均设置了世博直达专线和轨道交通,满足游客快速抵达市区或直达园区。

表 4-1　机场枢纽世博交通配套

机场	与世博园区的联络方式
虹桥机场	直达专线，轨道交通 2 号线
浦东机场	直达专线，轨道交通 2 号线，磁浮线

2）铁路专线

如表 4-2 所示，在上海站、上海南站、上海西站和虹桥枢纽 4 个铁路枢纽站除组织轨道交通换乘外，均设置了世博直达专线或大站车，满足游客快速抵达市区或直达园区。

表 4-2　铁路枢纽世博交通配套

铁路枢纽	与世博园区的联络方式
上海站	直达专线，轨道交通 1 号线、3 号线、4 号线
上海南站	直达专线，轨道交通 1 号线、3 号线
上海西站	大站车，轨道交通 11 号线
虹桥枢纽	直达专线，轨道交通 2 号线

3）长途客运专线

除浦东白莲泾客运站可徒步直达世博园区外，客运总站、客运南站、虹桥综合交通枢纽客运站，均安排公交世博专线接驳至世博园区。

对于对外交通需求量不太大的会展活动，根据需求灵活设置接驳线路。国家会展中心的首展中，在轨道交通 2 号线、10 号线覆盖薄弱区域开设了上海西站、上海体育馆 2 条直达国家会展中心的定点专线班车；同时设置了虹桥机场—虹桥火车站至国家会展中心的公交接驳线。通过首展运营结果看，上海西站、上海体育馆 2 条直达专线上座率极低，虹桥机场公交接驳线有较大需求。究其原因，主要是国家会展中心首展为中小规模展览，上海市区的铁路、机场、长途客运站点可以通过轨道交通 2 号线、10 号线、17 号线等直达场馆；而对于虹桥机场至国家会展中心距离约 2 千米，打车需要排队，步行有点距离，接驳公交正好满足这部分客流的需求。为此，在国家会展中心后续的展览中，虹桥机场公交接驳线正常开通运营。

4.2 / 轨道交通基本保障

爱知世博会轨道交通直接到达的游客数占51.1%,通过P+R停车场换乘轨道交通到达的游客数占比18.6%。上海世博会轨道交通到达的游客数也达到了50%。发达的城市轨道交通系统是会展活动游客出行的重要保障。

4.2.1 城市轨道交通运力保障

轨道交通运力安排受轨道交通线路客运通行能力及富余通行能力影响,具体如下。

1) 轨道交通线路客运通行能力

根据美国公共交通合作研究计划TCRP报告100《公共交通通行能力和服务质量手册》[35]显示,轨道交通客运通行能力是由轨道交通运营机构规定每辆车在设计负荷条件下,高峰小时运营的车辆数乘上高峰小时系数得到。轨道交通线路在满负荷运行时其最大负载断面的客运通行能力是由每小时列车数乘以每列车车辆数,乘以运营机构轨道的每节车设计负荷,再乘以高峰小时系数得到的,如公式(4-1)所示:

$$P = TN_c P_c (PHF) \tag{4-1}$$

式中,P——客运通行能力(人/小时);

T——线路通行能力(列/小时);

N_c——每列车车辆数量(列);

P_c——规定的每车最大负荷(人次/车);

PHF——高峰小时系数。

2) 轨道交通线路富余通行能力

轨道交通线路富余通行能力是轨道交通线路最大客运能力与现状客运水平的差值。根据轨道交通网络运营规定,轨道交通线路最大客运能力通常认定为轨道交通线路断面中50%断面达到最大负荷断面。通常是利用轨道交通线网运营模型平台,在现状客流水平基础上,逐步叠加一定幅度客流,当叠加客流到运营规定的最大负荷时终止,所有叠加客流即为富余运能。按时段划分,轨道交通线路富余通行能力可以分为工作日高峰小时富余通行能力和工作日平峰富余通行能力,双休日以及特殊日的富余通行能力等。

轨道交通线路客运通行能力越大,富余运能也就越大。根据客运通行能力计算公式,每列车的车辆数量和规定的每车最大负荷是固定的,唯一可变的是线路通行能力。所以,若想提升轨道交通线路富余通行能力,最好的办法是增加线路通行能力,即增加发车班次。

以国家会展中心首展的轨道交通富余运能计算为例。

2014年10月19日至21日国家会展中心将举办首展。轨道交通2号线国家会展中心站毗邻国家会展中心,作为直接服务会展的轨道交通站点,预计首展期间高峰时段轨道交通2号线和国家会展中心站的客流量将有所增加。当前,轨道交通2号线客流量已攀升为全路网最高,在现有运能水平下,普通工作日高峰小时列车拥挤度普遍在80%以上。为满足中心城区区段早晚高峰通勤客流需求,轨道交通2号线采用大小交路运行方式。首展期间工作日早高峰时段按大小交路区段运行,现状小交路区段(广兰路—淞虹路)行车间隔3分钟,大交路区段(淞虹路—国家会展中心站)行车间隔6分钟。经计算,早高峰时段全线路富余运能约为0.65万人次/小时,晚高峰时段全线路富余运能约1.48万人次/小时,平峰及双休日时段全线路富余运能约1.49万人次/小时。

通过与首展的轨道交通需求对比,早高峰的富余运能可能存在10%的不足,早高峰期间需要增加1班轨道交通列车,由于现有车辆配属及信号折返能力无提升空间,所以综合决策采取延长早高峰的运营时间,在首展旅客较多的车站增加乘客上车时间,保障首展旅客到达场馆的轨道服务。平峰和双休日时段富余运能能保障首展需求,无需调整线路通行能力。

4.2.2 引导会展轨道客流错峰出行

引导会展客流与日常轨道客流错峰出行,主要体现在以下两个方面。

1)轨道线路选择上错峰

根据联系会展活动场馆的轨道交通线路数量,有几种错峰方式。当连系会展活动场馆的轨道交通线路有2条及以上时,建议参展客流选择日常客流规模相对较少的轨道线路到达会展场馆。当联系会展活动场馆的轨道交通线路只有1条线路时,建议引导参展客流尽量选择在轨道交通非高峰时间出行,与日常客流错峰出行。

国家会展中心有轨道交通17号线和2号线2条轨道交通联系,进博会期间:一是充分发挥轨道交通17号线国家会展中心站可步行直达会场的优势,有效分流轨道交通2号线的客流压力。二是适时启动2号线国家会展中心站限流措施,及轨道交通2号线沿线相关换乘站的进站限流工作,以缓解轨道交通2号线拥挤程度。三是强化诱导信息发布,利用现场LED屏、官方App、大都会等,发布现场进站排队时间和站内拥堵情况三色指示灯等,引导乘客择优选择出行路径。

2）轨道站点出入口上交错使用

会展活动场馆的轨道站点,不仅仅为会展活动服务,需要在轨道交通出入口上进行分离,减少会展活动客流与日常通勤客流的叠加影响。以进博会为例,进博会期间制订了轨道交通2号线国家会展中心站、17号线国家会展中心站和2号线、10号线、17号线虹桥火车站站专项客运组织方案,采取单向进出、绕行、逐级限流等措施有效引导客流,并统筹考虑三站间的配套组织和协调联动。其中：

轨道交通2号线国家会展中心站是国家会展中心最近站点,共有9个出入口。与国家会展中心场馆接口的出入口共有7个(其中2号口、3号口、13号口、14号口位于场馆中部,4号口、5号口、6号口位于西广场区域)。场馆外为8号、9号两个出入口。国家会展中心站进、出场客流主要通过4号口、5号口、6号口和8号口、9号口进出展厅。正常情况下,观众到达国家会展中心站后,从4号口、5号口、6号口和8号口出站至场馆西登录厅入场,观众离馆时,可从轨道交通2号线国家会展中心站4号口、5号口、9号口进站,同时根据国家会展中心站客流大小和现场情况采取限流措施。

轨道交通17号线国家会展中心站位于国家会展中心北侧,共有2个出入口。观众到达国家会展中心站后,通过过街地道直通场馆北广场,从北登录厅入场。观众离馆时,可根据场馆的标识指引到达北广场西北角,通过过街地道前往17号线国家会展中心站。

轨道交通2号线、10号线、17号线虹桥火车站站距离国家会展中心约1千米,观众到达虹桥火车站站后可以通过地上二层连廊和地下通道步行至国家会展中心场馆,离场时也可以通过地上二层连廊和地下通道步行至虹桥火车站站。

4.2.3 延长轨道交通高峰运营时间

在满足城市日常通勤出行的基础上,城市轨道交通通常有多种运营组织方案,一周中工作日与周末不一样,工作日中周一至周四与周五也不一样。一天当中早高峰、平峰、晚高峰及其他时段等都不一样。通常,工作日早高峰出行最集中,因此,早高峰班次数量也最密集，但早高峰时间一过，进入平峰时间，发车班次就减少。因此，为了配合会展活动客流的错峰出行，可适当延长涉及会展活动的轨道交通高峰运营时间。世博会期间，涉博轨道交通日常高峰运营时间为7:00—9:00，为配合世博客流错峰出行，高峰运营时间顺延至10:00。

4.2.4 强化地面公交配套分流

为保障轨道交通的大客流集散功能，因会展客流的叠加加剧轨道交通拥挤的线路，在三高断面区域，强化地面公交配套分流，增加点对点的地面公交平行分流线路或增加既有线路的班次。世博会期间，对轨道交通6号线港城路至世纪大道方向，轨道交通8号线市光路至人民广场方向等三高断面区域，配置了相应的平行分流地面公交线路，减缓了轨道交通高峰高断面的客流压力。

4.2.5 加强会展离场轨道客流组织

大型会展活动邻近结束时，正是大批游客离开的高峰。由于轨道交通站点服务能力有限，当游客数量规模大于轨道交通站点接待能力时，轨道交通运行将受到影响。分析轨道交通站点的服务能力是保障轨道交通运行，保障大型会展活动离场集散安全、有序的重点。

以国家会展中心首展的轨道交通离场交通组织方案设计为例。

轨道交通2号线国家会展中心站共有9个出入口，与国家会展中心场馆接口的出入口共有7个，场馆外为8号口、9号口两个出入口。首展期间地铁国家会展中心站2号口、3号口、13号口和14号口外围仍处于施工阶段，故不具备开启条件。车站进、出场客流主要通过4号口、5号口、6号口和8号口、9号口进出场馆。

出场客流高峰时段车站进站客流集中，依据大客流组织等级管理要求，制订四套大客流组织情况方案，届时车站将根据现场客流情况启动相应方案。

(1) 正常情况，车站设施的通行能力均大于客流到达规模。车站4号、5号、6号、8号和9号出入口保持常态开启状态，各出入口均可正常进出。并在6号口、2号口、13号口通道处设置应急票售票点。在站厅(近2号口)处启用备用安检，将一处双向闸机调整为进站模式，引导4号口进站客流从该处闸机进站。

(2) 当客流规模达到高峰值的60%时，车站设施中出现一个拥堵点，启动三级大客流组织响应。采取的方案为：若闸机出入口出现排队，则车站4号出入口实施限流，并将一处双向闸机调整为出站模式，加快工作日晚高峰出站客流的疏散速度。

若站厅内安检、进站闸机等处的拥堵现象未能缓解或地面上排队进站客流不断激增时,4 号口调整为只出不进模式,同时 5 号口、6 号口实施限流,减缓进站速度,同时依据站台客流疏散情况,设置 2～3 名人工验票岗位。

(3) 当客流规模达到高峰值的 80% 时,车站设施中出现两个拥堵点,启动二级大客流组织响应。采取的方案为:限制进站速度,即 4 号口、5 号口调整为只出不进模式,并控制 6 号口、8 号口、9 号口的进站速度。

(4) 当客流规模超过高峰值的 80% 时,车站站厅内出现客流拥堵现象。采取的方案为:进一步限制进站速度,即 4 号口、5 号口、9 号口只出不进,6 号口、8 号口均实行间歇性限流,控制进站速度;并启动接驳车方案,将客流运送至比邻轨道交通站点。

此外,如果轨道交通结束运营时间在大型会展活动闭馆之前,需要延长轨道交通服务时间,确保大型会展活动闭馆后涉及会展的车站客流可以及时离开。

4.3 / 道路交通组织管理

4.3.1 城市道路交通系统规划建设

根据会展活动举办场所所在区域不同,道路交通系统的规划建设侧重点也有所不同。大体上可以分为两种,一是位于道路系统比较完好的中心城区,二是位于道路系统相对薄弱的边缘地区或新区。

1) 位于中心城区

中心城区道路网络建设得比较完善,路网总体格局基本成型,高速公路、快速路等主骨架建设基本完成,路网密度也达到了一定水平。会展场所位于中心城区时,其主要工作有下述两个方面:

(1) 完善会展场所区域高快速路的走廊和交通干道网络系统,同时加强会展周边高快速路与市域范围高速公路及主要干线公路系统的衔接,使得会展周边道路网络与市域高速公路网络和城市地面道路网络形成一个有机整体。

(2) 扩充"微循环"系统,提高路网集散能力和可达性,同时也为扩展路面公共交通网络覆盖率创造条件。会展周边道路网络不仅要满足畅达、安全、可靠的要求,同时也要注意与城市功能布局、历史文化风貌、生态环境的协调关系。

2）位于边缘地区或新城新区

边缘地区或新城新区的道路网络系统与中心城区不同,在会展道路系统规划中要充分考虑边缘地区或新城新区的国土空间特点、经济发展、产业发展和交通需求的时空分布规律。会展周边道路网络规划布局需要遵循以下要求：

（1）与边缘地区或新城新区的发展目标相一致,按照边缘地区或新城新区的功能定位和土地使用布局规划对道路系统进行功能和布局的整合。

（2）与城市交通发展战略相协调,强化城市道路与轨道交通网络和快速公交系统的结合,建立复合交通走廊。

（3）布置相对独立的快速路系统,其布局要与主导交通流向吻合,并与中心城路网以及区域公路网有很好的对接关系,能力要适配。

（4）根据边缘地区或新城新区形态、规模、土地使用布局合理的地面道路主骨架,技术标准与中心城及周边新城新区保持一致。

（5）路网密度不低于 6~8 千米/平方千米,适度放宽小汽车通行限制,道路用地率原则上不低于 15％控制。

■ 4.3.2 区域差别化交通组织管理

为适应日常交通与会展活动交通双重叠加需求,保障会展客流安全集散,根据交通流圈层策略,提出"分区域差别化管理"的交通组织策略。在会展活动影响范围划分管控区、缓冲区、引导区三个管理圈层,其中,引导区重点提高道口安检通行能力,引导自驾车游客向公交转换;缓冲区重点保障满足集约化车辆的抵园需求;管控区重点强化边界管理,保障入场有序。

1）管控区交通组织

基于会展活动的选址区位及交通管理的可操作性,围绕会场馆周边 1~1.5 千米设置管控区边界道路。管控区内严格控制小客车,机动车凭证通行,会展车辆全天可通行,大巴与专线巴士全天可驶入,团队客车通过预约停靠相应停车场,当地居民及企事业单位车辆持证通行,无证社会车辆(含过境和公务出行)7：00—24：00 禁止通行,管控区边界道路严格禁止路边停车。

2）缓冲区交通组织

为保障会展活动集约交通快速、顺畅地抵离,规划、设计会展活动保障通道,为活动专线、团队巴士、常规公交等集约化车辆提供专用路权空间,可设置会展专用车道或公交专用道。会展专用车道主要服务会展持证车辆,如会展专线、公交大站专线、接驳巴士等,其他车辆不得使用该车道。公交专用道主要服务于持证车辆和常规公交。同时,在路段设置引导标志,引导集约车辆进入专用车道。

3）引导区交通组织

通过鼓励停车换乘系统截流自驾车。围绕高速公路收费站以及出入口匝道,快速路上下匝道等,设置停车换乘场所。停车换乘场所可以结合轨道交通线路以及公交枢纽设置,便于换乘轨道交通和安排接驳公交到、离园区。

■ 4.3.3 会展场馆道路交通组织原则

大型会展活动期间,由于会展交通和日常交通的叠加,而会展周边道路中,与出入口衔接的道路将作为会展交通主通道,部分车道可能被利用为专用道,因此需要新修其他道路或利用平行道路来承担日常交通流,减少活动对日常交通流的影响。在市郊区举办的大型会展活动,修建其他道路或引流平行道路条件比较宽松,然而在市中心地区则由于动拆迁压力大,新修其他道路方案不太可行,利用平行的支路系统构建微循环系统成为首选方案。

市中心地区道路密集,支路网较多,对于场所周边平行道路交通组织可以选取单向通行道组织,但需要遵循以下原则:

(1) 单向通行道系统的实施范围为活动交通的影响区。
(2) 配合道路区域管控,为管控边界道路分流日常交通。
(3) 配合会展交通通道,平行活动交通通道成对设置,分流日常交通。

■ 4.3.4 保障入场集散道路通道能力

会展入场集散道路进行合理规划是为了保障会展活动的车辆有序、安全、畅达地进出,最主要原则是保持供给和需求平衡。会展活动的车辆包括社会客车、大巴车辆、团队包车、公交车辆以及出租车等,通过对交通需求的分析,明确会展活动分方向、分路径的车辆需求规模。通过与道路设施容量对比,如果饱和度在 0.95 以上,则需要扩充入场集散道路通道能力;如果饱和度在 0.95 以内,则可以满足会展活动需求,不需要扩充入场集散道路通道能力。

以 2010 年世博会为例。世博园区共有 8 个陆上出入口,其中浦东 5 个,浦西 3

个。与出入口相连的道路是世博会期间的主要入场、离场道路。客流预测显示,世博会高峰小时单向交通流量需求在7 900标准车当量数/小时,需要车道数17条,其中北部方向通道,需求2 700标准车当量数/小时,单向需要6条车道数,而北部方向的道路条件较好,对北部方向通行能力的提升主要体现在两条次干道的拓宽改造上,通行能力增加50%。西部方向通道,需求1 500标准车当量数/小时,单向需要3条车道数,但西部接入路网仅1条主干道,对西部方向提出打通1条断头路,新建1条道路,道路通行能力增加1倍。东部方向通道,需求1 200标准车当量数/小时,单向需求3条车道数,道路网络相对完善,主要对断面进行统一完善,通行能力相对增加40%。南部方向通道,需求2 500标准车当量数/小时,单向需求5条车道数,南部接入路网数量虽多,但等级偏低,车道等级和规模不够,对南部方向多条入场道路进行延伸、拓宽和新建,通行能力提升80%。

4.4 / 停车设施配套保障

4.4.1 社会客车停车场保障

1)停车场库的保障

社会小客车的分担客流数量与会展期间客流规模和小客车分担率有关。其计算公式为:

$$N_{car}=A_i \times \partial \tag{4-2}$$

式中,N_{car}——小客车分担客流数量(万人次/日);

A_i——第i日活动期间客流规模(万人次/日);

∂——会展期间小客车分担率(%)。

根据不同会展活动性质,以及场地道路富余能力和停车承载能力,不同会展的小客车分担率可能存在不同。比如世博会小客车分担率在2%;而进博会由于位于郊区,距离较远,停车和道路资源相对较世博会富余,小客车的分担率约5%~10%。

社会小客车的停车数则与小客车的载客人数和小客车的停车时长(或停车泊位周转率)有关,其计算公式为:

$$n_{car}=N_{car} \div \emptyset \div \infty \tag{4-3}$$

式中，n_{car}——社会小客车停车数量（泊位）；

  $\emptyset$——社会小客车载客人数，大型会展活动参与者通常结伴同行者较多，载客人数通常在 3~4 人/车，计算储备停车场泊位时取 3 人/车；

  ∞——社会小客车泊位的周转率，如果大型会展活动参展时长在 2~3 小时，则上午提前到的社会小客车泊位可以再周转 1 次，综合考虑到达车流的时间分布，小客车泊位周转率取 1.5 次较合理。

同样，以首届进博会需求测算为例。

首届进博会提倡公共交通出行，小客车出行比例在 15% 左右，则

专业观众日：20 万×15%＝3 万人次；

公众日：25 万×15%＝3.75 万人次；

停车泊位需求如下。

专业观众日：3 万人次÷3÷1.5＝0.666 7 万个泊位；

公众日：3.75 万人次÷3÷1.5＝0.833 3 万个泊位。

在社会客车停车场储备上，需要提供约 8 333 个泊位，考虑到周转率下降的话，需要储备一定的应急泊位，首届进博会的社会停车场泊位在 1 万个左右。

按照《城市道路设计规范》，小客车泊位面积通常按照 30 平方米/个计算，则需要提供 30 万平方米的社会客车停车场面积。

2）停车场出入口交通流组织原则

（1）与就近会展场所的通道相连，但尽量减少交叉干扰，以右进右出为主，支路尽量实施单向交通，构成微循环系统。

（2）根据停车场功能，结合活动场所车流引导策略，原则上衔接就近出入口，以路况较好的道路为衔接通道。

（3）停车场出入口间应规划布置应急通道并实施相应的交通流组织引导。当部分出入口出现客流积压，出入口客流分布出现不均衡时，为各出入口之间客流疏解车辆提供转场服务。

（4）停车场所的管控措施、应急通道的设置与日常交通互不影响，车辆进出路径最为便捷。

4.4.2　公交车辆枢纽场站保障

1）公交停车场的功能划分

根据停车场的功能定位，会展场所周边公交停车场功能可以划分为以下 5 类。

(1) A类——常规公交上、下客为主的停车场。主要为常规公交车上、下客服务,不宜引入过多公交新线和各类旅游、团队巴士的停车场。

(2) B类——专线或团队巴士上、下客为主的停车场。主要为新增专线公交车、团队巴士上、下客服务,不宜引入社会小客车车辆停车的停车场。

(3) C类——团队巴士停靠为主的停车场。主要为团队巴士提供停车服务的停车场,不宜引入社会小客车车辆停车。

(4) D类——接驳线路停车场。活动场地至轨道站点、公交枢纽、外围停车场的接驳公交线路停车场。

(5) E类——蓄车场。不办理上、下客,也不提供接驳巴士服务,主要为储备出租车、储备接驳巴士公交车辆以及活动相关车辆提供蓄车服务的外围停车场。

2) 公交枢纽场站布局引入原则

各类公交线路停车场站布局规划,首先是充分利用已有的公交枢纽和轨道站点作为枢纽场站,便于会展后直接利用,增加基础设施的可持续性。其次是公交场站或站点便于步行到达大型会展活动场馆,停靠站尽量与场馆接近。最后,场馆周边的公交枢纽场站引入,根据枢纽位置、枢纽周边轨道交通、地面公交线路接驳条件,对公交、大巴停车场站的引入要求不同。

(1) 轨道交通集散为主的枢纽:此类枢纽停车场除了传统地面公交线路外,不宜引入新的公交线路或团队大巴等。

(2) 轨道交通和地面公交共同服务的枢纽:此类枢纽可根据活动客流均衡集散原则适当引入地面公交线路或接驳公交线路。

(3) 地面公交集散为主的枢纽:此类枢纽轨道交通可达性较差,但有配套地面公交枢纽提供良好乘车环境的枢纽,该类枢纽可以升级部分既有公交线路,不宜引入新的公交线路。

(4) 公共交通服务薄弱的枢纽:此类枢纽轨道交通可达性较差,同时无公交枢纽配套或只有过境公交线路的枢纽,这类枢纽是引入新的公交专线的首选。

3) 公交场站需求面积计算

根据公交专线分担量,需要在场馆周边考虑公交专线场站面积。公交场站分为只驻车的公交场站和同时上、下客的公交场站两类。其场站面积计算公式为:

$$S_{bus} = \begin{cases} S_p + S_b + S_{st} + S_r & \text{当兼顾同时上、下客} \\ S_p + S_b & \text{当单纯驻车功能} \end{cases} \quad (4-4)$$

式中，S_{bus}——公交专线场站面积（平方米）；

S_p——停车坪用地面积（平方米）；

S_b——配套建筑基地用地面积（平方米）；

S_{st}——发车站台用地面积（平方米）；

S_r——站台附近行车道面积（平方米）。

停车坪用地面积根据公交专线车辆数量预判结果和单位公交专线车辆停车面积综合得到。根据《城市道路设计规范》(CJJ 37—90)(1991年)中关于停车坪用地面积的计算方法，标定70座的大巴车单车停车面积为68.3平方米。则 $S_p = n_{bus} \times 68.3$。

建筑基底用地面积。参考《公共场站建筑与建设用地标准研究》(2006年)将建筑基底面积的选取根据场站面积的大小分为三类，分别为一类场站(4万平方米以上)，二类场站(1万~4万平方米)，三类场站(1万平方米以下)，其对应的建筑基底面积分别为580平方米，420平方米，270平方米。

发车站台用地面积是根据站台滞留人数量与人均占地面积计算得到。发车站点人均占地面积跟服务水平有关，假设取E级服务水平，即站台平均1~2人/平方米，取中间值1.5人/平方米，即每人需要0.667平方米。站台能滞留的人数按照离场高峰小时观众数的30%来取值。

站台附近行车道面积。假设同时上、下客的公交场站有3条车道，即停车道、行车道、超车道，每条车道3.75米宽，每个站台平均分配车道长度30米，则对应站台附近行车道面积为站台数乘以3乘以3.75再乘以30米。

综上所述，将各步计算所得结果代入公交专线场站面积公式，得到总的场站用地面积。需要说明的是，对于单纯驻车的场站，在选址建筑基底面积时所用的场站面积为停车场坪面积；而对于同时上、下客的场站，在选择建筑基底面积时所用第场站面积为停车坪、发车站台、站台附近车行道面积之和。

以首届进博会需求测算为例。在首届进博会期间，通勤、商务、对外交通枢纽等多股客流叠加，大巴车位包括团队大巴、接驳公交线路巴士、定制线路巴士。

其中团队巴士占大部分。首届进博会客流中首日、专业日仅对专业观众开放，分别约6万和13万名专业观众，叠加参展商及媒体和工作人员，首日和专业日客流将达约13万人次和20万人次；公众日对社会观众开放，除9万名专业观众外还有10万名社会观众，客流规模将达到25万人次。客流到、离场均提倡公共交通方式，靠近轨道交通站点和途经线路公交站点的可自行选择轨道交通和公交线路到、离，距离轨道交通站点较远或2千米内无轨道交通的组织团队大巴到、离场。根据首届进博会规定，所有参展观众和到、离场车辆均采取预先登记和预约制。根据预约登记情况以及参展商和工作日的到、离场意愿情况,预计专业观众日团队大巴承担35%的客流量,公众日团队大巴承担25%的客流量。则专业日需要团队大巴车辆数为:20万人次×35%÷50人次/辆=0.14万辆。观众日需要团队大巴车辆数为:25万人次×25%÷50人次/辆=0.125万辆。团队大巴停车场停车位数量取大值0.14万辆。

接驳巴士30分钟到达目的地,1小时可以来回,按照10分钟一班,则每条线需要6辆车,3条线需要18辆车,另每条线储备2辆车,则需要24辆车。

定制班车由相关市场化运营企业承担,提供20辆定制巴士。

所以,首届进博会的团队大巴停车数量为:1 400+24+20=1 444辆次,按照10%的应急储备,则需要准备团队大巴停车数量为1 600辆。

所需停车场面积为20.6万平方米。其计算式如下:

1 600×68.5+270×10+0.667×20 000×0.3+1 600÷6×3×3.75×30=206 302平方米。

■ 4.4.3 出租车上落客区域设定

会展活动期间人流车流较大,周边道路车流压力较大,需要对出租车上落客区域进行合理布局和统筹安排。

1)出租车落客区域设置原则

出租车落客区域为到达场馆的出租车下客点区域,对于客流规模较大、较集中的会展场馆,应设置独立的、即停即走的落客区域。根据场馆的入馆流程,尽可能在步行可达会展活动场馆的范围内。为方便车辆到达停靠、即时驶离和乘客便捷入馆,通常在路内设置,结合道路、交通、用地等条件选择港湾式或直线式布局。

设置原则如下:

(1)应保障道路交通安全、有序、畅通,符合城市道路规划设计与安全相关规范要求,不应侵占消防车通道、盲道及行人过街设施,不在快速路、主干路主路或接近饱和车流的道路设置等。

(2)应以会展的出租汽车停靠需求调查和预测为基础,合理确定停靠泊位数量,集约利用道路资源。

(3)对客流规模较大、泊位数量较多的,应采取多点分散落客的形式布置,且落客区域尽可能在步行可达会展活动场馆的范围内。

(4)应按照道路顺行方向设置,原则上应位于车辆行驶方向右侧,应充分考虑站点所在道路高峰小时服务水平。

2) 出租车上客区域设置原则

出租汽车上客区域为离场时观众乘坐与等候出租汽车的区域。对于客流规模较大且较集中的会展活动,应设置独立的上客区域。为出租汽车方便到达、快速离开,乘客方便上车,有序等候排队,通常设置路外式集中排队候车模式布置上客点,具备出租车排队空间和乘客排队的空间,且尽量在步行的范围内。

设置原则如下:

(1) 应保证乘客候车上客安全、乘坐便利度。

(2) 应以会展离场的出租汽车需求预测为基础,合理确定出租车排队空间,乘客等候排队空间。

(3) 应合理设置出租车的驶入和驶离通道,尽量便捷驶入、快捷驶离,集约利用道路资源。

(4) 出租车上客区域泊位宜采用斜式并排布局,根据会展离场出租车乘客高峰小时需求,设置上客泊位数量。对上客区域的车流排队和乘客排队引导,建议安排相应的组织人员来加强引导和组织管理。

(5) 应考虑如厕、无障碍出租汽车的特殊停靠需求。

(6) 出租汽车上客站点应配置标识标牌和指引系统。

(7) 对于出租车需求量大的会展活动,需要提前储备出租车,可设置出租车远端蓄车场,与出租车上客区域间有比较顺直快捷联系的道路相连。

3) 出租车排队空间、蓄车场空间规模计算

(1) 出租车排队空间规模

为应对会展离场大量客流集中快速离场,需在出租车上客区域提前组织足量出租车事先等候。出租车的规模与会展高峰用车需求、出租车上客点数量、出租车驶入效率和驶出效率等相关。高峰小时出租车排队规模计算公式如下:

$$T_{排队规模} = T_{总需求规模} - (T_{驶出数量} - T_{驶入数量}) \qquad (4-5)$$

式中,$T_{总需求规模}$为高峰小时出租车乘客用车量(辆/小时),通常为高峰小时出租车乘客需求量除以每辆出租车平均载客车数(根据会展离场出租车调查,一般取1.8人/辆);$T_{驶出数量}$为高峰小时出租车载客驶离的数量(辆/小时),通常为出租车上客点数量乘以每个上客点出租车发车效率(上客点出租车发车效率与乘客的上车效率有关,通常携带大件行李的乘客上车效率较慢,年龄大的乘客上车效率较慢,需要根据具体调查确定);$T_{驶入数量}$为高峰小时出租车空车驶入的数量(辆/小时),根据实

际情况而定。

（2）出租车蓄车场空间规模

当出租车驶入数量远远少出租车用车需求时，为实现快速离场，需提前蓄存一定量空载出租车。根据会展出租车组织经验，提前蓄存的空载出租车的规模应不小于高峰小时出租车用车需求。出租车蓄车场规模与周边空载出租车数量相关，当周边可用空载出租车数量不足高峰小时用车需求一半时，需要布置高峰小时出租车用车需求规模；当周边可用空载出租车数量达到高峰小时用车需求时，则减少出租车蓄车场规模或不用设置蓄车场。

■ 4.4.4 货车轮候区场地保障

1）大型会展货车组织原则

为保障货运车辆有序抵达，避免对周边道路产生影响，在展区外围设置专用货车轮候区，作为提前到场货车的蓄车区。在大型会展期间，所有会展货运车辆必须先进入轮候区等候，再按照会展组织安排的入场时间进入会展区装卸，严禁直接到达会展周边等候入场，从时间上控制货运车辆的分布。比如首届进博会期间，所有货运车辆都需要远端安检，轮候区位于P10，安检区位于P9，位于崧泽大道两侧。先进入轮候区，再进入安检区，最后进入场馆。

2）货车轮候区设置原则

（1）充分利用"边角地"或社会客车场地货车临时停放

鉴于土地资源的稀缺性，同时为避免给周边区域带来较大的影响，货车轮候区的选址应该在环境、交通敏感性较低的地区，尽可能地利用会展活动场馆的"边角地"。对于临时性会展活动，可以借用临时空地进行组织，比如社会客车停车场，在会展活动开始前和会展活动结束后，可以用于货运车辆的组织场地。对于长期举办的会展活动，建议设置长期、专用的货车轮候区。

（2）货车轮候区必须便于货运交通组织

货车轮候区的选址应该尽可能地靠近主要货运通道，便于货运车辆的快速进出和货运车辆与会展综合体的便捷联系。

（3）多个轮候设施时应该分散布局

分散设置多处货车轮候区，使得货运交通在空间上分布均匀，也便于分区办展时减少不同展期交通与撤换展交通的相互干扰。

3) 货车轮候区规模

货车轮候区规模与场馆单位展览面积货车吸引率、场馆展览面积和布、撤展作业天数有关：

$$n_{\text{truck}} = \max\left(\frac{S\gamma}{t_{布}}, \frac{S\gamma}{t_{撤}}\right) \quad (4-6)$$

式中，n_{truck}——货车轮候区泊位数（个）；

S——场馆展览面积（万平方米）；

γ——场馆单位展览面积货车吸引率，参考上海、广州等大型专业展撤换展，货车吸引率约 100 车次/万平方米，车展等消费展撤换展，货车吸引率在 60~80 车次/万平方米；

$t_{布}$——展会布展时间（天），根据实际展会类型和日程安排；

$t_{撤}$——展会撤展时间（天），根据实际展会类型和日程安排。

以首届进博会需求测算为例，展览面积约 30 万平方米，考虑到进博会兼顾博览与专业展性质，单位展览面积货车吸引率取 100 车次/万平方米，布展时间取 3 天，撤展时间取 2 天，则：

布展所需货车轮候区泊位数为 30×100/3=1 000 个；

撤展所需货车轮候区泊位数为 30×100/2=1 500 个。

取二者间的大值，则首届进博会货车轮候区货车泊位数需保障 1 500 个。

4.5 / 巴士公交多样服务

4.5.1 常规公交的基础服务

常规公交的灵活性可以弥补轨道交通服务空白区域。在会展活动交通中，常规公交主要为周边中短距离乘客的出行提供服务，利用城市既有公交运营线路，通过增能或调整运营模式为本地居民及外地观众提供全覆盖、基础性的常规地面公交服务，是保障活动周边居民参与会展活动的重要公共交通方式。

1) 日常公交线路增能

筛选邻近会展活动场所出入口步行 500 米范围内的所有日常公交线路，作为服务会展活动的会展日常公交线路。根据筛选出公交的发车班次、客流量、满载程度等,结合会展活动客流特征,适度调整运营班次。世博会期间筛选了 90 条线路为服务世博的日常公交线路,世博会期间保障早晚高峰发车间隔不小于 8 分钟。

2) 设置直达车

对涉及人流集聚点的公交线路,如铁路、机场、商业中心、大型社区和公交枢纽等,则可以将途经的日常公交线路设置直达专线到达,直接连接会展活动场地与人流集聚点。世博会期间利用原日常公交线路共开设了 16 条世博直达专线。

3) 设置大站车

为保障区域客流交通需求,以会展活动场馆周边始发线路为主,且覆盖主要交通通道为基本原则,设置串联沿线主要大型客流集散中心的大站车,上、下客点不宜多,3～5 个为宜,最多不超过 10 个站点,以快速联系活动场所,同时也保障公交客流。世博会期间,共开设了 20 条世博大站专线,每条线路途经 3～4 个站点作为上、下客点,疏散主要通道上的客流。

■ 4.5.2 团队巴士的主体服务

对于人数较多的团队参加会展活动,团队巴士是一种重要的出行方式。参展团队组织性强,在到、离时间和客源规律及服务需求等方面可控性强,为会展活动实行"错峰参展、均衡客流"等提供了基础。其运作包括两种形式,一是旅游集散中心旅游大巴,二是团体包车形式的包车团队巴士。

1) 旅游集散中心旅游大巴

旅游大巴,是由外省市和本市旅游集散中心组织,服务会展活动或旅游景区的大巴线。世博会期间,共组织了 66.8 万个团队、2 087.7 万人次的团体游客入园参展,占入园总人数的 28.6%。为减少对全市通勤交通的影响,旅游大巴通过调控早高峰和非高峰时间的发车班次,实现在时段上与上班流的错峰出行。

2) 包车团队巴士

团体包车,由旅行社或团体组织,以运送团体游客为目的的一种客运方式。团体包车可以是外省市的团体包车,也可以是本地的团体包车,主要目的是运输团体旅客参加会展活动。在进博会期间,国际参展企业团队与国内参展交易团、内宾团、媒体团等团体客流特征明显,团体客流大多以团体巴士的形式到、离场,组织性强,错峰出行明显。在首届进博会中,团队巴士停车共预约超5 000车次,承载了35%的参展客流。

4.5.3 接驳巴士、专线巴士等的衔接服务

1) 接驳公交衔接服务

接驳公交线路主要是为离场时大客流情形下安排的临时应急接驳公交,因此接驳公交线路运营时间要短,要体现方便快捷的服务水平。对于轨道交通站点或公交枢纽接驳,应接驳比邻轨道交通站点或公交枢纽,在10千米范围内,接驳公交线路能在30分钟内到达。对于停车场接驳公交,应接驳串联线路走向一致的停车场所,避免多次回路。

国家会展中心车展期间为保障离场高峰的应急疏散,在会展周边30分钟车程范围内的轨道交通站点,设置3条接驳巴士,用于接驳、分流晚高峰离场客流。其中,线路1:接驳轨道交通10号线的虹桥1号航站楼站,单向路径距离9千米;线路2:接驳轨道交通2号线淞虹路站,单向路径距离10千米;线路3:接驳轨道交通9号线中春路站,单向路径距离8千米。

2) 专线公交衔接服务

专线公交线路是指在活动举办城市的主要客流集散点(交通枢纽、商业商务中心、大型居住社区或交通换乘点等)开辟直接到达活动场所出入口的专线公交。会展活动结束,专线公交即取消。

专线公交可沿城市的快速路、主干路行驶,如有公交专用道或优先道,则这些专线巴士享受路权优先,以保证其公交服务水平。

专线公交线路需要尽量覆盖轨道交通线路的服务薄弱区域。

专线公交线路场所车站尽量靠近活动场所出入口布置,以减少衔接交通时间,起始车站交通枢纽(含对外交通枢纽和城市公交枢纽)的专线公交车站需重视与其他方式的合理衔接;商业商务中心、大型居住社区的起始车站应结合常规公交站点或相应配套停车场设置。

专线公交的票价需体现公交的经济性,控制专线公交客流的出行费用,采用常规公交收费标准或免收费,提前向会展参与者或广大市民告知专线公交线路运营安排信息,鼓励活动参与者采用专线公交出行,提供出行前和在途公交信息服务,以减少不必要的等车时间损失。

专线公交线路的运行模式,基于活动客流的多样性需求,可以分为封闭式和开放式两种。封闭式专线公交与封闭公交站台整合为一体,必须对车辆的运行全程进行封闭式管理。开放式专线公交则无须特别管理。

专线公交调度模式,可以分为定时定线和响应需求两类,其中定时定线专线公交通过固定的路线、时刻表提供稳定的运输服务,适用于需求空间分布较为平均、出行时间相对均衡的情况;响应需求专线公交是较为灵活的公交运营模式,不受时刻表、路线或停靠站的约束,完全根据需求确定。

4.5.4 酒店巴士、定制巴士等的共享服务

为充分发挥市场作用,随着互联网经济的发展,在大型会展活动期间,可以借助共享巴士网络平台提供多样化的巴士专车服务,包括酒店巴士、定制巴士等共享巴士专车服务。

(1)酒店巴士。提供酒店至展馆的交通运输服务,可由酒店设立,场馆侧提供停车预约以及停车上落客区域等配套服务。运营模式上,可以是单个酒店提供酒店与会展活动场馆的点对点的运输服务,也可以是根据酒店圈层分布,串联数个酒店,衔接重点商圈,提供酒店、商圈等密集区域往返会展活动场馆的运输服务,运行组织上建议采取定时、定班、定线的三定原则。

(2)定制巴士。通过网络预约包车的方式,提供展馆至预约地点的点对点交通服务,属于市场化行为。引进定制巴士平台企业,通过网络预约提供个性化交通出行服务,预设若干衔接交通枢纽、人流集散地的线路,短时调度成线。建议遴选优质企业,指定服务用车,控制价格和服务质量。

4.5.5 配套公交车辆需求规模计算

1)公交车辆需求规模计算

预判思路:结合会展期间各类公交乘客的需求规模来确定活动期间的公交车辆数量规模。

计算公式:公交专线所需的车辆数为会展期间公交专线的分担数量、公交专线标车定员、公交专线满载率综合得到。其理论计算公式如下:

$$N_{\text{bus}} = \frac{A_{\text{bus}}}{P_{\text{bus}} O_{\text{bus}}} \tag{4-7}$$

式中,N_{bus}——会展场所理论所需公交专线车辆数(辆次);

A_{bus}——会展期间公交专线的分担数量(万人次/日);

P_{bus}——公交专线车辆的标定定员(人次/车辆);

O_{bus}——公交专线车辆的满载率。

其中公交专线车辆的标定定员比较固定,满足率比较好确定,唯独公交专线的分担数量较难把握。公交专线的分担数量与活动期间客流规模和公交专线分担率有关。其计算公式为:

$$A_{\text{bus}} = A_i \times \theta \qquad (4-8)$$

式中,A_i 为第 i 日会展期间客流规模(万人次/日),θ 为公交专线分担率。会展期间客流规模可以根据会展售票情况或会展场馆容量情况确定。

$$A_i = A_{\max} \times \alpha_i \qquad (4-9)$$

或

$$A_i = P_i \times \beta_i \qquad (4-10)$$

式中,A_i——第 i 日会展客流规模(万人次/日);

$A_{\max}$——会展场馆最大容量(万人次/日);

α_i——会展场馆的到场率;

P_i——第 i 日会展售票或预约客流(万人次/日);

β_i——第 i 日会展客流到达率。

会展期间公交专线分担率 θ 确定通常有 2 种方法。一种是出行意愿调查方法,即对会展举办地市民开展会展期间出行方式或出行意愿的调查。比如世博会活动期间对游客参加世博会的出行意愿调查,如表 4-3 所示,本地居民对抵达世博园区的交通方式进行选择时,44.5%的人选择乘坐轨道交通,16.5%的人选择乘坐世博直达专线,11.8%的人选择乘坐公共汽车,17.5%的人选择乘坐私人小汽车,3.6%的人选择乘坐出租车。外地游客中 37%的人选择乘坐轨道交通,24.3%的人选择乘坐世博直达专线,7.4%的人选择乘坐公共汽车,7.5%的人选择乘坐私人小汽车,17.3%的人选择乘坐出租车。

表 4-3 世博会活动期间公交专线分担率意愿调查

出行意愿	轨道交通	世博直达专线	公共汽车	私人小汽车	出租车
本地居民	44.5%	16.5%	11.8%	17.5%	3.6%
外地游客	37%	24.3%	7.4%	7.5%	17.3%

另外一种方法,就是根据客流竞争优势空间距离获取各种交通方式的比例。比如上海,0~2千米范围属于慢行交通主导区;2~6千米范围主要是轨道交通与地面公交均衡竞争的区域,出租车优势也很明显;6千米以外,到外环线以内范围属于轨道交通主导,地面公交为辅的区域,外环线以外市域范围则是轨道交通与客车竞争的区域。基于上述分析,推算出上海世博会客流到达方式中轨道交通占35%~40%,地面公交和专线巴士等占30%~35%,出租车占10%~15%,小客车占10%~15%,其他占5%~10%。但是考虑世博地区道路交通富余容量很少,仅能维持少量VIP客流采取小客车到达园区以及少量出租车应急需求。经过测试,出租车和小客车占比5%以内,剩余的20%需要转移至轨道交通、地面公交和专线巴士承担。所以上海世博会抵园客流交通方式目标值为,轨道交通占50%,地面公交、专线巴士、团队巴士等占40%(其中团队巴士承担10%,地面公交承担15%,专线巴士承担15%),水上交通占比5%,小汽车和出租车等其他占比5%。

公交专线实际所需车辆数与车辆往返交通枢纽等目的地时间和车辆发车间隔有关。其计算公式如下:

$$n_{bus} = \begin{cases} N_{bus} \times \dfrac{T}{t}, & \dfrac{T}{t} < 1 \text{ 且 } \dfrac{T}{t_s} < 1 \\ N_{bus}, & \dfrac{T}{t} \geqslant 1 \text{ 且 } \dfrac{T}{t_s} \geqslant 1 \end{cases} \quad (4-11)$$

式中,n_{bus}——为公交专线实际所需车辆数(辆);

t——车辆发车时间间隔(分钟);

t_s——到场或离场客流持续时间;

T——公交专线车辆一次往返交通枢纽等目的地总时间(分钟),包括公交专线上客所需时间、中途运行时间、目的地下客所需时间、目的地返程上客时间、目的地等候发车间隔时间、返回中途运行时间和返回后下客时间。

如公交专线车辆一次往返交通枢纽等目的地总时间大于会展客流离场或到场持续时间,则不考虑车辆返回再次运送客流的情况。此时,公交专线的车辆数与实际所需车辆数相等。

4.6 / 出租汽车精准调度

4.6.1 出租汽车保障模式

出租车是会展活动离场交通的重要保障。出租车分为巡游和网络预约两种。会展活动期间,特别是离场期间用车需求量大,且会展场馆周边道路资源有限,无论是哪种方式,都无法满足会展活动离场高峰时刻的大量出租车用车需求,周边道路也无法满足瞬间到达车辆的需求,因此,需要提前储备和保障会展活动的离场高峰出租车。出租车离场车辆保障方式主要是通过出租车运营公司定点保障方式予以保障。

首届进博会期间出租汽车保障任务由上海强生出租汽车有限公司、大众交通(集团)股份有限公司、上海海博出租汽车有限公司和上海锦江汽车服务有限公司共同承担。

4.6.2 出租车车辆保障规模

根据会展活动交通保障策略,测算出租车用车需求,对于位于郊区的会展活动场所,道路容量相对充足,用车需求大,需要提供更多的出租车辆予以保障;对于位于市中心的会展活动场所,由于部分出租车可以进行二次载客,以及道路容量有限,则尽可能鼓励公交车出行,仅提供满足基本的或应急保障的出租车。

世博会会场位于上海市中心,设定出租车需求比例在2%左右,鼓励公共交通出行,世博会组委会组织4 000辆/日世博专用出租车(2 000辆在用车辆更新、1 650辆新增车辆和350辆油电混合动力车)提供基本保障和应急服务。

进博会会场位于上海市郊区,出租车需求比例在5%~7%不等,进博会组委会组织1 000~3 000辆/日不等的进博专用出租车(含新增350辆上汽荣威Ei5新能源车)提供基本保障服务。具体分配到日,为11月5日1 000辆次,11月6—8日每日各1 500辆次,11月9—10日每日各3 000辆次,合计11 500辆次。

4.6.3 出租车交通组织方法

(1)与会展活动交通保障总体策略相一致,做到"进场有序可控,离场疏散高效,服务安全舒适",尽量避免对日常的出租车运行造成较大影响。

(2) 出租车仅提供相应的会展活动日常需求及特殊需求,鼓励出租车凭证有序到达场馆内部候车接客。

(3) 考虑到、离场客流规模较大且相对集中,建议出租车交通与公共交通车流分散布置,通过交通管理,引导会展活动的出租车客流在其他出入口有序上车,均衡流量,避免客流在某个出入口高度集中。

(4) 邻近的关键道路及路口设立出租车上、下客点和蓄车点等指引标志,方便驾驶员泊车和乘客搭乘。

首届进博会期间,兼顾管控区周边道路管控要求,方便下车参展人员上二层步廊进入国家会展中心场馆,以及规范周边道路交通、客流秩序等综合因素,仅在国家会展中心东、西两侧二层步廊附近各设置一个下客点,在国家会展中心的4条围合道路不上、下客。

西下客点位于国家会展中心西侧的P1停车场的西北角,即徐民东路、蟠秀路口。附近设有参展人员进场的二层步廊,主要负责华翔路以西进场来车,出租汽车从徐民东路由西向东到蟠秀路进P1停车场,下客后车辆掉头走U字形出P1停车场,从徐民东路由东向西离场。

东下客点位于虹桥商务区核心区内的申武路(绍虹路与锡虹路间)两侧道路,附近设有进场的二层步廊,主要负责华翔路以东进场来车,为维护道路交通、客流秩序,下客即停即走,停车时间不得超过6分钟。

4.7 / 步行交通有序组织

4.7.1 参展人群行人特点

(1) 大型会展活动期间活动场所及交通枢纽、地铁站中的步行人流会表现出连续性、流动性和整体性、易导向性等特点。

(2) 按照最小消耗原则完成最短路或者视觉上的最近点进行路径选择。

(3) 大型会展活动参与人员来自世界各地,对环境的熟悉程度及判断差异较大,对诱导指路信息有较强的依赖。

(4) 大型会展活动的行人结伴出行较多,对行人空间与相应的服务水平要求会提高。

4.7.2 场所内行人组织

(1) 尽量组织单向行人交通，避免冲突；
(2) 出入通道分离，构造统一的封闭活动空间，便于安检工作；
(3) 增加及优化设置诱导指路信息，保障行人流整体形态，交通特征不发生突变；
(4) 保障足够的行人空间；
(5) 通过路径设计，进散场组织减少行人交通流峰值，减轻对场馆内部及周边交通设施的压力。

4.7.3 场所周边行人组织

(1) 构建步行范围内轨道站点、公交枢纽至会展场所的步行连廊或通道。比如国家会展中心构建了会展与核心区、枢纽的二层连廊和地下通道。
(2) 构建跨越地面干道、铁路线路、河流等障碍物的行人设施，包括过街天桥或地道，设置行人专用信号相位等，保障行人流线的连续性和安全性。
(3) 活动场所周边的道路设置机、非分隔系统，保障行人和机动车的安全有序。
(4) 所有会展场所外的行人通道或走廊规划，需要考虑未来的可持续性，充分与通道或走廊沿线的商业、办公群区域进行衔接。
(5) 加强会展场馆内外的行人交通引导，会展场馆内的行人引导以场馆和场馆外方向布局为主；会展场馆外的行人引导以具体目的地为主，从服务体验出发，提供必要的实时指引信息。

4.8 / 货运交通科学管理

会展活动的货运车辆交通包括两大类，一是展览展台搭建的装潢材料运输车辆，二是展览前后的展品运输车辆。其中展会各类装潢材料来自会展活动举办城市的郊区、或相邻省市的展会装潢公司。以展品为主体所产生的货运过程，主要是由展商承包给第三方物流，集中来自港口、机场、铁路和公路道口等。但无论是装潢运输车辆还是展品运输车辆，在国内主流货运方式仍然是公路零担运输为主，集装箱运输为辅。

4.8.1 设置货车运输线路

货运车辆对外运输主要采取高速公路或快速路运输线路为主。

在邻近会展活动场地时，由于大量货车的进出将对这些会展活动地区造成交通和噪声影响。为避免这种影响，通常划定会展货运车辆指定的货运行驶通道，其余道路禁止货车通行，确保将货运交通产生的影响限定在一定的范围内。货运形式通道的设定原则如下。

（1）避免货运交通穿越住宅区、商业商务客流密集区域；

（2）避开客车主要走廊或通道，且贯通性较好的道路，如果无法避开客车走廊，建议设置货运专用车道，实施客货分离通道，减少干扰；

（3）如有原有货运通道的布局，尽量利用原货运通道布局。

4.8.2 货车交通组织策略

为了尽可能减少货运交通对周边的影响，货运交通组织的策略采取"定点轮候、定时放行、定线行车"的策略。

（1）定点轮候：撤换展的货运车辆在展会之前申请相应的入场证件，同时根据货车来源，规定其等候入场的轮候区。

（2）定时放行：根据展会主办方安排好的入场时间，轮候区的货运车辆依次放行。

（3）定线行车：不同轮候区的车辆根据规定的行车路线前往会展活动场馆，严格禁止货运车辆行驶在非会展专用货运道路上。

4.9 / 交通信息综合引导

对交通组织管理措施的广泛宣传，有利于减少在大型会展活动期间居民出行的盲目性，从而使得出行者能够明智地选择出行交通方式及出行路径等。

4.9.1 交通信息宣传对象

宣传对象主要包括会展活动参与者和非活动参与者。会展活动参与者由影响范围区内外的参与者组成，其中来自影响区外的参与者所占比例高，交通量具有临时性和量大的特点，这部分出行者对范围内交通状况熟悉程度低，因此需对其普及当地道路交通的基本情况和会展期间的交通组织状况，避免造成交通混乱。而非会展参与者主要是指日常出行的居民，这部分人可能需要取消某些出行计划或者选择别的替代路径来避开大型会展活动可能造成的影响，因此对其进行交通信息宣传也必不可少，如为了减少日常出行与大型会展活动出行的叠加，可通过宣传途径告知当地单位和居民，使其能够提前制订在家办公、减少工作日以及放假等的措施计划。

■ 4.9.2　交通信息发布方式

通常采用静态显示和动态通信两种方式发布交通信息，静态方式主要包括道路沿线交通标志和情报板、报纸、宣传手册、传单和广告牌等方式；动态通信主要包括电子地图、广播、电视、服务电话、手机短信、电子信息牌、网络、微信、QQ 和视频等新媒体等。

■ 4.9.3　交通信息发布内容

出行前交通信息发布的内容通常包括大型会展活动期间的交通管理措施、交通组织状况，以及使出行者提前获知和决策可采用的省时、经济、便利的交通方式等。例如，向普通家庭发放常规公交和轨道交通的宣传资料，鼓励居民选择公交出行，提供活动期间的《出行手册》，手册中列出大型会展活动期间的交通组织管理方案。同时，可以提供个性化信息，主要包括出租车预约信息、大型活动场馆周边换乘站点停车场位置信息，当前交通状况信息，如出发前发生交通事故和交通事件的路段、拥堵路段和当前所有被推荐的备选路径、指定路径的实时交通流速度、天气信息、指示标志示例及交通咨询电话等。

车辆使用。通常包括分时段禁行、分区域禁行、分车号禁行等措施。其中分时段、分区域禁行是大型会展活动中普遍采用的交通管理措施。对于小汽车，主要目的是使驾驶员主动放弃开车出行，而选择公交、地铁等公共交通方式，从而减少车流量；对于货车，目的则是减少货车进入，避免交通拥堵和交通事故的发生。

公交优先。主要包括公交出行费用的优惠、公交出行时间的保证、公交出行便捷性的提高，以提高大型会展活动公交出行比例。大型会展活动期间增设公交穿梭巴士或辅助公共交通系统，又能有效提高公交出行的便利性，增加公共交通的吸引力。

专用车辆。大型会展活动举办期间还可能有重要任务，如国家元首、政府要员、活动组织者或赞助商及媒体记者等其他特殊人员参加。这部分交通需求除考虑设置专用线路或专用车道以实现与其他出行者的空间分离外，还可考虑调整出行时间与其他出行在时间上的分离。

停车管理。由于大型会展活动停车需求的临时性，不宜兴建停车场、停车楼等固定停车设施，避免造成停车设施的浪费和大型会展活动交通管理费用的增加，而应充分利用现有的停车设施资源，重视"共享泊位"，如结合控制区域内单行道路设置路边路内停车场，利用周边闲置场所进行临时停车等。

路径引导。通过道路沿线标志牌、情报板和电子地图等途径，引导参展车辆分散路径到、离场，尽量均衡各通道交通量，避免个别通道交通集聚拥堵。路径引导可采取分层引导方式：高快速路为第一层，根据起点进行方向性引导；高快速路至地面干道为第二层，引导匝道与地面道路路径；周边地面道路为第三层，根据目的地，采取分区引导的策略将车辆引导至停车场或下客点。

第 5 章
监测研判和动态调整

5.1 / 城市交通预判和响应

5.1.1 对外交通

对外交通运行研判是动态跟踪会展前和会展期间,航空、铁路、城际客运、港口和道口的旅游到发规模的变化趋势,掌握会展游客到发增量,为优化对外交通运力方案及城市交通集散配套提供依据。

(1) 研判思路:根据航空、铁路、城际客运、港口和道口等常态下大交通行业每日、每月、每年的客流到发规模或旅客吞吐量等统计数据,对比大交通行业的客流预警机制,当突破大交通行业客流预警线,则设置或启动大交通行业的应急措施。如果没有突破大交通行业的客流预警线,则密切关注客流动态变化。

(2) 研判主要指标:会展前与会展期间的对外交通日客流到发规模。指标要求对每个会展日的客流到发规模进行研判分析,选取会展前相应的日期进行有无比较。

(3) 响应措施:依托常态化交通监测和应急指挥体系开展大客流应急处置。

5.1.2 道路交通

道路交通运营研判包括对外道口及高速公路的车流变化和城市内部快速路的

运行特征研判。

1）对外道口及高速公路的车流变化研判

对外道口及高速公路的车流变化研判即动态跟踪对外道口及高速公路的车流增长变化情况，分析会展期间道口安检车流变化，研判会展活动对举办城市道口运行的影响，为省际段或城际段交通分流组织提供依据。

（1）研判思路：根据城市对外道口及高速公路流量小时监测数据，分析会展期间对外道口流量及高速公路小时流量增量的变化和拥挤情况，当小时车流增加到影响高速公路通行时，需要及时响应高速公路分流措施。当小时车流增加量尚未影响到高速公路通行时，需要密切关注对外道口及高速公路流量的变化情况。

（2）研判主要指标：会展前与会展期间对外道口分方向的小时车流量；会展前与会展期间高速公路分方向的小车车流量。

2）城市内部快速路的运行特征研判

城市快速路运行特征研判是评估不同特征日大型会展活动交通对快速路系统运行的影响，重点把握入场高峰时段快速路网络交通流增量，以及对拥堵区段、行程速度等重要交通指标的影响，为及时发布交通出行引导信息提供预判。

（1）研判思路：根据城市快速路高峰小时车流量监测数据，分析会展期间快速路流量的变化以及快速路拥挤状况的变化，当小时车流量增加到影响快速路通行时，需要及时响应快速路分流措施。当小时车流量增加量尚未发生影响快速路拥挤状况向更加严重的变化，需要密切关注会展期间快速路流量的监测情况。

（2）研判主要指标：会展前与会展期间城市快速路的车流量（一般为 12 小时驶入快速路的车流量和会展到、离场高峰时段驶入快速路的车流量），会展前与会展期间城市快速路的拥堵区段、拥堵区域的平均行程车速等。

（3）响应措施：加强引导，及时告知用户道路拥堵情况，提醒主动避让。根据常态处置方案，交通管理部门加强现场管理疏导。

■ 5.1.3 轨道交通

轨道交通运行研判是了解工作日、双休日、节假日等不同特征日大型会展活动交通对全市轨道交通网络运行的影响，掌握全网客流增量，与会展举办地直接相关轨道交通线路客流增量，以及会展场所周边相关轨道站点的上、下客情况及相关特征，为优化轨道交通客流组织提供预判。

(1) 研判思路：根据轨道交通高峰小时的断面拥挤率、高峰小时站点进出站客流规模以及高峰小时典型站点客流拥挤规模等监测数据，分析会展期间高峰小时轨道交通拥堵状况的变化以及客流规模的变化，但小时断面拥挤率提升显著或高峰小时进出站客流明显增多或高峰小时典型站点客流明显集聚，则需要及时响应轨道交通分流措施。如高峰小时拥挤状况与日常变化不大，尚未增加轨道交通运行压力，则持续关注轨道交通拥挤状况及站点客流规模的变化情况。

(2) 研判指标：高峰小时轨道交通拥挤断面，高峰小时站点进出站客流规模，高峰小时典型站点客流聚集规模等。

(3) 响应措施：根据常态处置方案，启动运力调整、站点交通组织调整、地面公交力量支援和乘客及时引导等措施。

5.2 / 会展客流实时监测和分析

客流实时特征包括实时客流规模、实时客流时间分布、空间分布和交通方式选择等特征内容。监测和分析客流实时特征是为现场交通指挥提供实时准确的数据支撑。

5.2.1 实时客流规模

实时客流规模是指当前到达场馆的客流规模、在馆客流规模、次日客流规模预判等。

1) 当前到达场馆的客流规模

当前到达会展场馆的客流规模可以通过每小时的到场客流规模来反映。主要统计方法如下。

(1) 各种到场交通方式的客流累计和

通过当前小时轨道交通出入口到达数据、道路交通下匝道车流量和停车场进场数据，以及公交枢纽中团队巴士、专线公交的到达客流等数据累计求和来反映此时到达场馆的客流规模。其计算公式如下：

$$\sum Z_i = \sum (R_i + B_i + C_i + T_i + W_i) \quad (5-1)$$

式中，Z_i——第 i 时（次时）客流规模（人次/时）；

R_i——会展相关轨道交通站点第 i 时到站客流规模（人次/时），由轨道交通站点统计获得；

B_i——公交枢纽中团队巴士、专线公交和地面公交站点等会展相关公交第 i 时到达客流规模（人次/时），由公交枢纽统计获得；

C_i——社会客车停车场中小客车第 i 时到达客流规模（人次/时），由停车场统计获得；

T_i——出租车下客处出租车第 i 时到达客流规模（人次/时），由出租车公司统计获得；

W_i——会展场所主要步行通道或廊道或轮渡渡口等第 i 时到达客流规模（人次/时），由调查员统计获得。

（2）到达或离开场馆内的安检客流累计

会展相关客流可以分为会展工作人员、会展志愿者、会展参观的观众客流等，其中会展工作人员、志愿者都是相对比较固定，而且有组织，暂且认为其数量和到达时间都可以通过会展安排预先获得。对进入场馆的会展观众客流，则可以通过进出会展场馆的安检设备或验票设备判断其何时进出场馆。因此，到达或离开场馆的客流规模可以通过到达或离开场馆的安检客流累计获得。其计算方法如下：

$$\sum Z_i = \sum (A_i + Q) \tag{5-2}$$

式中，Z_i——第 i 时（次时）到达或离开客流规模（人次/时）；

A_i——会展安检口或检票口第 i 时进入场馆或离开场馆客流规模（人次/时），由场馆或公安管理处统计获得；

Q——会展期间的工作人员数（不进入场馆的）。

2）在馆客流规模

场馆内部每小时的在馆客流都在变化，可以用场馆内的最大客流规模来反映。主要统计方法如下。

（1）累计进出场馆的差值法

在馆客流规模可以近似为累计进入场馆的客流规模与累计离开场馆的客流规模的差值。客流差值法是利用进场客流数据和离场客流数据的差值得到，这种方法可以统计进入场馆的每一个人。为了统计方便，通常以小时为统计单元。其计算公式如下：

$$Z_i = \sum_{\emptyset}^{i} D_i - \sum_{\emptyset}^{i} L_i \tag{5-3}$$

式中，Z_i——第 i 时在馆客流规模（万人次/时）；

D_i——第 i 时进入会展场馆客流规模（万人次/时），$\sum_{\emptyset}^{i} D_i$ 为累计进入会展场馆的客流规模（万人次），$\emptyset$ 为会展开始时间；

L_i——第 i 时离开会展场馆客流规模（万人次/时），$\sum_{\emptyset}^{i} L_i$ 为累计离开会展场馆的客流规模（万人次）。

(2) 移动手机信令大数据法

假定每个场馆内的客流都拥有 1 部移动手机，通过捕捉场馆内移动通信手机的信号数量，来判断当前的小时在馆客流规模。这种方法可以做到实时动态监控，其缺点是对老年机、无手机人群无法监控，只能得到一个近似值。

3）次日客流规模预判

次日客流规模预判主要根据会展次日的预约或售票情况以及当日预约或售票到场情况综合得到。其计算公式如下：

$$Z_{T+1} = Y_{T+1} \times \alpha_T + \theta_{T+1} \tag{5-4}$$

式中，Z_{T+1}——第 $T+1$ 日（次日）客流规模（万人次/日）；

Y_{T+1}——第 $T+1$ 日（次日）会展预约或售票规模（万人次/日），如果含有现场售票或现场预约的情况，则需要叠加一定规模的现场售票或预约客流规模，通常类比前一日或几日得到；

α_T——第 T 日会展预约或售票规模履约到达率，由于恶劣天气等情况导致履约率低的情况另外考虑；

θ_{T+1}——第 $T+1$ 日（次日）会展固定工作人员、媒体等客流，如无变化，则与前一日或前几日相当。

5.2.2 实时客流时间分布特征

1）到达时间特征

到达时间特征是记录客流到达场馆的时间分布状况，通常以小时为统计单位，记录每小时到达的客流规模，最后呈现的是从会展开始至会展结束时的逐时客流到达特征,包括到达高峰时间及到达高峰客流规模等。

2) 离开时间特征

离开时间特征是记录客流离开场馆的时间分布状况,通常以小时为统计单位,记录每小时离开客流规模,最后呈现的是从会展开始至会展结束时,逐时离开场馆的客流规模特征,包括离开高峰时间及离开高峰客流规模等。

3) 离场高峰状态的判断

参观结束后,观众陆续离场,在某个时刻离场客流达到最大值即为离场高峰。对离场高峰状态的判断有增量法和比值法两种。

(1) 增量法:即利用当前小时客流同比前一小时客流的增量。当增量等于0时,当前客流是目前的最大值;当增量大于0时,后续客流还将继续增加。

(2) 比值法:即利用当前小时客流去比前一小时客流的比值。当比值等于1时,当前客流是目前的最大值;当增量大于1时,后续客流还将继续增加。

为了提前研判离场高峰客流的到达时刻,通常假定当小时离场客流大于累计到场客流小时平均值时,即认定离场高峰即将到达,此时可以作为离场交通设施应急启动时刻。

4) 在馆时长特征

在馆客流时长是指客流在场馆内活动的时间长度。通常情况下观众只有在进入场馆才要做身份验证,而在离开场馆时不需要,因此在馆时长的特征很难通过常规统计方法获取。目前只有利用移动手机信令大数据可以监控有手机的客流在馆的参展时长。其计算公式为:

$$L_i = I_{fi} - I_{ei} \tag{5-5}$$

式中,L_i——第 i 个或第 i 批客流参加活动的时长(在馆时长)(小时);

I_{fi}——第 i 个或第 i 批客流首次被场馆内基站捕获的时间(实时时间);

I_{ei}——第 i 个或第 i 批客流最后一次被场馆内基站捕获的时间(实时时间)。

最后,将 i 个或第 i 批客流参加会展的时长进行分类平均,获得不同时长的客流比例以及所有客流的平均参展时长。

5.2.3 实时客流空间分布特征

实时客流空间分布是指客流在场馆周边的集聚空间分布实时状况。在到达和离开时,到达客流集中在到达交通方式的集中处,离开客流集中在离开交通方式的集中处。客流空间分布特征是客流均衡分布的判断依据。

1) 到达客流空间分布

按照会展场馆的入口方位,分别统计各入口处交通设施的客流分布,从而得到各入口处的客流集中分布情况。

当客流过于集中于某一入口时,需要及时响应启动客流均衡调度方案,分散客流均衡入场。

2) 离开客流空间分布

按照会展场馆的出口方位,分别统计各出口处交通设施的客流分布,从而得到各出口处的客流集中分布情况。

当客流过于集中于某一出口时,需要及时响应启动客流均衡调度方案,分散客流均衡离场。

5.2.4 实时客流交通方式选择

1) 到场方式选择特征

到场方式选择特征是各种交通方式承载到场客流的分担量。通常是用当前小时轨道交通站点出站客流、公交枢纽下客规模、停车场小客车下客规模、出租车下客规模以及步行通道或非机动车到达的客流规模等分别与当前各种交通方式到达客流之和的比值来表示,基本上可以利用常规统计方法来获得。

2) 离场方式选择特征

离场方式选择特征是各种交通方式承载离场客流的分担量。通常是用当前小时轨道交通站点进站客流、公交枢纽上客规模、停车场小客车上客规模、出租车上客规模以及步行通道或非机动车离开的客流规模等分别与当前小时各种交通方式离开客流之和的比值来表示,基本上可以利用常规统计方法来获得。

离场方式选择与到场方式选择可能不同的地方为:出租车离场方式比例会增加。大部分客流会与到达时交通方式一致,公交到达、公交离开,轨道交通到达、轨道交通离开。然而,有部分客流则可能由于参观了较长时间,或对场馆周边交通方式不太熟悉,会选择更为便捷的出租车或合乘小客车。因此,大型会展活动离场方式中,出租车的比例往往会比到场时高。

5.3 / 场馆交通实时研判和动态调整

会展活动产生的车流和人流可能瞬时集中到达或离开,造成交通设施服务能力在瞬时间达到饱和或拥挤状况,就会出现客流积压情况。比如轨道交通进站口客流溢出而形成排队进站的人流群,出租车上客处也会形成排长队等候出租车的客流队伍,公交枢纽站台被乘客占满并向车行道溢出,停车场内车辆等候出库等。

■ 5.3.1 场馆相关轨道交通站点

轨道交通站点实时服务能力主要是轨道交通进站的客流服务能力。

轨道交通进站客流>轨道交通站内设施服务能力,则超过服务能力的乘客将在站外排队。

轨道交通站内设施服务能力>轨道交通实际运送能力,则超出实际运送能力的客流将在站台内排队等候。

因此,轨道交通站点实时服务能力的研判指标主要依据排队长度和排队时间,包括站外排队和站内排队。

1) 排队长度

轨道交通排队长度,即排队进站队伍最后一名乘客与第一名乘客的距离或排队进站队伍的人数规模。为了组织乘客有序排队,通常利用非固定设施设定"Z"字形排队区域。排队队伍的长度可依据排队区域非固定设施的长度判断。

站外排队长度指轨道交通进站前的排队队伍长度,站内排队长度是指轨道交通刷卡进闸机前的排队队伍长度。为了保持轨道交通运行有序,通常会保障站内排队长度最小化到无排队状况。在进博会离场高峰时刻,2号线国家会展中心站为了保障站内客流流畅进站、快速上车,考虑到进站客流均为进博会客流(在进博会现场已经进行了安检),采取了免安检、免刷卡直接进站,待出站后再补刷卡的措施。

研判思路:当排队长度超过预先设定的排队区域时,需要启动临时轨道交通站点客流疏散应急预案,将轨道站点客流疏散至邻近的其他无排队的轨道站点。当排队长度仍然在预定的排队区域内,需要密切关注轨道交通进站到达客流的规模情况。

2) 排队时间

排队时间指乘客从进入排队区域开始到离开排队区域进入轨道交通进站口通道结束时的时长。排队时间与轨道交通进站客流规模、轨道交通实际运送能力和轨道交通站内设施服务能力密切相关。

站外排队的排队时间是客流规模与轨道交通站内设施处理效率的综合结果。轨道交通站内设施包括售购票设施、安检设施、进出闸机设施等。随着互联网的发展,大部分乘客可以通过二维码扫描或公交卡直接刷卡进站,售购票设施服务可以忽略。对于安检设施和进站闸机的服务效率通常也都是一致的,或安检设施能力略小于进站闸机服务效率。因此,站外排队的排队时间其计算公式如下:

$$T_i = \frac{(Z_i - z_{ei})}{e_{\max}} \quad (5-6)$$

式中,T_i——第 i 时排队时间(分钟);

Z_i——第 i 时到达客流规模(人次/分钟);

z_{ei}——第 i 时轨道交通站内设施最大服务能力(人次/分钟);

$e_{\max}$——轨道交通站点服务设施单位时间内最大服务效率(人次/分钟)。

第 i 时轨道交通站内设施最大服务能力,有安检、刷卡进站时,通常为安检机的最大服务能力;当免安检、免刷卡进站时,设施最大服务能力为列车的满载人员数。在轨道交通设施单位时间内最大服务效率未知时,可以通过实际人流跟踪法获得排队时间,即安排调查人员从开始进入排队队伍时开始计时,到离开排队队伍进入轨道交通站点内时结束计时,结束计时与开始计时的差值为排队时长。

研判思路:当排队时间超过预先设定的排队等候时间(比如 15 分钟或 30 分钟,通过意愿调查获得),需要及时启动轨道交通站点客流应急疏散方案,将排队客流疏散至邻近无排队的轨道站点。

3) 调整措施

调整措施可分为引导、增能、组织及支援等方面。加强乘客引导,对于尚未进站的乘客可提前引导至其他线路或其他交通方式。启动线路增能,投放备车增加运能,快速疏散站台客流。调整站点组织,站点出入口临时调整为单向进出,并在站外设置蛇形通道区域,启动站点限流,以空间换时间减缓进站速度,避免站内人流集聚。还可采用其他交通方式支援,如地面公交开行临时接驳线,以分散进站客流。

■ 5.3.2 场馆周边道路路网

场馆周边道路及专用通道服务水平研判是评估在入场高峰时,活动客流对场馆周边入场通道与专用通道运行状态的影响,并跟踪管控区实施管控后对场馆周边平行分流道路运行状态的影响,为动态调整场馆周边的交通管理政策提供预判。

1) 道路流量构成

场馆周边道路主要是指场馆周边管控区范围的道路。这些道路主要用来满足会展期间直接进入场馆内部及停车场的车流、进出管控区范围停车场的车流以及管控区范围的居民区用车需求和穿越管控区的过境车流需求。在车种上包括小客车、公交车、团队巴士、出租车以及特许车辆等。

场馆周边专用道主要是指服务会展期间进出场馆周边区域的公交车、团队巴士、特许车辆等的专用通道。

对场馆周边道路及专用道的服务水平研判,主要是对周边道路及专用道上车流规模及构成进行实时跟踪与分析。由于会展期间场馆周边道路及专用道沿线设置为禁止停车或上下客等,监测周边道路及专用道上车流规模及构成主要的方法是监测周边道路含专用道的各路口交叉口的转向流量,以及停车场出入口的转向流量。通过对交叉口和出入口的转向流量进行汇总、归纳,获得不同车种的构成及规模数量。

2) 道路运行车速

道路运行车速是周边道路及专用道运行状况的主要判断指标。道路运行车速是指道路交叉口间各路段的运行车速,即从进入本道路断面时开始至离开本道路断面下游交叉口停车线结束的路段行程平均车速。

研判思路:通过道路运行车速判断周边道路及专用道的拥堵状况,当道路运行车速小于预先设定的车速(比如10千米/小时,含交叉口通过时间),需要通过调查各种转向车流的构成以及规模寻找拥堵原因,从而动态制订相应的交通管控措施。比如是由于穿越型车流过大,则需要制订引流措施;如果因某个停车场车流太集中,则需要制订引导停车场车流分道路错峰出行等措施。当道路运行畅通时,需要密切关注各道路断面车流规模及运行速度。

3）调整措施

可通过横向联动道路交通管理部门,通报道路交通拥堵情况,协同加强地面道路现场管理,以快速疏导车辆。也可通过道路情报板、电子地图等途径告知拥堵路段,提示车辆主动调整路径。另外,还可根据实际情况调整停车场出入口组织。

5.3.3 场馆配套公交设施

会展期间设置的公交专线、常规公交、接驳公交等活动配套公交设施服务水平评价,目的是重点了解会展客流对会展配套公交的认知程度、实际使用情况及其与方案规划的差距,如配套公交分担率、配套公交满载率、平均运营时速,为动态调整方案提供预判。

1）配套公交分担率

配套公交分担率是指在会展期间,会展客流在到达和离开场馆的出行方式中选择公共交通(包括轨道交通、接驳公交、公交专线和常规公交)的出行量占离场馆总出行量的比率,这个指标是衡量大型会展活动集约交通出行、会展交通结构合理性的重要指标。

配套公交分担率即会展期间除去轨道交通的公共交通分担率。其计算方法是：

$$配套公交分担率 = \frac{配套公交出行量}{活动出行总量} \times 100\% \tag{5-7}$$

式中,配套公交出行量是指包括在大型会展活动期间配套的各类公交如公交专线、公交接驳线、常规地面公交和城市轮渡等交通方式的出行量;出行总量是指在大型会展活动期间,会展客流到达和离开场馆的所有出行量。

配套公交出行量,主要通过配套公交部门的客流统计获得。

会展出行总量,在不考虑多次往返时,通常用参与会展客流规模的2倍来选取,会展场馆周边采用步行或非机动车到、离场馆的客流也计算在内。如果考虑部分客流多次往返,则多次往返的比例通过抽样调查获得。

研判思路：当配套公交分担率尚未达到预先设定的比例(比如5%),说明配套公交仍有提升空间,需要寻找配套公交分担率低的原因,是否是配套公交的起终点位置不便或运营服务不佳导致,还是因为配套公交预设的比例过高所致,及时作出相应的应急调整方案。配套公交分担率达到或超过预先设定的比例,则需要持续跟踪配套公交客流的变化,及时启动大客流的增加配套车辆方案。

2）配套公交满载率

配套公交满载率又称配套公交平均拥挤度,是指大型会展活动期间,配套公交高峰高端面客流量与配套公交高峰高端面额定载客量的比值。公交满载率是反映公交利用率或舒适性的主要指标。其计算方法是:

$$\text{高峰高端面公交满载率} = \frac{\text{配套公交高峰高端面客流量}}{\text{配套公交高峰高端面额定载客量}} \times 100\% \quad (5-8)$$

式中,配套公交高峰高端面客流量为会展到、离场高峰时间配套公交所承载的最大断面乘客数,配套公交如为点到点的公交,则高峰小时最大断面乘客数为配套公交高峰小时上车乘客数。配套公交高峰高端面额定载客量为会展到、离场高峰时间最大客流断面班次的额定载客量,如为点到点的配套公交时,则为高峰小时的最大配车班次的额定载客量。

配套公交高峰高端面客流量,通常通过客流调查获得。

配套公交高峰高端面额定载客量,为高峰时段的班次数乘以每班次的最大载客量得到。

研判思路:公交满载率超过一定值(比如80%),需要及时启动配套公交车辆的车辆增设或缩短发车间隔等应急方案;当公交满载率低于30%时,需要研判是否需要调整发车间隔;当每班次公交车辆只有几个乘客时,需要研判是否需要取消该条配套公交线路。

3）平均运营时速

配套公交的平均运营时速,是指在大型会展活动期间,高峰时段配套公交完成一次运送任务实际运营的平均车速。其计算方法是:

$$\text{高峰时段平均运营车速} = \frac{\text{高峰时段班次运营里程}}{\text{高峰时段班次运营时间}} \quad (5-9)$$

式中,高峰时段班次运营里程为会展配套的公交从活动场所发车起点至配套公交目的地公交线路的实际运营里程。高峰时段班次运营时间,是会展期间每班次配套公交从发车起点至目的地所花费的时间。

高峰时段班次运营里程,可根据会展场所发车起点至目的地的实际路径长度获得。

高峰时段班次运营时间,可根据实际从发车起点至目的地所花时间,原则上以车载终端数据为准,对于未安装车载定位终端的,由实际调查获得。

研判思路:当高峰时间交通拥堵比较严重时,影响了公交运营车速,即高峰时间平均运营车速低于预先设定的运营车速(比如低于5~10千米/小时),需要研判是否启动公交专用道应急方案;当平均运营车速在15千米/小时左右,则需要密切关注道路运行状况。

4)调整措施

若出现满载率过高等情况,启动应急增能方案,投放应急备车增加运力。对于道路拥堵问题,可横向联动道路交通管理部门,开展现场临时管理或启动公交专用道应急方案。

■ 5.3.4 场馆出租汽车上客点

出租车上客处因没有安检、没有闸机等站内设施,所以此处客流排队与否完全取决于出租车乘客数量规模、出租车车辆到达规模和出租车驶离停车场的畅通程度。

1)排队长度

(1)乘客排队:出租车乘客到达数大于出租车车辆到达数,则乘客排队,其排队长度可以用实际的排队距离和排队人数表示。

(2)车辆排队:出租车乘客到达数小于出租车车辆到达数,则出租车车辆排队,其排队长度可以用实际的排队车辆数量规模表示。

(3)乘客和车辆都排队:出租车乘客到达数虽然小于出租车车辆到达数,但由于出租车的上、下客和驶离停车场不够畅通时,导致乘客在排队上车,出租车车辆也在排队候客。其排队长度可以用固定时间内的排队人数和排队车辆规模表示。

2)排队时间

排队时间和排队长度一样都是检测出租车组织效率的关键指标。

乘客排队时间是指乘客进入出租车候客处开始至乘客上车所等候的时间。

车辆排队时间是指出租车从进入出租车排队区域开始,到出租车载客离开排队区域时所花费的时间。

影响排队时间的关键因素是出租车上客车处乘客的上车效率。然而乘客上车效率与上客处同时可载客车辆数量、上车乘客数量、年龄构成以及乘客携带行李数量、大小等都有关系。

出租车车辆充足，出租车上客处的排队时间类似于轨道交通进站排队时间计算，此处从略。

研判思路：排队时间长时间超过预先设定的排队等候时间（比如15分钟或30分钟，通过意愿调查获得），需要及时启动客流应急疏散方案，增加新的出租车上客处；排队时间在预控范围内或偶尔超过预先设定的排队时间，需要密切关注出租车的排队时间及客流到达速度。

3）调整措施

根据排队成因调整交通组织措施。若出现出场道路交通拥堵导致车辆积压，进而传导至乘客排队积压，则可横向联动道路交通管理部门，加强现场疏导。若为发车效率过低，则及时调整发车位布设或增加新的上客点，提升发车效率；若为车辆运力不足，出现"人等车"的情况，则加强车辆的调度以补充运力。同时，也可根据实际情况，投入应急公交接驳线，引导排队等待的乘客乘坐接驳线迅速疏散出核心拥堵区域。

■ 5.3.5 场馆配套社会车辆停车场

1）社会小客车停车场库的实时监控

对场馆配套停车场实施监控主要是查看停车场车流的高峰状况，和高峰时间下车流的主要路径以及主要出入口。主要研判指标是，停车场入口处的排队长度以及停车场出口处的排队长度。

2）研判思路和调整措施

停车场社会小客车的到达率或离开率过于集中，以至于早高峰期间到达车辆在停车场入场道路上排队等候进入或晚高峰期间离开车流在停车场内等候离场，排队进场车流排队超过一个交叉口，需要及时启动停车场车流引导或停车场封闭应急预案；排队出场的车流在停车场内排队超过一定时间，比如10分钟，则需要新增停车场出口，以加快停车场的车流离开速度。

第 6 章 跟踪评估和持续优化

6.1 / 客流基本特征和规律评估

6.1.1 集约化客流规模及占比

大型会展活动集约化出行是减少大型会展活动给城市交通带来影响的有利措施。根据大型会展活动交通的组织要求，鼓励集约出行或绿色出行。因此，集约化客流规模及占比是大型客流特征的评估要素。

1）集约化客流规模

集约化客流规模是指在大型会展活动期间，采取集约化交通方式出行的客流规模，包括轨道交通、团队巴士、常规公交和接驳公交等交通方式出行的客流。集约化客流占比是指集约化方式的客流规模占活动期间所有客流的比例。通常社会小客车和出租车等方式不属于集约化出行方式。

2010年上海世博会期间，超过84%的游客使用公共交通方式入园，实现集约化交通方式结构引导目标。据统计，轨道交通分担率为37%，旅游包车分担率为35%，是入园交通运力的主体。此外，地面公交、出租车、自驾车和慢行交通的分担率分别为12%、8%、6%和2%。

2018年首届进博会交通组织集约化程度高，公众日集约出行比重在85%左右。

轨道交通和团队巴士是所有参展人员最优先选择的交通方式,占据主导地位。除此之外,外省市专业观众更倾向于采用包车、定制巴士等方式出行;本地观众则会选择轨道交通接驳线、公交 71 路接驳线(延伸线)和常规公交出行。

绿色交通客流占比是继集约化交通占比的另一个重要指标。绿色交通客流规模是指大型会展活动期间,采取绿色、低碳化交通方式出行的客流规模,包括集约化方式的客流以及以步行、非机动车、绿色能源为出行方式的客流规模。同样,绿色交通客流占比是指绿色交通客流规模占大型会展活动整体总客流的比例。与集约化方式不同的是,采用绿色能源的社会小客车和出租车等个体交通也属于绿色交通方式。

2)对外交通各种交通方式选择

来自活动举办城市以外的客流,会根据距离的远近来选择相应的交通方式。通常远距离的采取航空、高铁的方式为主,近距离的以城际铁路为主,比邻地区的以包车或团队大巴为主,在近郊地区无铁路、轨道等设施地区的个人以小客车为主。公路长途客运受高速铁路和城际铁路的影响,采用公路长途客运出行的人员比重越来越低。

■ 6.1.2 会展交通出行时间

大型会展活动的交通出行时间一般受会展的开、闭馆等关键时段影响,根据客流聚集程度可以分为高峰日客流、高峰小时客流等关键会展交通出行时间。

高峰日客流是指会展期间客流规模最大的一天。

高峰小时客流是指会展期间一天中客流规模最大的一个小时,包括到达客流高峰小时、离开客流高峰小时以及在馆客流高峰小时。

会展高峰日客流、高峰小时客流并非都是影响最大的出行时间。会展交通影响最大的出行时间与交通设施背景交通有关,比如:

(1)场馆周边道路及出入口影响最大的出行时间一般为集中散场的高峰时间。

(2)场馆周边管控区内道路影响最大的出行时间为到达和离开该会展场馆人流、车流最集中的时间;对于非管控区的道路,背景交通与会展交通叠加后,影响最大的出行时间是离场高峰时间。

(3)轨道交通影响最大的出行时间为到达和离开会展场所的客流最集中的时间。

2010 年上海世博会游客高峰日基本出现在周末或节假日,而背景交通高峰在工作日。此外,受到世博热门场馆预约券等因素影响,世博游客出行的出行时间早于背景交通通勤早高峰时间。根据在途客流、出入口排队数据以及停车场预排队区的数据统计分析,约 35% 的游客在 9:00 前已经到达园区出入口。考虑交通出行时间,市域游客出发高峰在7:00—8:00,略早于工作日早高峰时间。

2018年首届进博会期间出行时间分布特征。首日离场客流相对集中,高峰出现在18:00—19:00。专业日入场时间较为集中,9:00—10:00客流最大,6日(第2日)入场客流最为集中,高峰小时流量占比高达28%;离场客流主要分布在16:00—19:00三个小时内。公众日入场时间也较为集中,但高峰时段延后一小时(10:00—11:00客流最大),观众离场时间分布更均衡,9日(第5天)离场持续时间较长,10日(最后一天)离场时间明显提前。

6.1.3 会展交通出行分布

会展交通出行分布包括会展期间客流到达场馆的出入口分布和会展客流来源分布等。其中会展期间客流到达场馆的出入口分布,在客流集中分布的出入口处应布置相对集中的交通设施来满足客流到、离场需求。2010年上海世博会期间,从实际入园情况来看,浦东入园游客比例基本保持在70%~75%,基本实现空间引导目标。其中,由于受团体客拉动和靠近热门场馆的影响,后滩已经成为客流规模最大的入口,有20%左右的游客选择从后滩入园。

会展交通客流来源分布问题,一般国际型会展对国际旅客或客流吸引较大,全国专业型会展客流来源分布在全国各地,地区会展客流来源于局部地区客流。而国际旅客或全国范围的客流基本上都需要在会展举办地进行住宿,其在会展举办地的分布与三星及以上酒店的分布有关。根据移动手机信令数据推测,2018年首届进博会期间外省市参展人员大多数仍然在上海市区酒店住宿,出发地主要分布在中心城内,以2号轨道交通线沿线及邻近区域分布最为密集。本市参展人员出发地分布与居住人口分布基本一致,中心城占50%,西部郊区(嘉定、松江、青浦和金山)占20%,其他区域占30%。

6.2 / 交通设施运行情况评估

6.2.1 城市交通

1)城市道路系统评估

对城市道路交通的跟踪评估,主要通过直观层面的流量与饱和度来分析。大型会展活动结束后,可以借助高速公路收费站和快速路上、下匝道流量等来分析会展期间车流的来源分布。

关键技术是利用全市区域层面的综合交通仿真平台。依托全市的高速公路、快速路网络,以高速公路的收费站和快速路的上、下匝道为起讫点,以会展举办场地为最终目的地,高速公路的收费站流量增量和快速路上、下匝道流量的增量为会展交通量,通过路段及节点流量反推技术,获取会展期间会展交通的 OD 交通分布矩阵。然后,通过流量的溯源,查找流量最大的路径、流量次大的路径、流量第三大的路径等,进而分析会展交通给面上道路系统带来影响最大的道路断面和立交或交叉口节点,以及影响程度。

主要分析的关键点为:影响最大的道路断面、影响最大的道路立交匝道及交叉口节点、影响最大的公交专用道等。

2) 城市轨道交通系统评估

对城市轨道交通的评估,主要通过轨道交通进出站客流量的大小来反映。对会展期间轨道交通客流从哪条轨道交通线路、哪个轨道交通站点来到会展场地,并不能直接获得。在会展结束后,可通过全市轨道交通网络 OD 溯源分析,查找会展期间轨道交通客流的来源与站点分布。

关键技术是利用全市的轨道交通客流信息仿真平台。利用全市层面的轨道交通线路和站点构成的轨道交通网络平台,以会展场所周边轨道站点为起终点,全市其他轨道站点为来源分布点,会展期间轨道交通站点的客流增量为会展期间轨道交通站点的增量。通过轨道站点流量反推技术,获取会展期间轨道站点客流来源分布的 OD 矩阵。然后,通过会展轨道客流的 OD 矩阵,追索到达会展场馆的客流乘坐轨道最大的线路、次大的线路、第三大的线路等,追索到轨道客流最大的站点、次大的站点、第三大的站点等情况。结合会展轨道交通客流的溯源分析,评估会展期间对面上轨道交通影响最大的线路、影响最大的站点、影响最大断面等。

6.2.2 轨道交通

场馆周边轨道交通除了服务场馆会展客流外,还需要服务场馆周边居民的日常出行需求。对场馆轨道交通的影响评估,应该包括两个部分,一是叠加客流是否超出轨道站点的承受能力,二是会展交通是否给日常交通带来严重的交通影响。

1) 场馆轨道站点的承受能力评估

场馆轨道站点承受能力是有限的,不仅仅受轨道站点本身的物理设施服务能力影响,还受整个轨道线网分配给该站点区段的服务能力大小影响(一列车除了服务场馆轨道站点客流外,还需要服务其他轨道站点的客流上客)。场馆轨道站点承受能力通常需要通过轨道交通网络的分配来获得。

场馆轨道站点的实际客流为轨道站点进站、出站客流。对场馆轨道站点承受能力的评估,主要是对比分析场馆轨道站点的实际客流与最大承受能力客流的比值。当比值小于等于1,场馆轨道站点在可承受能力范围内;当比值大于1小于1.5时,场馆轨道站点已突破其承受能力,但通过站外排队延缓进站可以解决;当比值大于1.5时,场馆轨道站点的站外排队时间过长,可能会造成大面积的延时影响(比值大于1.5,需要启动分散客流到其他轨道站点,降低比值到1.5以内)。通过对场馆轨道站点承受能力的评估,分析会展期间轨道交通设施规划方案的合理性和有效性。

2)日常交通影响程度的评估

会展期间按照会展与日常交通是否分开服务的情形来分别对待,如果是分开运营服务则对日常交通影响较少;如果由于条件有限,无法将日常交通与会展交通剥离开来分开服务,则由于会展交通的叠加带来客流在轨道交通站外排队等候、因轨道交通车厢拥挤一次上不去车等,这些都是对日常交通的影响。评估指标主要有站外进站排队的排队等候时间和车厢拥挤程度两个。其中,站外排队等候时间的评估计算与实时研判阶段的评估计算方法一致,此处从略。

车厢拥挤程度主要是实际轨道交通车厢客流规模与轨道车厢最大载客量的比值。轨道车厢最大载客量可以通过轨道交通客流手册查询获得。实际轨道交通车厢客流规模可以是本站进站客流叠加上站断面客流以及减去本站出站客流得出。本站进站客流和出站客流可以通过站点闸机获得,上站断面客流可以通过轨道交通线路断面客流获取。

当比值大于1时,对日常交通已产生影响;当比值大于1小于1.5时,日常交通能等候1趟列车,属于较大影响;当比值大于1.5时,日常交通需要等候2趟及以上列车,属于严重影响。

6.2.3 接驳公交

会展期间接驳公交主要是将客流接驳至周边的轨道站点、停车场或会展中心换乘其他交通方式。活动结束后,对接驳公交的影响评估,主要包括接驳公交的乘客平均等候时间、运营时间、满载率等情况。

1）乘客平均等候时间

发车间隔并不是越短越好,也不是越长越好,而是与客流到达比例相匹配越好。与客流的到达比例的匹配程度,主要是反映乘客等候接驳公交的实际时间及客流规模,即乘客平均等候时间。

在接驳公交制订的最长等候时间,以及客满发车的双重发车间隔情形下,乘客平均等候时间越短,说明接驳公交效率越高。乘客平均等候时间主要通过调查获得。对于安装车载定位仪的接驳公交车辆,可以通过跟踪车载定位仪获取公交车辆的等候时间,乘客的平均等候时间为公交车辆等候时间的一半。

当乘客平均等候时间小于公交车辆发车间隔的一半时,接驳公交的效率达标。

2）运营时间

接驳公交运营时间是指接驳公交从起点至终点的行程时间。通常结合道路的正常运营速度,来确定接驳公交的正常运营时间。当行驶路径畅通时,接驳公交运营时间越短;当早、晚高峰车流较大,行驶路径拥堵时,接驳公交运营时间延长。

当接驳公交安装有车载定位仪时,可以根据车载定位仪到达起、终点的实际时间来获取。当没有安装车载定位仪时,需要通过人工调查来获取。

运营时间在正常运营时间范围内,接驳公交线路运行较好。当运营时间延长超过 1 倍正常运营时间时,接驳公交线路运行不佳,存在调整可能。

3）满载率

接驳公交满载率即接驳公交的实时客流规模与接驳公交的最大载客量的比值。当比值大于 1 时,接驳公交已超载运行;当比值小于 30%时,接驳公交运行效率较差。

6.2.4 出租车

会展期间出租车是离场交通的重要保障。在会展结束后,许多客流由于体力、行李等原因,改乘点到点的出租车离场。在监测研判阶段,已对出租车的规模和客流规模进行了实时统计分析。在会展结束后,对会展期间出租车的评估,主要是从出租车的周转情况、出租车载客率情况、出租车平均载客距离情况和目的地分布情况等方面进行评估。

1）出租车的周转率

出租车的周转率是指出租车一日中服务活动客流的次数。在晚高峰的 2~3 小时期间,如果运送距离在附近,出租车可以周转 2～3 次。如果运送距离较远,出租车通常服务 1 次。

出租车的周转率计算公式主要是出租车接客次数与出租车车辆数的比值。出租车接客次数可以通过出租车候客处的计数器获取;出租车车辆数可以通过出租车候客处的牌照识别获取。如果出租车候客处没有牌照识别或计数器,则需要安排人员调查来获取。

2) 出租车载客率

出租车的载客率是指出租车客流规模与接送客出租车数量的比值。接送客出租车数量由出租车候客处的计数器获取,出租车客流规模由出租车排队上车的客流统计获取。如果出租车候客处没有计数器,则通过出租车上客点的车辆统计来获取。

3) 出租车平均载客距离

出租车的平均载客距离是指出租车客流平均乘坐出租车的距离。出租车每趟次载客后,可获取出租车乘坐距离和出租车载客人数。出租车的平均载客距离,是所有趟次出租车载客人数与其乘坐距离的乘积,再除以出租车总客流。

4) 出租车乘客的分布

出租车乘客的分布是指出租车乘客的目的地分布。活动结束后,获取每趟次出租车的目的地,通过目的地区域化,然后在区域化的地图上进行打点统计,对各个区域的出租车乘客数进行累计求和并统计占比,可获得出租车乘客的区域化目的地分布。

6.3 / 交通管理措施实施效果评估

■ 6.3.1 小客车停车场预约管理效果

会展场馆周边停车资源有限,只能为一部分小客车提供会展出行需求服务,因此,对停车场资源采取预约管理机制,包括泊位的预约和停车时间的预约。

1) 停车场泊位预约效果

停车场泊位的预约主要是控制到达会展场馆小客车的数量。预约效果的评估可以利用停车场泊位预约到达率来体现。泊位预约到达率为预约到达的小客车数量与预约泊位数量的比值。

由于车辆未预约会无泊位可停,因此预约泊位到达率越接近或等于1,则预约效果越好。然而,预约泊位到达率小于50%,虽对会展的出行体验较好,但也是对泊位的一种浪费。

2) 停车场到达时间预约效果

对车辆到达时间进行预约是为了避免过度集中造成拥挤采取的必要措施。因此对到达时间预约效果的评估,主要是对车辆到达的实际时间与预约时间的偏差进行评估。如果偏差在15分钟以内,预约效果较好;如果偏差在15~30分钟之间,预约效果一般;如果偏差在30~60分钟,预约效果较差。

3) 停车场停车时长评估

停车时长是判断车辆离场是否集中的主要指标之一。停车时长的评估主要是指车辆从到达停车场开始计时,到离开停车场结束计时,期间的时间长度为停车时长。通常通过停车场的计数器或牌照识别统计获得。对于无牌照识别系统的停车场,需要通过人工记录登记来获取。

■ 6.3.2 管控区道路交通限行管理效果

因会展周边道路资源有限,为了让更多的道路资源分配给会展的公交或保障车辆使用,通常划定一定区域管控活动以外的其他车辆行驶。对管控区域道路交通限行效果的评估,一是对管控区内道路拥堵情况的评估,二是对管控区外绕行道路拥堵情况的评估。

1) 管控区内道路拥堵情况

管控区内道路拥堵情况是指管控区内的道路路段、交叉口、入场道路和内外衔接道路等关键部位的拥堵情况。用拥堵数量和拥堵时长来表示。根据道路交通拥堵指数的分析,在道路交通车速低于15千米/时属于拥堵,在交叉口排队超过2个信号灯属于拥堵。

拥堵数量是指达到拥堵级别的道路、交叉口数量个数,当拥堵数量在少数几个关键路口或节点,属于小范围拥堵;当拥堵数量超过一半的路口或节点时,属于大范围拥堵。

拥堵时长是指道路排队和交叉口排队的实际拥堵排队时长。当排队长度在 15~30 分钟以内，属于短时间拥堵；当拥堵时长超过 30 分钟属于长时间拥堵。

2）管控区外绕行道路拥堵情况

由于设置管控区需要在管控区外对过境车辆设置绕行道路，因此绕行道路的拥堵情况也属于管控区效果评估。绕行道路的拥堵情况相对简单，即绕行道路的饱和度判断，当饱和度超过 1 时，绕行道路邻近饱和；当饱和度超过 1 达到 1.5 时属于严重拥堵状况。

6.3.3 大型会展活动专用道实施效果

会展期间设置会展专用道是为了保障会展期间公共交通的畅通运行。因此对会展专用道的效果评估，主要是评估专用道的运行时速。当早晚高峰时，专用道的车辆时速超过邻近的机动车车道车流时速，则为专用道达到效果；当早晚高峰时，专用道的车辆时速不及邻近的机动车车道时速，则专用道效果不佳。

除此之外，对专用道饱和度服务水平评估也是专用道效果评估中的一种。专用道饱和度服务水平是指专用道上的车辆数与专用道的通行能力的比值。当比值大于 1 时，专用道处于饱和状态，需要增加专用道的车道数。

Practice
实 践 篇

技术方法的科学性在实践中得到检验，大型会展的实战依托于科学的技术方法。

从世博会到进博会，上海的城市在发展，上海举办大型会展的经验在不断丰富，客流组织的手段也在创新中不断提升。

2010 上海世博会

中国国际进口博览会

2021 上海崇明第十届花博会

2023 年中国国际汽车工业博览会

第 7 章
中国上海 2010 年世界博览会
——城市核心区高强度客流的大型会展活动交通保障

7.1 / 世博会概述

■ 7.1.1 上海世博会概况

世博会是一项世界性、非贸易性、大规模的产品展示和技术交流活动,其特点是举办时间长、展出规模大、参展国家多和影响深远。2002 年中国成功申办 2010 年第 41 届世界博览会,于 2010 年 5 月 1 日至 10 月 31 日期间在中国上海市举行。上海世博会是首次在发展中国家举办的综合类世博会,也是由中国举办的首届注册类世界博览会,其主题为:城市,让生活更美好(Better City, Better Life)。在 184 天内,共有 190 个国家、56 个国际组织以及中外企业参展,200 多万名志愿者为会展提供服务,参观客流达 7 308 万人次。

如图 7-1 所示,中国 2010 年上海世博会园区位于上海南浦大桥与卢浦大桥之间及卢浦大桥以西区域,沿黄浦江两岸南北分布。总面积 5.28 平方千米,其中围栏区域(收取门票的区域)范围约 3.28 平方千米。上海世博会于 2010 年 4 月 20—25 日试运营,5 月 1 日—10 月 31 日正式开放。展馆开放时间为 9:30—22:30,共 13 小时,园区开放时间为 9:00—24:00,共 15 小时。夜场时间为 17:00—24:00,共 7 小时。

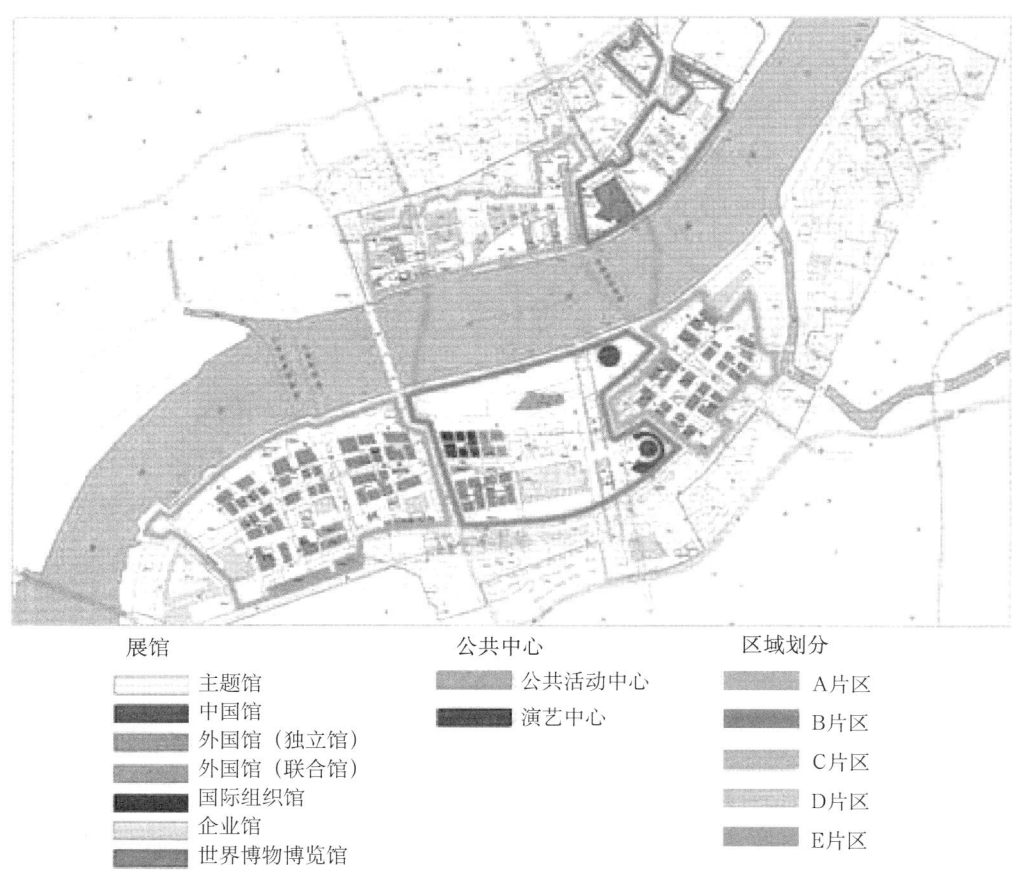

图 7-1 上海世博会园区分布
[来源:网络]

7.1.2 世博交通需求的特殊性

世博会的交通问题首先是客运问题。常规交通指城市日常的工作、学习、业务、生活和娱乐等社会活动产生的交通,因而具有常态化、规律性的特征。世博交通更多类似于旅游交通,与会展的精彩程度、举办城市的影响度、会展区位和规模等因素密切相关,具有弹性和特殊性。世博交通不论是对交通工具选择的偏好,还是对票价的敏感程度均不同于常规的交通出行。历届世博会经验表明,上海世博会交通具有规模巨大、来源广泛、持续时间长和到达不均衡性强等特点。

1）规模巨大、来源广泛

世博会是全球最高级别的展览盛会,被誉为世界经济、科技和文化的"奥林匹克",它与奥运会、世界杯足球赛并称为世界三大顶级盛会。世博会的强大吸引力会吸引大规模的客流前往参观。以往几届组织成功的综合性世博会参观人数有千万之众,已经相当于举办城市所在国家总人口的一半甚至一半以上,因此像世博会这样巨大规模的博览会在世界上所有类型的活动中是绝无仅有的。诸如1970年日本举办的首届世博会——大阪世博会,参观游客规模达到6400万人次。同时,为了使世博会能够真正表现出全球顶级盛会的声誉,并扩大举办城市在国际上的影响力,世博会组委会都会想尽办法邀请尽可能多的国家和国际组织参展,同时也尽可能多地吸引本地以外的国内外游客前来参观。

2）持续时间长、到达不均衡性强

同为世界三大顶级盛会,世博会长达184天,远超世界杯足球赛一个月和奥运会半个月的时间。在半年的世博会展览期间,大规模的世博客流对城市交通系统施加巨大压力。世博会期间,为确保世博交通集散要求制订的各项措施必然会对城市日常交通产生影响,且这种影响有很强的持续性和不均衡性。这不仅反映在每个月游客人数和一周中每天游客人数的差异性,即使在一天中,世博游客在到达和离开的时间分布上也有较大的不均衡性。由于世博会展览内容丰富,游客在园区内参观的时间会比较长,往往造成到达和离开的时间集中,形成集散高峰。

与往届世博会不同,上海世博会会址位于城市中心区南部,跨越黄浦江两岸,以15千米为半径的吸引区基本覆盖了市区中心、副中心。大量游客通过不同的交通方式进入上海市中心区后才能到达园区,这需要依托市域综合交通系统来满足世博交通的出行需求。因此,可以认为上海世博交通与城市日常交通需求有高度重叠,表现出"方向高强度""时间高强度""区域高强度"的特征。其中,方向高强度特征表现在世博客流流向与城市常态交通需求主流向的重叠;时间高强度表现在世博客流的早高峰时段与城市常态交通的早高峰时段的高度重叠;区域高强度表现在世博会期间以世博园区为中心2~3公里范围内的区域,交通流量密度的成倍增加。

7.1.3 世博交通保障工作的特点

1）筹备过程周期长

世博会交通保障工作筹备期长达8年以上。2002年上海世博会申办成功后,政府越来越认识到交通系统正常运转是成功举办世博会的根本保障之一,并为此开展了长达 8 年的世博交通保障相关研究。历经总体策划阶段、建设规划阶段、建设实施阶段、运营方案编制阶段和运营实施阶段,长周期的筹备期是对上海市相关部门工作执行力、推进力、持续力的考验,最终在全市有关部门的通力合作下,确保了世博交通保障工作的圆满完成。

2) 涉及部门范围广

世博会作为国际性大型展会,交通保障涉及对外交通和城市内部交通,航空、陆路和水路交通等各个范畴,需充分动员全市力量形成合力来共同保障,因此组织指挥体系的构建尤为重要。

前期策划阶段主要进行世博配套交通基础设施建设,由市委、市政府领导,市建设交通委牵头负责总体推进和协调。

至 2009 年开始进入保障方案落地筹备阶段,此时世博交通筹备工作进入冲刺阶段,开始筹备成立世博会筹办工作领导小组交通组(以下简称:交通筹办组),工作人员主要来自市建设交通委、市交通港口局、市交警总队、相关区、申通公司、市交通信息中心和市城市综合交通规划研究所等单位,根据工作进度和需要从民用航空华东地区管理局、上海机场(集团)有限公司、上海铁路局及久事公司等单位阶段性借调部分人员。

2010 年年初开始进入运营阶段,即组建世博会交通协调保障组。由市建设交通委员会、上海世博局、市公安局、市交通运输和港口管理局、市文化和旅游局、上海铁路局、上海海事局、民用航空华东地区管理局、市气象局、市消防局、市交通信息中心、交通运输部上海打捞局、交通运输部东海救助局、上海机场集团、市交运集团、申通地铁集团、市巴士集团、上海浦东新区公共交通有限公司、市公路管理处、市市政工程管理处和市城市综合交通规划研究所及全市 18 个区县共同参与世博交通保障工作。

3) 对城市影响深远

一方面,世博会的举办带动了上海市交通基础设施建设的升级。在世博总体策划阶段,世博会交通发展和保障的总体思路是:把世博会交通保障体系建设作为"十一五"交通基础设施发展的"重中之重"。以虹桥枢纽为代表的交通综合枢纽工程,以龙耀路越江隧道工程、西藏南路越江隧道、中环浦东段和外滩通道改建等为代表的道路工程,以轨道交通 4 号线、8 号线、9 号线、7 号线和 13 号线等为代表的轨道交通工程,均在世博筹备期内建设完成,在世博会期间发挥了重要的服务作用,并且在后世博时期完全融入上海市交通体系中,服务城市交通呈常态化。

另一方面有利于上海城市交通后续发展的部分政策、理念得以延续。如以集约交通为主的发展理念、精细化的交通管理、应急指挥调度机制、行业服务标准和服务要求等,为上海市交通管理留下了宝贵的实践经验和财富。

7.2 / 世博交通演变历程

7.2.1 总体策划阶段

总体策划阶段大致从 2005—2007 年,主要工作是明确世博交通保障的总体思路,并结合"十五"规划进一步梳理平衡骨架设施的规划方案。2005 年提出制定世博交通保障方案的初步设想,各相关专业部门经过 1 年的深化,于 2006 年 8 月梳理形成《上海世博交通发展和保障行动方案初步框架》。交通保障方案的初步框架已经形成,基本明确了轨道、道路、对外枢纽等骨架交通设施的建设项目,为世博交通保障的配套基础设施建设提供了依据。

主要成果如下。

1)《关于上海世博会交通发展和保障初步设想》

2005 年 8 月 31 日,世博研究单位就上海世博会交通发展和保障问题进行了认真梳理研究,形成了初步的总体设想方案。

(1) 总体思路

世博会交通发展和保障的总体思路是:把世博会交通保障体系建设作为"十一五"交通基础设施发展的"重中之重",以优化交通结构、提高交通效率、倡导交通文明为主线,全面推进公交优先,加快建设枢纽设施,统筹运用管理资源,重构路网功能,重组保障系统,重塑文明出行,整体提升城市交通的综合服务功能,在积极消化交通自然增长的同时,充分满足世博会的特殊需求。

(2) 发展目标

设施体系。基本建立以快速路网为骨干、公共交通为基础、浦东浦西和城郊联动、枢纽和网络协同的一体化城市交通体系,基本消化交通需求增长因素,努力保持中心城道路交通总体畅通,总体适应世博会要求。

服务保障。初步确立公交优先格局,加快推进交通管理信息化,建立高效协调的运力组织调配机制,完善交通组织和应急体系,形成有序集聚、均衡疏解、内外衔接和全面受控的世博会交通服务保障系统。

交通文明。深入推进交通志愿者活动,组织开展全民性的交通文明宣传教育活动,扩大文明乘车、文明行车、文明行路示范建设,加大对交通违法行为的处罚力度,积极倡导全社会参与、文明出行、安全有序的良好交通氛围。

(3) 深化建议

围绕实施过程中的制约因素、方案的可实施性、设施的后续利用等,提出开展十项专题研究的深化要求,在此基础上通过整合、统筹、综合,形成上海世博会交通发展和保障总体方案。并对轨道交通建设方案、公交系统完善方案、道路网络完善与功能建设方案、交通枢纽规划及建设方案、公共停车设施完善方案、交通组织方案、交通信息化建设方案、交通需求管理方案和法律环境的准备深化研究,研究提出加强交通文明建设行动方案。

2)《上海世博交通发展和保障行动方案》基本框架

经过分工深化,在专业部门提交的建设计划的基础上,根据世博交通流组织规划,通过模型测试和评价,对各专业建设方案进行梳理,并整合形成世博交通总体规划建设方案及世博交通保障行动方案,成为指导世博交通筹备工作的重要纲要。

(1) 总体策略与目标

在世博交通保障设想的基础上,进一步明确了世博交通保障的方式结构、圈层化交通管理等政策目标。

公交优先。以"轨道交通为主体,其他公交方式为重要支撑,多元交通方式为补充,同时严格限制小汽车直达"的原则,设定直达交通方式结构目标。其中轨道交通分担50%的客流,专线巴士和常规公共汽(电)车分担30%的客流,小汽车和出租车分担3%的客流,水上巴士的分担率为10%,慢行交通为7%。

逐层汇集。制订"引导区—缓冲区—管控区"3个层次区域差别化的世博交通策略。在市域范围设立"引导区",以引导世博游客的出行为主导策略。在中心区范围内设立"缓冲区",通过加强日常交通管理,以保障世博交通服务质量为主导策略。在世博园区周边设立"管控区",保障客流集散为主导策略。

(2) 轨道交通系统保障方案

规划重点。一是依据"十一五"规划推进轨道交通基本网络建设。二是依据世博客流组织规划,按轨道交通50%分担率测算对日常轨道客流的叠加影响,以此确定各条线路的配车购置计划。

(3) 道路系统保障方案

规划重点。一是结合"十一五"道路建设基础,全面提升高速公路、快速路等全市骨干路网的布局及功能。二是重点强化园区周边路网集散能力,增加浦东园区周边路网的密度和连通度,打通浦西园区周边的断头路。三是增加园区周边的越江联系与服务容量,满足世博绕行交通的组织要求。

(4) 地面公交系统保障方案

规划重点。一是规划世博专用公交网络,为世博游客出行提供直达、便利的地面公交服务。二是结合轨道交通建设规划,适时优化地面公交线网。

(5) 水上交通系统保障方案

规划重点。依据世博水上交通需求,落实水上巴士码头,及配套道路建设。

(6) 交通枢纽系统保障方案

规划重点。结合"十一五"交通枢纽规划,梳理世博配套枢纽,为世博交通组织提供 P+R、专线发车等中转功能。

(7) 交通信息服务引导

规划重点。建立与城市交通信息系统资源共享、管理联动的世博交通信息服务系统,调节世博会期间人员和车辆的出行量和出行分布,协调社会背景交通与世博会交通之间的关系,保证世博会交通系统的顺利运行,同时避免人力、物力和资金的浪费。

7.2.2 建设规划阶段

建设规划阶段大致从 2006—2008 年,主要工作是根据世博交通保障行动计划确定的世博交通配套基础设施项目,开展相应的建设规划工作。除去骨干路网和轨道交通外,重点就世博园区周边配套道路及世博配套枢纽开展建设规划。

1) 园区周边配套路网的建设规划

(1) 郊区公路建设计划

郊区世博交通多分布在射线公路上,且对社会正常交通影响较小(世博车辆约占 8%),除了林海公路(A15~A20)设双向 2 条世博专用车道。郊区道路系统能够满足世博交通的需求。

(2) 城市道路建设计划

在总体方案框架确定的基础上,通过深化研究和吸收各方意见,对世博通道布局方案做局部调整。为提高世博交通的保障度,将浦东中环线、军工路隧道和机场北通道等纳入世博通道,以强化路网容量。另外,取消了东三里桥路、保屯路等部分区县反映建设难度大,直接为世博服务效果不明显的周边道路。建设项目由原来的43项调整至40项。

(3) 建设推进

40个建设项目中,在建项目5个,已立项项目10个,25个项目尚未立项。鉴于道路建设程序、拆迁和建设的周期较长,形成世博配套工程行政审批设置绿色通道,并建立高层次协调推进机制。确保所有世博配套项目在2007年全面完成前期研究工作,2008年全面开工建设。

2) 世博配套交通枢纽建设规划

为构筑长三角大都市交通圈,进一步完善城市网络化、功能性、枢纽型综合交通体系,促进公交优先发展,促进交通、土地资源的合理配置和综合利用,规划形成全市145个综合客运交通枢纽布局及"十一五"期间60个枢纽建设计划。

(1) 枢纽功能规划

规划从市一级骨干交通层面,结合上海城镇体系布局发展特征,城市对外交通、城市轨道交通网络布局规划等,在市域范围内选择了145个枢纽站点。根据枢纽承担的交通功能和规模大小,分为A,B,C,D四类。其中,A类枢纽5处,B类枢纽88处,C类枢纽37处,D类枢纽15处。

(2) "十一五"建设计划

按照市中心区"方便换乘、以流为主",内外环间"拓展重组、流蓄并举",远郊区"扩网延伸、引导发展"的原则,结合轨道交通的建设进度,郊区城镇的建设,选择用地条件和建设条件均比较成熟的60个枢纽列入"十一五"近期建设规划。

60个枢纽中包含19个P+R,涉及P+R停车泊位11 200个。加上已建的24个枢纽,2010年全市枢纽将达到84个。

7.2.3 建设实施阶段

2006年4月,成立世博配套交通基础设施项目推进领导小组和工作办公室。提交关于对世博会总体任务框架体系,对世博配套交通基础设施项目进行了梳理,提交项目清单,明确责任单位,按年度下达项目节点计划。

2007年7月,建立前期工作联席会议机制,提出世博配套交通基础设施项目前期工作时间节点,集中加快办理前期、立项等有关审批手续。

7.2.4 运营方案编制阶段

运营方案编制阶段大致从 2009 年年初—2010 年 3 月。主要工作是协调开展世博交通保障方案编制。

1）世博道路交通组织方案

将全市区域划分为管控区、缓冲区、引导区三个管理圈层,实施不同的交通组织引导政策。其中:管控区重点强化边界管理,保障入场有序;缓冲区重点保障满足集约化车辆的抵园需求;引导区重点提高道口安检通行能力,并引导世博自驾车游客向公交转换。共形成 10 个专题的研究成果。

2）世博交通客运服务方案

为引导游客利用公交、轨道交通方式到达世博园区,提出了"30、45、60、90"的目标,即力争内环以内 30 分钟,内外环间 45 分钟,外环外近郊区 60 分钟,远郊区 90 分钟到达世博园。共形成 9 个专题的研究成果。

3）世博交通综合管理方案

系统建设以整体交通信息化环境为基础,由交通综合信息平台、世博交通信息服务应用平台、世博园区交通信息子系统三大板块组成。通过信息采集和处理分析,及时向社会和管理部门提供信息服务。共形成 9 个专题的研究成果。

4）公众参与

世博交通保障实施方案形成后,立即上报人大、政协征求意见,并于 2010 年 1 月通过网络、报纸、电视等媒体对保障方案进行了社会公示,并根据公众反馈意见对方案进行了调整。世博会期间需要出台的配套交通政策也逐个进行了社会公示,并以规章、条例、通告等形式进行了明确,确保交通政策的合法性。

7.2.5 运营实施阶段

运营实施阶段大致从 2010 年 4—10 月。主要工作是筹备试运营期间交通保障方案,并根据实际运营情况对保障方案进行调整和优化。主要成果如下。

1) 试运行交通方案

世博会正式开幕前,在 4 月 20—26 日开展 6 次试运营。其中 4 场规模较小,计划组织 5 万～20 万人,主要面向世博会建设者以及本市离退休人员代表。后 2 场规模较大,计划组织 30 万～50 万人,主要面向上海市社区、机关、企事业单位、学校、人民团体和长三角地区的游客等。综合演练围绕 6 场试运营展开,并重点就 4 方面能力进行测试。

结合 6 场试运营,就交通组织的重点环节进行预演。

第一场(4 月 20 日,周二)。本场组织 20 万人参观,9:00 开园,16:00 闭园;以检验园区内各项运营活动和运营保障准备情况为主。就世博园区出入口停车场停满,大巴需在外围停车场停放后接驳游客入园;地铁故障、地铁出入口客流溢出这两个科目进行演练。

第二场(4 月 21 日,周三)。本场组织 5 万人左右参观,9:00 开园,16:00 闭园。就模拟园外世博专用道发生事故后应急处置 1 个科目进行演练。

第三场(4 月 23 日,周五)。本场组织 10 万人左右参观,9:00 开园,16:00 闭园。就园外道路的应急抢修,配合园内医疗救治任务两个科目进行演练。

第四场(4 月 24 日,周六)。本场组织 30 万人左右参观,9:00 开园,24:00 闭园;就直达轨道交通线路突发故障,地面公交应急接驳;大客流紧急疏散两个科目进行演练。

第五场(4 月 25 日,周日)。本场组织 50 万人左右参观,9:00 开园,24:00 闭园;重点开展对外枢纽世博方向客流集散能力不足,安检道口拥堵分流 2 个科目演练。

第六场(4 月 26 日,周一)。拟组织 10 万人左右参观,9:00 开园,24:00 闭园。

2) 深化完善世博运营期间的交通方案

通过现场管理、世博交通研判等配套机制,跟踪世博交通的运行状态,提出优化旅游大巴行驶路径来减少对高架的叠加影响,完善交通引导标识,规范离场出租车交通组织,关注极端气候交替期间可能出现的大客流,利用出入口停车场设置临时停车下客区,减少团体大巴路抛式下客对道路交通的干扰,进一步加强 P+R 宣传等建议,确保世博交通保障方案的不断完善。

7.3 / 世博交通指挥体系

7.3.1 前期策划阶段的组织指挥

前期策划从申博阶段开始,全面推进是从 2005—2008 年,主要进行世博配套交通基础设施建设。2005 年起,结合"十一五"综合交通规划,编制世博交通保障行动方案,初步明确了世博交通保障的总体思路,骨架设施建设计划,并对完善分项设施提出了相关建议。2006 年开始编制分项建设规划,并推进相关设施的建设落地。2008 年 7 月,开展中期评估工作,对世博交通保障设施推进情况进行跟踪评估和完善,并将工作重点逐步转向交通组织管理和运营组织方案的深化,对地面公交运营组织、轨道交通运营组织、道路交通组织管理和水上交通运营组织等进行全面细致的整合。

指挥推进模式主要沿用既有的传统模式,由市委、市政府领导,市建设交通单位牵头负责总体推进和协调,各相关委办局制订专业系统运营和管理方案,并以工作例会的形式,形成非固定模式的世博交通工作团队。

7.3.2 保障方案落地筹备阶段的组织指挥

1)概况

2009 年年初,随着世博交通筹备工作进入冲刺阶段,开始筹备成立交通筹办组,即以专设机构推进世博交通保障方案的实施落地。考虑到世博交通设施建设、运输保障和运行指挥的一体化设计、一体化组织、一体化指挥,由市建设交通委和市公安局为主组建交通筹办组办公室,在市政府分管副秘书长的领导下,全面协调交通保障方案的编制和运行指挥。

世博会筹办工作领导小组交通组办公室于 2009 年 6 月正式成立,由市政府副秘书长担任主任,市建设交通委主任担任第一副主任,市交通运输港口管理局局长、市公安局局长、市建设交通委副主任、市交通信息中心主任、市交通运输港口管理局副局长、世博局交通管理部部长等担任专职副主任,市建设交通委交通发展处处长、市交通运输港口管理局货运处处长、市公安局交警总队副总队长等同志任主任助理。

交通筹办组办公室工作人员从各相关部门借调,主要来自市建设交通委、市交通运输港口管理局、市交警总队、相关区、申通公司、市交通信息中心和市城市综合交通规划研究所等单位,全程参与办公室工作;根据工作进度和需要从民用航空华东地区管理局、上海机场集团、上海铁路局和久事公司等单位阶段性借调部分人员。借调对象为各单位工作骨干,借调期间全职参与办公室日常工作。

2)主要职能

交通筹办组办公室是世博交通保障筹办工作的研究中心、组织中心、指挥中心和服务中心,主要负责优化完善世博交通保障方案、研究明确相关政策措施、负责会展期间交通组织和运行指挥。

3)部门设置

交通筹办组办公室有专设的工作地点,下设综合协调部、交通指挥部、运输保障部、信息保障部和设施保障部等5个职能部门。

(1)综合协调部,负责世博交通保障方案总体优化和协调,开展相关政策、法规研究和宣传策略研究等工作,并承担办公室和内部行政事务管理职责。由市建设交通委运输协调处处长担任部长。

(2)交通指挥部,负责世博交通保障方案中交通组织措施和指挥方案的完善和落实工作,由主任助理兼任部长。

(3)运输保障部,负责世博交通保障方案中公交、运输方案的完善工作,由主任助理兼任部长。

(4)设施保障部,负责世博交通设施建设的协调推进工作,由市建设交通委设施运行处副处长担任部长。

(5)信息保障部,负责世博信息服务系统建设工作,由市交通信息中心副主任担任部长。

4)工作机制

(1)方案会审制度

交通筹办组办公室组织各部门及各成员单位推进世博交通保障设施建设,深化完善交通运营管理方案,并组织专家对各分项方案成果进行会审,形成意见后报市领导(工作组领导)确定。

(2) 工作例会制度

交通筹办组办公室原则上每周召开一次主任工作例会,听取各部工作进展,安排相关部门(单位)汇报重点工作。主任工作例会原则上由主任主持,也可委托副主任主持,会议以纪要形式报世博交通组领导和成员单位。

7.3.3 运营阶段的组织指挥

1) 概述

2010年年初,市委明确了上海世博会期间的指挥架构,其中主运行指挥部形成了1个世博园区指挥部、8个工作组和1个指挥部办公室的工作体系。

世博会交通协调保障组(以下简称"世博交通组")是全市世博指挥架构的重要组成部分。其主要任务是负责全市综合交通组织和世博交通服务,统筹全市交通资源,落实世博会运行阶段交通运能储备、运力调度、应急处置和运输企业经营监管,配合安保指挥部的交通管理工作等。

世博交通组共设成员单位35家,涉及委、局、区系统及企事业单位等各个部门:市建设交通委、上海世博局、市公安局、市交通运输港口管理局、市旅游局、上海铁路局、上海海事局、民用航空华东地区管理局、市气象局、市消防救援总队、浦东新区、黄浦区、卢湾区、徐汇区、长宁区、静安区、普陀区、虹口区、闸北区、宝山区、杨浦区、闵行区、松江区、嘉定区、金山区、奉贤区、青浦区、崇明县、上海机场集团、交运集团、申通集团、市巴士集团、浦东公交、市公路管理处、市市政工程管理处。

世博交通协调保障的相关部门包括主运行指挥部、主运行指挥部其他组、世博安保指挥中心、园区运营指挥部、成员单位、运营单位和现场工作组。

2) 总体组织架构及部门职能

根据世博会期间道路指挥、运力调度统筹管理,园区内外交通联动的指挥原则,世博交通组对原世博筹办工作领导小组交通组的既有部门设置进行了调整,撤销原办公室下设的5个部门(综合协调部、交通指挥部、运输保障部、信息保障部和设施保障部),新成立"四部一中心",具体包括评估研判部、新闻宣传部、信息服务部、综合保障部和运输保障调度中心(图7-2),并派出两个前方工作组进驻世博安保指挥中心、园区运营指挥中心。

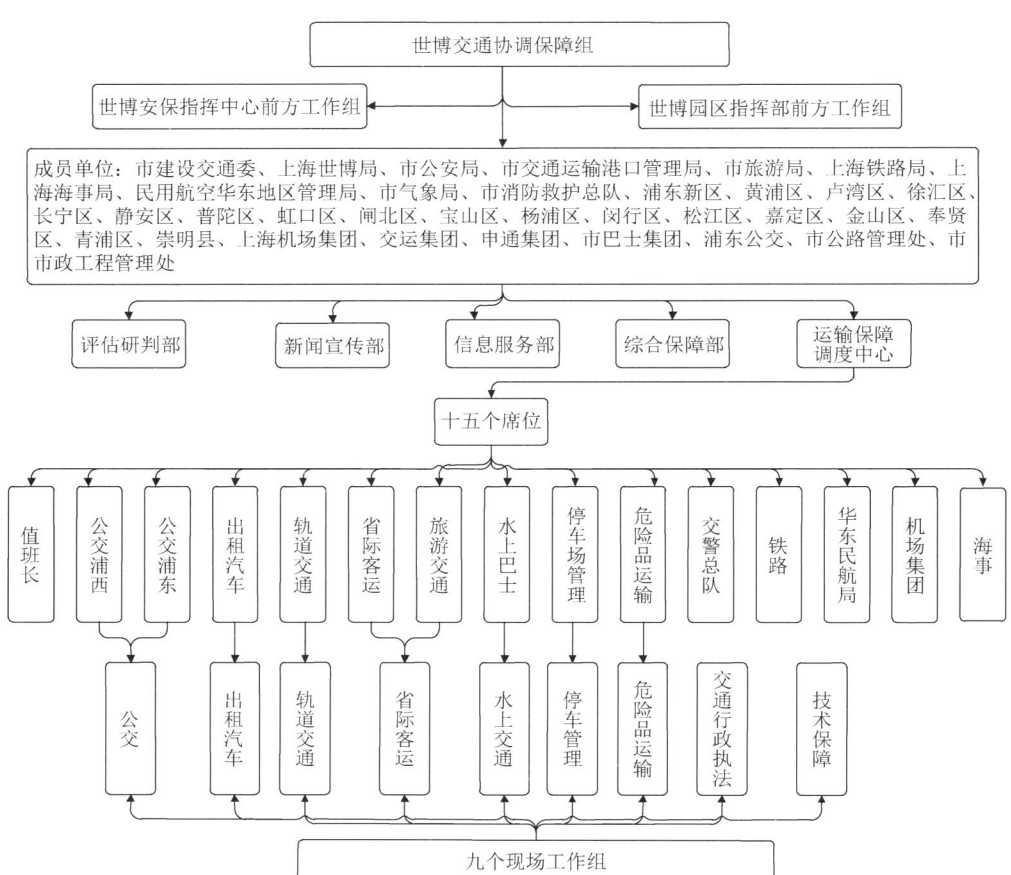

图 7-2 世博交通协调保障小组组织结构图

3）世博交通组调度中心运作模式

（1）调度中心组织结构与岗位设置

调度中心共设总调度长、值班长和行业管理总共 15 个工作席位、9 个现场工作组，组织结构如图 7-3 所示。

（2）调度中心指挥体系

如图 7-4 所示，在上海世博会安保指挥中心的统一指挥下，调度中心接到相关指令后，通过席位和现场工作组向相关运输企业和运营现场发布运力调度指令。

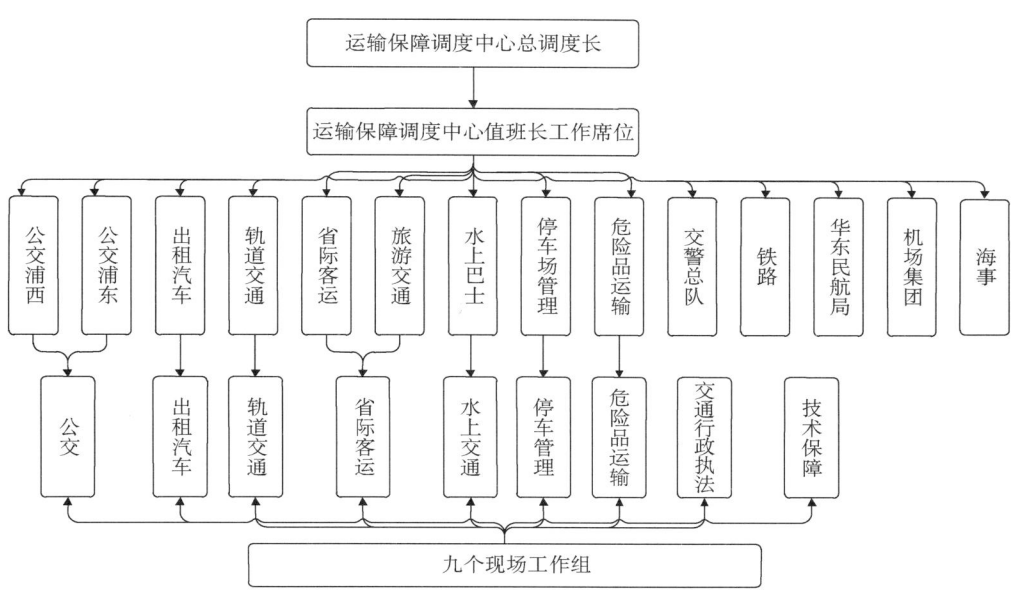

图 7-3 世博交通协调保障小组组织结构图

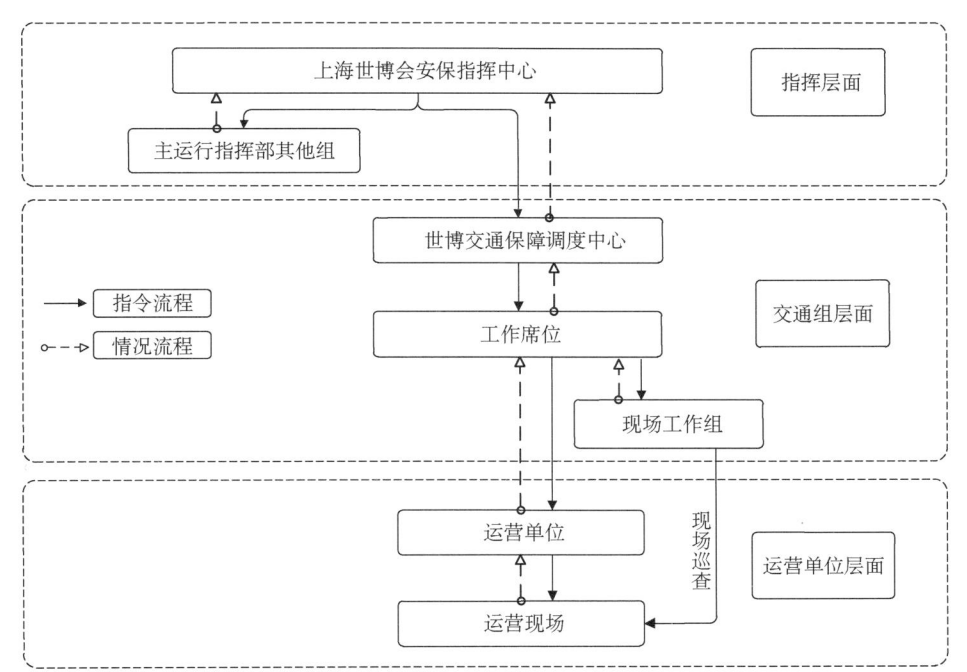

图 7-4 调度中心指挥体系

7.4 / 世博交通特征评估

7.4.1 世博游客交通特征评估

1）游客规模

如图7-5所示,上海世博会历时184天,累计参观客流7 308万人次,日均39.7万人次。其中,最高客流日是2010年的10月16日(周六),客流量达103.27万人次,创世博会单日客流量之最。如图7-6所示,184天世博客流量整体呈逐渐上升态势,出现80万人次以上超大客流共3次,占1.6%;出现60万~80万人次大客流共8次,占4.3%;日客流量主要集中在30万~50万人次,该部分客流比例最高,占67.4%。

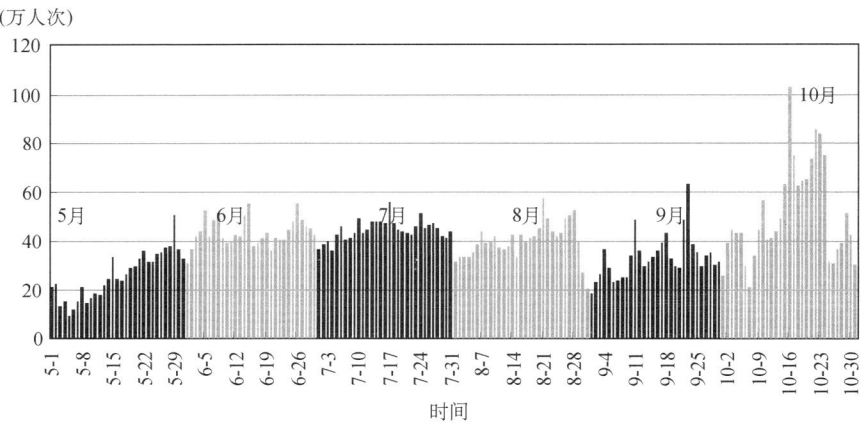

图7-5 世博会184天的客流变化情况

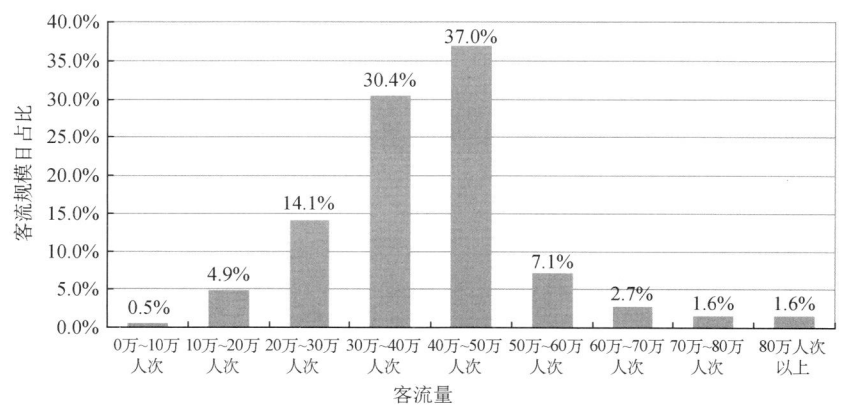

图7-6 各类客流规模日的比例

如图 7-7 所示，一般情况下，从一周看，周五客流为工作日最高，周六客流规模为一周最高，周日客流与周五相当。周六客流日波动系数在 1.2～1.7 之间。5 月、9 月、10 月一周客流波动较为明显，6 月、7 月、8 月相对而言的一周客流波动较为平稳，周六客流日波动系数在 1.2 左右。

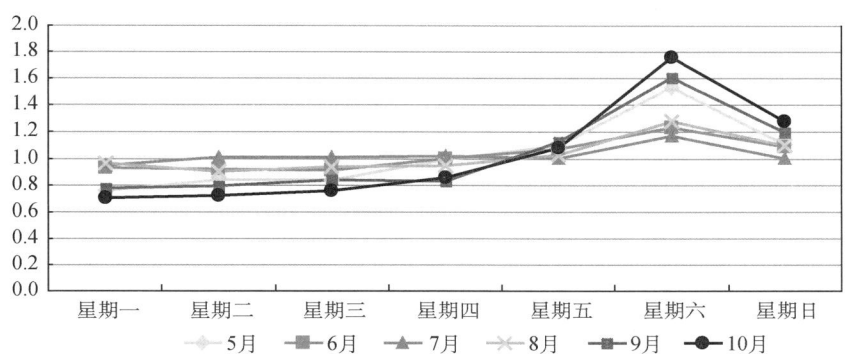

注 1. 日波动系数是指日客流规模与周日均客流规模的比值。2. 考虑节假日等，5 月选取 10—16 日，6 月选取 21—27 日，7 月选取 12—18 日，8 月取 16—22 日，9 月取 6—12 日，10 月取 11—17 日。

图 7-7 一周客流日变波动趋势

2）出行分布

（1）外地游客分布

16% 的游客参观当日从上海以外地区出发，84% 的游客从上海市域内出发前往世博会。从上海市域内直接出发前往世博会的游客主要集中在中心城。市区浦西（黄浦、卢湾、徐汇、长宁、静安、普陀、闸北、虹口、杨浦）：浦东新区：郊区（县）的游客数比值为 51%：32%：17%。从上海市区出发前往世博会的游客，浦西与浦东的比例为 64%：36%。

（2）本地游客分布

本地游客主要分布在中心城，市区浦西、浦东新区、郊区（县）的游客数分别占 54%、25%、20%。如图 7-8 所示，从市域内出发的外地游客的直接出发地更加集中在中心城。与本地游客相比较，由于大多数的宾馆集中在中心城范围，从市域内出发的外地游客的直接出发地更加集中在中心城（图 7-9）。

3）园区出入口客流分布

如图 7-10 所示，浦东入园的游客比例稳定在 70%～75%，个别入口压力较大。

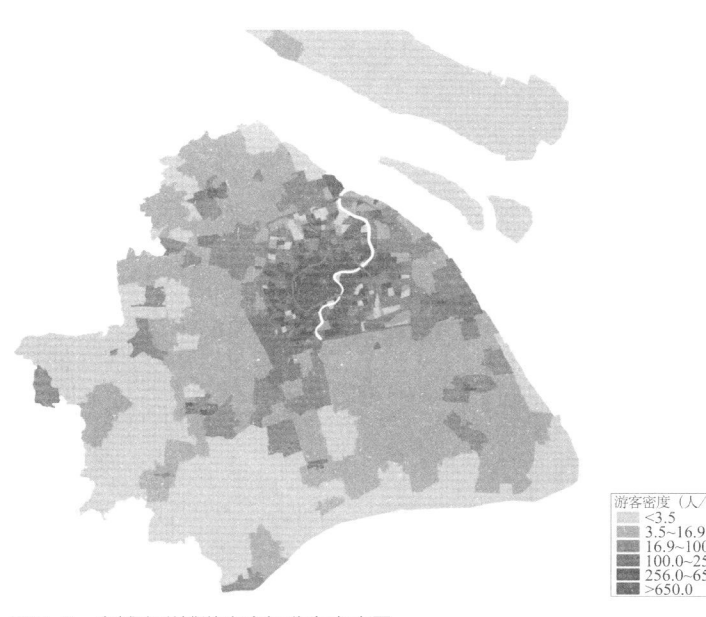

图 7-8　市域内世博游客空间分布密度图

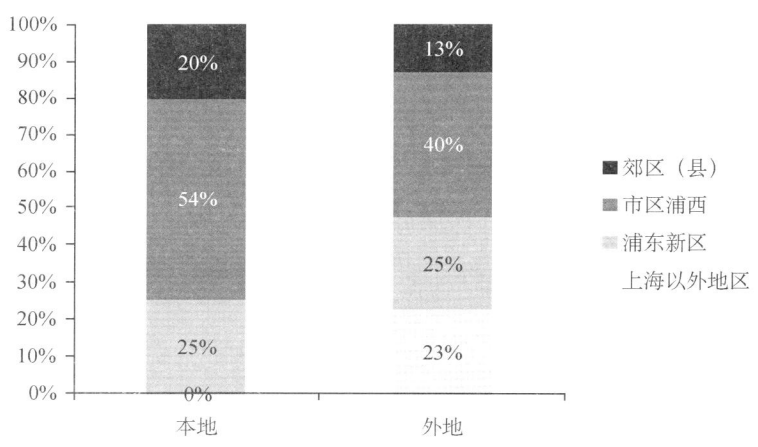

图 7-9　参观当日本地与外地游客直接出发地分布

后滩、上南路、长清路、高科西路入口客流规模位居前四位,累计分担 65% 左右的客流。浦西入园的游客比例为 25%~30%。马当路与半淞园路入口吸引力不高,每个口的客流分担率在 5% 左右。鲁班路由于团队游客的拉动,在浦西入口中的分担率最高,达到 10% 左右。

4 个水门总体分担率基本稳定,在 2% 左右。

世博入园客流和离园客流在浦东、浦西的分布基本相同,浦西离园的游客比例

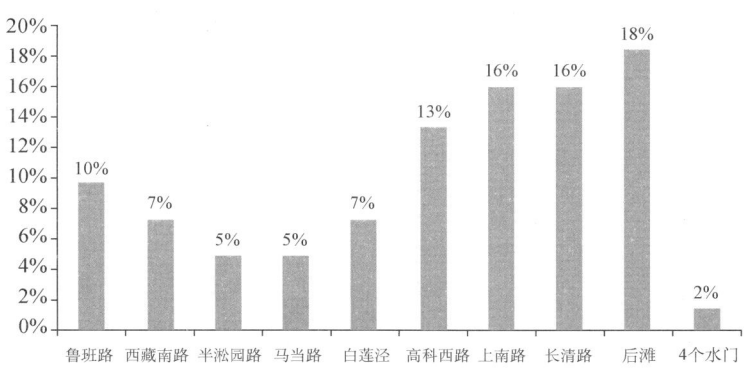

图 7-10　园区入口客流分布

约占 25%～30%,浦东离园的游客比例约占 70%～75%。其中,选择从浦西入园的游客中约 70% 仍由浦西出园,30% 改由浦东出园。选择从浦东入园的游客中约 90% 仍由浦东出园,10% 改由浦西出园。

4）出行结构

(1) 外地游客抵沪方式

如图 7-11 所示,外地游客抵沪方式为民航占 23%、铁路占 32%、长途客车占 7%、团体包车占 35%、小汽车占 3%。其中江浙游客抵沪以陆上方式为主,77% 的江浙游客抵沪采用旅游大巴、长途客车、小汽车方式;此外,铁路占 22%、航空占 1%。国内其他省、区、市游客距离上海较远,铁路占 41%、航空占 27%,较江浙游客分别提高 19 和 26 个百分点。航空、铁路在中长距离运输中的优势得到显现。

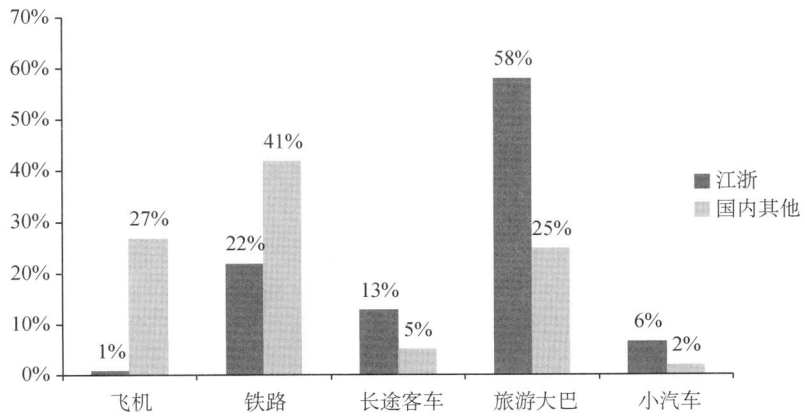

图 7-11　江浙游客与国内其他省区市游客抵沪方式

（2）到园方式结构

如图7-12所示，84%的游客选择集约方式出行，团体包车和轨道交通是最主要的交通方式。团体包车（除预约团队外还包括路抛）分担率达35%，轨道交通分担率达37%。地面公交分担率为12%，世博专线和常规公交各占一半。出租车分担率为8%，小汽车分担率为6%，慢行交通分担率为2%。

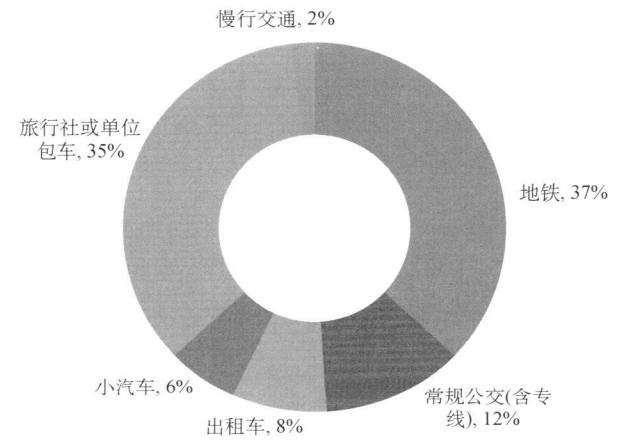

图7-12 到达园区交通方式结构

如图7-13所示，上海本地游客熟悉当地交通，使用轨道交通、公交车出行的比例明显高于外地游客。外地游客组团比例远高于本地游客。散客当中，由于外地游客不太熟悉上海当地的交通状况，使用出租车和小汽车方式出行比例较高，接近30%，是本地游客的一倍左右。一般情况下，双休日上海游客比例高于外地游客，游客使用公共交通方式出行的比例也略高于工作日。

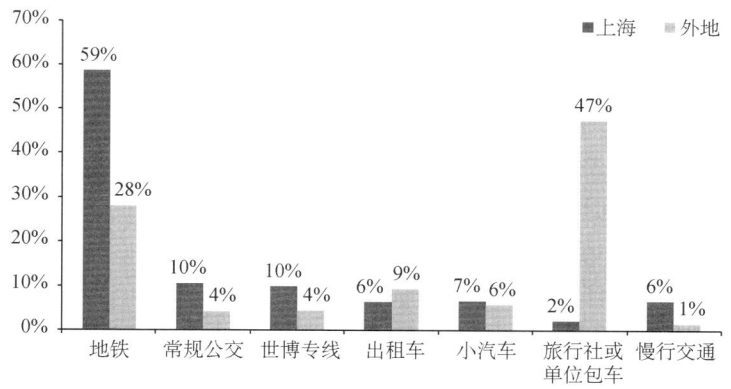

图7-13 上海本地与外地散客到达园区交通方式结构

如图7-14所示，后滩、长清路、白莲泾、鲁班路和半淞园是主要的团队游客入口，旅游巴士（除预约团队外还包括路抛下客）的比例较高。其中，后滩、长清路旅游巴士的分担率最高，在50%左右。其次为鲁班路、半淞园路和白莲泾，在30%~40%。马当路、上南路和西藏南路是散客的主要入口，且与轨道交通衔接较为便捷，轨道交通分担率相对较高。其中，马当路入口轨道交通比重最高，达65%左右；其次为西藏南路和上南路，在55%左右。水门周边未实施交通管制措施，小汽车、出租车分担率最高，接近30%。浦西4个入口，小汽车、出租车比例基本维持在15%左右。

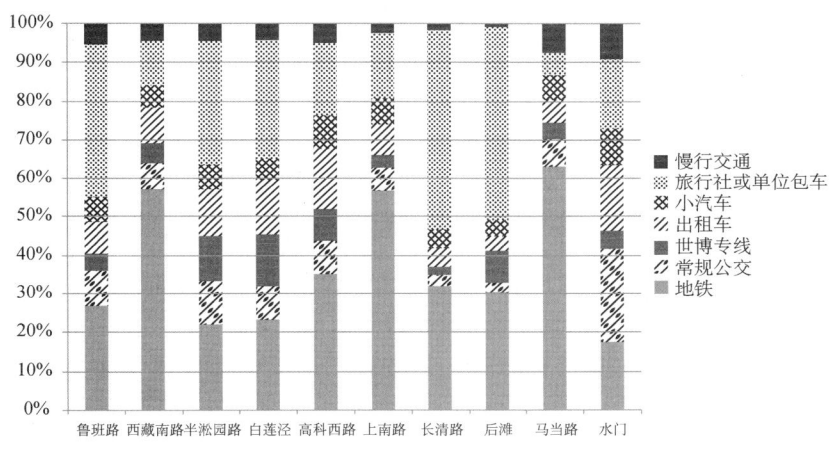

图7-14 分入口到达园区交通方式结构

（3）离园方式结构

如图7-15所示，21:00—23:00游客离园高峰以旅游巴士、轨道交通和出租车为

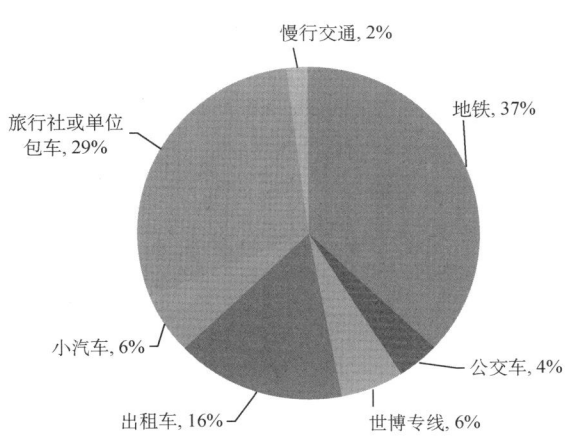

图7-15 离园高峰交通方式结构

主要方式。其中地铁占 37%，包车占 29%，公交车、世博专线占 10%，出租车占 16%，小汽车占 6%，慢行交通占 2%。

如图 7-16 所示，鲁班路、长清路、后滩是团队游客的主要出口，团队包车比重较高。西藏南路、马当路、上南路是散客的主要出口，且邻近轨道交通车站，以轨道交通方式为主。半淞园和白莲泾出口距离轨道交通、公交车站较远，出租车的比重较高。

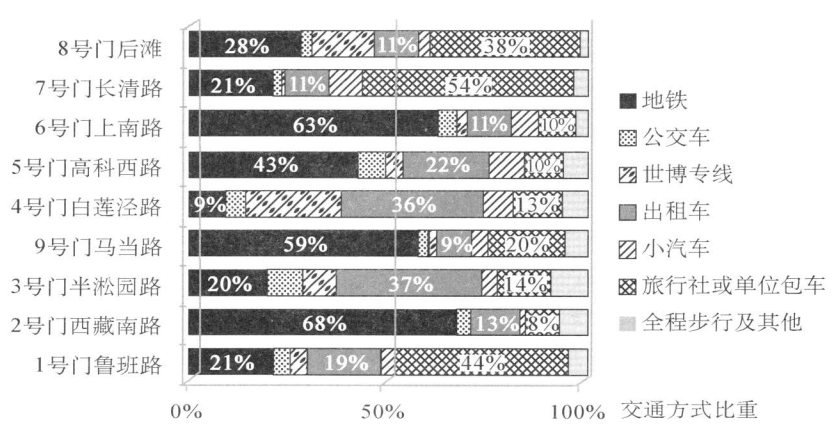

图 7-16　分出口离园高峰交通方式结构

7.4.2　世博道路交通运行特征评估

1）世博配套道路设施建设有效增加道路资源

世博会前，本市高速公路通车里程达到 767 千米，中心城快速路达到 145 千米，中心城黄浦江形成 4 桥 11 隧的越江道路体系，园区周边 38 条配套道路全部建成。中心城道路容量较 2008 年增加 11%，园区周边路网容量增长 30%，为世博会期间的交通组织创造了扎实的基础。

2）道口安检对省际交通影响不大

世博会期间，市域进出省交通总量呈现小幅攀升态势，月均增幅达 2.0%～4.9%。为保障上海世博会安全平稳运行，世博会期间对入沪道口车辆、人员、货物等实施全面安检。为提高安检效率，世博会期间道口车辆安检实施沪浙苏联动，"上海车上海检、外地车江浙检"，并在安检地领取"进沪车辆通行证"。据统计，高速公路道口车辆持证率 68%，普通公路道口 79%，本地及外地车辆的持证比例相当。进入上海市境道口和世博园区专用停车场的长途班线、旅游集散中心专线、团体旅游包车,以及自驾车通过核发专用通行证均可快速通过道口,无明显排队现象,道口交通总体运行平稳。

3) 浦东为主的交通组织减缓对浦西交通的影响

中环线发挥浦东引导的主要作用。据统计75%的游客从浦西出发,但浦东为主的交通配置有效引导70%以上的游客从浦东入园,后滩、长清路、上南路和高科西路等浦东出入口客流规模始终位居前四。中环线西段是引导浦西车流绕行进入浦东的主要通道,据统计,世博会期间上中路隧道的日流量较世博前增长5倍,约分担40%的浦西旅游巴士的入园交通需求,有效减缓了世博车流对浦西市中心的冲击。

4) 管控区方案有效控制了自驾世博游客规模

管控区影响范围集中于距离园区2千米左右的区域,周边平行分流道路拥挤程度有所增加,但道路交通总体处于可控状态。管控前后,将道路流量变化幅度在10%~30%的区域设定为主要影响区域。管控区发挥对自驾车的控制作用,边界道路小客车比例有所下降。管控区根据道路交通实际情况实施柔性管理,一线执勤民警对欲进入管控区的无证车辆在问明情况后视情放行,最大限度地为过往车辆提供通行便利,减少因管控而造成的交通拥堵。

7.4.3 世博公共交通运行特征评估

1) 交通运力配置符合客流波动规律,成功应对超大客流

全日运力配置符合一般日40万人次,高峰日60万人次的游客波动特征,并有效应对极端高峰日103万人次的客流集散要求。

10月国庆以后,受平日票即将到期的政策影响,客流规模出现井喷,工作日为60万人次、双休日80万人次的客流成为常态,10月16日周六出现103万人次的超大客流。交通运力根据实际情况进行了弹性调整,成功应对10月中下旬80万~100万人次超大客流交通需求。

2) 轨道交通发挥客流集散的主力作用

(1) 各种方式相配合,确保全市轨道交通网络运营有序。

世博会开园期间,全网络累计开行88.5万列次、运营里程15 157.5万车千米,全网最高配置车辆数419列2 589辆,高峰断面最大单向运力达到35万人次/小时。受高峰日与工作日客流叠加的影响,路网个别线路的局部区段拥挤度上升明显,通

过优化交路设置、投放备车、公交配套疏解和网络运营客流引导等措施,有效解决高峰时段拥挤区段的客流组织问题。

(2) 6成散客选择轨道交通出行,发挥游客入园的主力运输作用,有效缓解道路交通压力。

据统计,37%的游客优先选择轨道交通方式入园,考虑到团客出行规模超预期,且团客出行基本为旅游巴士包车方式,扣除团客规模后,约57%的散客选择轨道交通入园,发挥游客入园的主力运输作用。

(3) 涉博线路按保障方案延时运营,确保离园交通快速疏散。

涉博线路根据夜场客流特征动态优化运营方案,最晚班次延长到次日凌晨0:10,克服车辆的检修困难,保障世博游客的离园需求。据统计,22:00—23:00为离园最高峰,轨道交通约分担40%游客的离园需求。

3) 团体包车分担率超预期,有效分流其他交通方式压力

预约组团和散客包车组团出行均以旅游包车为主要出行方式,拉动旅游包车分担率超过预期目标。

旅游包车是观展团客首选的主要交通方式,规划形成以江、浙、沪旅游集散中心、各指定旅行社为主体的世博团客包车服务,计划分担30%的客流。根据票务和停车场反馈的信息,5—8月游客主要采取预约组团模式出行,5月日均11万人次,6、7、8月为团客出行高峰,预约团客规模达到日均15万人次,最高18万人次/日。9、10月预约团客规模明显下降,但散客包车出行显著增多。综合考虑预约组团和散客包车,旅游包车分担率达到35%。由于旅游巴士完全为增量运力,有效分担了轨道交通、常规公交等常规通勤方式的客流压力。

4) 地面公交是游客集散的重要补充

(1) 世博专线吸引力逐步提高,直达专线客流效益最好,远郊接驳线成为大礼包观博出行重要交通方式。

世博会期间,世博专线客运量近1 400万人次,客流分担率基本稳定在8%,日最大客运量达17万人次。世博直达专线覆盖对外枢纽、市级主要客流集散点,线网布局合理,游客知晓度高,客流效益最好,连接上海站、南站、莘庄枢纽和F1赛车场的1号、2号、3号、9号、10号轨道交通路线最大单日客运量均超过10 000人次。

(2) 常规公交接驳功能增加,总客运量较2009年同期增长2%。

世博会期间,全市地面公交日均客运量为771万人次,较2009年同期增加5%,

其中涉博线路 102 万人次。公共交通换乘量显著提高,其中地面公交与轨道交通之间的换乘量(含换入和换出)达到 90 万乘次。公交与公交之间的网内换乘量达到 180 万乘次。为游客接驳轨道交通、世博专线和直达园区提供了便利。

5) 出租车集中调度满足离场高峰客流集散要求

统一调度平台发挥出租车统筹调度功能。

出租车是世博交通保障的重要组成部分,重点满足游客离园交通需求。世博会运营以来,4 000 辆世博专属出租车队日均客运量达 33 万人次。统一的世博出租调度平台电调业务逐步增长,从开始的每日 5 000 多单,迅速提高并稳定在每日调放 11 000 多单,184 天累计调放 196.55 万次。园区站点日均调度车次共计 223.23 万次,据统计通过电调系统进入站点的车辆占乘坐出租车出园客人的 60% 以上。

■ 7.4.4 世博停车交通运行特征评估

1) 分层布局,统一调度的理念提高静态交通服务水平

世博交通保障实现了园区出入口停车场、外围临时停车场、郊区 P+R 停车场的统一调度管理。出入口停车场主要满足预约大巴和 VIP 车辆停放,外围临时停车场满足无证大巴车辆或转场车辆停放,P+R 停车场满足自驾车停放需求。各世博专用停车场配备场内停车情况统计系统和实时图像监控系统,及时上报场内停车情况,并根据实际情况进行各停车场的统筹转场调度。

2) P+R 理念得到认同,发挥对自驾游客截留换乘作用

为截留长三角自驾出行,结合高速公路和轨道交通站点设置了 2 个层次 8 个 P+R 换乘点。P+R 停放量从 5 月开始逐步增加,10 月 16 日极端高峰日的最大停放量达 2 783 辆,发挥了对自驾车辆的截留换乘作用。由于宣传引导发挥作用,外地一日往返游客自驾出行比重仅 3%,绝大部分游客通过铁路、团体包车参观世博会,世博 P+R 换乘需求量较预测要偏低。

3) 外围临时停车场发挥了团队车辆的应急备用功能

为防止高峰日停车场供给不足,在园区周边规划了 8 个大型临时停车场。从实际运营情况看,随着团客规模增长,部分旅游巴士因缺停车证或团队预约券,无法进入园区出入口的停车场,必须在外围停车场停放,外围临时停车场应急备用功能逐步显现。世博会期间园外临时停车场的最高停放量达 1 779 辆/日,泊位平均利用率近 60%。

7.4.5 世博交通配套政策评估

1) 建筑施工管制政策有效减少道路交通运行干扰

世博会期间对建筑施工和占路施工均进行了严格管理,基本消除了各类施工对道路交通的影响,交通干扰明显减少。同时,建筑工地较少和较为严格的货运控制政策,减少了货运机动车的总体出行量,既缩减了交通规模,也提高了车辆的通行效率。

2) 车辆使用管理政策保障了道路交通通行秩序

一是,省际道口的车辆安检以及进沪通行证管理政策的实施,没有对道口省际交通造成较大的影响。二是,中心城新增机动车额度政策在一定程度上遏制了小汽车保有量的增长。三是,扩大摩托车限行和封存部分公车,规范了道路运行秩序,减少了道路交通压力。

3) 停车需求管理政策保障管控区方案实施效果

停车需求管理政策也是控制机动车辆使用的重要手段。世博会期间,正是由于管控区"柔性"管控与园区周边小区、社会停车场小汽车禁止停放政策的配套实施,才有效地控制了游客采取个体交通方式抵达园区的数量。

4) 部分储备政策未启用,体现了政策实施的弹性

世博开幕前期储备了尾号限行、错时上下班、错休等配套政策,以应对世博会期间可能出现的大规模交通拥堵。由于世博会期间交通情况总体受控,强制性的尾号限行政策始终没有实施,错时、错休政策也未实施,充分体现了人性化的管理理念,减少对日常交通出行的干扰。

7.5 / 世博交通经验总结

7.5.1 协同联动的指挥体系

世博会期间的交通管理体制特点是跨部门、跨行业、跨企业的一体化交通指挥管理。通过成立世博交通组,内设研判评估、新闻宣传、信息服务、综合保障和运输保障调度等四部一中心，涵盖政府交通管理部门、区县政府和运营企业等35家成员单位，全方位整合了城市交通综合管理相关的规划、建设、运力调度和现场管理等相关职能，实现了城市交通、安保、园区管理等相关管理的协同联动，目标明确，运作高效，相关机制应该延续到世博后的城市交通管理中。

■ 7.5.2 科学有效的保障预案

2009年6月世博会筹办工作领导小组交通组成立初期，即协调开展世博交通保障方案编制。经过前期方案的研究，2009年年底形成了包括道路交通组织、客运交通服务、综合交通管理等在内的《世博交通保障总体方案》，明确世博交通保障的指导思想、基本策略和总体框架。重点按照运能储备、运力调度、运行监管和道路设施保障的"三运一保"要求，世博交通保障工作于5月1日前完成了6大类171项具体准备工作。从世博交通运行情况看，各项前期准备措施落实到位，操作性和针对性较强；世博交通保障工作总体按既定的保障方案推进实施，世博交通保障方案有效可行。整个方案考虑细致充分、全面周到，至世博结束仍有若干储备方案备而未用。

■ 7.5.3 集约交通的组织策略

世博交通保障构建"以轨道交通为主体，地面交通为基础，其他交通方式补充"的世博交通服务网络，有效应对了103万人次的超大世博客流的入场、离场需求，并最大限度减少了世博交通对日常交通的影响。实践证明，集约交通可以解决高度城市化地区高强度客流组织问题，是大城市交通发展的必然趋势。后续发展要继续坚持"快捷、安全、方便、舒适、经济"的公共交通发展方针，在公共交通发展上做到规划优先、建设优先、路权优先和财政支持优先，推进上海公共交通实现由保障型、满足型出行向舒适型、满意型出行的跨越和转变。

■ 7.5.4 精细全面的道路交通管理

世博会开幕以来，全市道路（包括面上交通、世博交通管控区、市境陆路道口）交通情况总体平稳、有序、安全，未出现长时间、大面积道路交通拥堵，达到"两个基本满足"的目标。世博会期间全市道路交通运行的畅通，主要因素有如下3个。

1）完善健全的道路交通指挥体系

世博安保指挥中心道路交通指挥组在进一步健全交通信息共享和沟通协作机

制的基础上，整合各类信息管理资源，强化道路交通实时监控，不断提升科学调控和动态干预能力。

　　2）增加现场警力部署，提高管事率和发现率

　　以观博客流入园、离园高峰时段为重点，交警部门在原有基础上增加一线值勤岗位，加强疏通管理。执勤民警根据路口、路段交通特点，采取人工干预的疏导方法，加强现场指挥，打破常规，最大限度提高路口通行效率。同时，加强道路巡视，提高对各类交通问题的发现率。

　　3）刚柔并举的交通组织贯彻落实理念

　　管控区设置及较为刚性的交通管制措施，对个体交通出行起到了极大的遏制作用，也为集约化车流和世博人流提供足够的集散空间。与此同时，公安交警在勤务管理上采取的"柔性"管理方式，最大限度地减少"扰民"程度，实现了世博交通与日常交通双赢。

■ 7.5.5　全面高效的信息服务与管理

　　通过引入 GPS、视频监控等信息化手段，以综合交通信息、世博交通信息应用服务、世博园区交通信息三个子平台为重点，建立了一个信息集聚、运作有序的综合平台，有效地统筹了世博园区外交通港口、铁路、机场和公安等部门间的交通管理信息，不仅提高了对本市道路交通、公共交通、对外交通和世博会专项交通的监管水平，而且也确保了对客运数据分析研判的准确性，为世博交通科学决策，均衡配置运能，实现运能效用最大化，以及公共信息的及时发布起到了重要作用。世博后应进一步提高交通信息在交通决策、行业管理的作用，增强面向社会公众的交通信息服务内容，进一步提高交通信息服务质量。

■ 7.5.6　辅助决策的研判机制

　　世博交通研判依托"信息化手段、补充交通调查和交通模型分析"3 大核心手段，开展实时跟踪世博交通运行动态，总结世博交通特征，预判可能出现的大客流及潜在交通问题。世博会期间共编写 191 期日报、26 期周报、6 期月报和若干专报，较准确地预判了世博会期间的客流和交通发展趋势，为世博交通组织决策提供了有力的支撑。世博后城市发展转型，城市交通复杂性仍将进一步增加，延续交通研判机制，

有利于提升城市交通的管理水平。

■ 7.5.7 动态引导的媒体宣传

世博会期间，新闻宣传部门针对世博会运行各个阶段的不同宣传目标，从世博交通保障方案公示、世博交通出行方式、交通出行公众信息服务、突发事件处置、交通行业服务亮点和先进事迹等多个方面组织新闻稿件进行宣传，策划专题百余个，见诸中央、地方各类声像、平面媒体稿件数千篇，并对世博专线运营方案调整、世博入场离园交通出行方式、世博大礼包出行攻略等与市民、游客出行关系密切的内容进行了反复宣传。实践证明，全方位、分系统、有针对性的宣传对游客的出行起到了均衡和引导作用。

第 8 章
上海国际汽车展
——市场化消费型的大型会展活动交通保障

8.1 / 发展演变

8.1.1 上海国际汽车展概述

上海国际汽车工业展览会（International Automobile and Manufacturing Technology Exhibition）又称上海国际汽车展（Automobile Shanghai），创办于1985年，每两年举办一届。2004年6月，上海国际汽车展顺利通过了国际博览联盟（Union des Foires Internationales，UFI）的认证，成为中国第一个被UFI认可的汽车展。伴随着中国汽车工业与国际汽车工业的发展，经过近40年的积累，上海国际汽车展已成长为中国最权威、国际上最具影响力的汽车大展之一。上海国际汽车展的举办场馆先后经历了上海展览中心、上海国际展览中心、上海新国际博览中心以及国家会展中心（上海）各场馆。2015上海国际汽车展（第十六届上海国际汽车工业展览会）于2015年4月22日至29日移师国家会展中心（上海）（之前为中国博览会会展综合体）全新亮相。

上海国际汽车展展期共10天，按照展会日程安排，第一、二天为媒体日，仅接待海内外新闻媒体；第三、四天为专业观众日；第五至第十天为专业、公众观众日。2023年上海国际汽车展展期从4月18日至4月27日共10天，其中4月18日至19日为媒体日；4月20日至21日为专业观众日；4月22日至27日为专业、公众观众日。如表8-1

所示,专业观众日和专业、公众观众日对外售票,其中专业观众日当日票 100 元/张,专业、公众观众日周末当日票 100 元/张,专业、公众观众日平日当日票 50 元/张。

表 8-1　2023 年上海国际汽车展门票票种及价格

票种	适用时间		票价（人民币元/张）
媒体日	4月18—19日		仅对媒体开放
专业观众日当日票	4月20日	周四	100
	4月21日	周五	
公众日周末当日票	4月22日	周六	100
	4月23日	周日	
公众日当日票	4月24日	周一	50
	4月25日	周二	50
	4月26日	周三	50
	4月27日	周四	50

注：门票仅限当日使用,一次进场有效。

如表 8-2 所示,近十几年,随着汽车工业的不断发展,上海国际汽车展的展览面积和参展客流也在不断攀升,从 2009 年的 17 万平方米,到 2015 年的 35 万平方米,到 2019 年的 36 万平方米。2019 年之后虽受疫情影响,上海国际汽车展的展览面积也保持在 36 万平方米。参照总客流也从 60 万人次,增长至 100 万人次,最高达到 125 万人次。

表 8-2　上海国际汽车展近年届客流情况

年份	举办地	展览面积	参展总客流
2009 年（第 13 届）	上海新国际展览中心	17 万平方米	60 万人次
2011 年（第 14 届）		23 万平方米	70 万人次
2013 年（第 15 届）		28 万平方米	80 万人次
2015 年（第 16 届）	国家会展中心（上海）	35 万平方米	125 万人次
2017 年（第 17 届）		35 万平方米	101 万人次
2019 年（第 18 届）		36 万平方米	99.3 万人次
2021 年（第 19 届）		36 万平方米	81 万人次
2023 年（第 20 届）		36 万平方米	90.6 万人次

8.1.2 上海国际汽车展在新国际博览中心

1）2009年第13届上海国际汽车展的交通配套情况

根据2009年上海市城市综合交通规划研究所的《上海国际汽车展调查分析报告》,2009年第13届上海国际汽车展在上海新国际博览中心举办,展期10天。其中,配套的交通保障设施包括6个社会停车场,3条临时接驳班线,2个班车接驳点。

（1）6处停车场周边有相应的班车接送展馆（图8-1）。

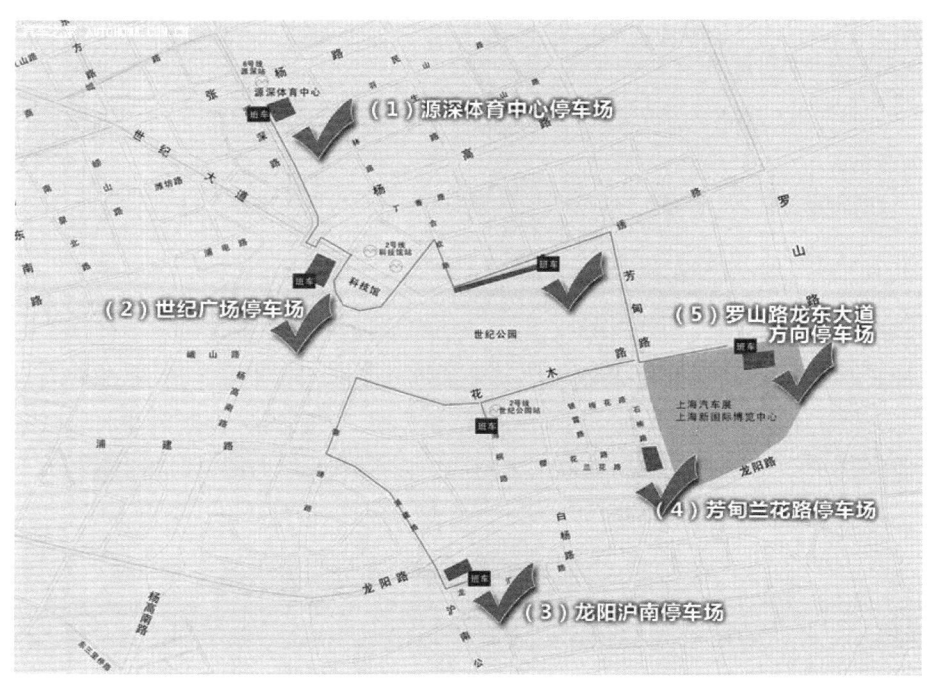

图8-1 第13届上海车展停车场分布
[来源:https://www.autohome.com.cn/news/200904/59160.html]

① 源深体育中心（900个车位,进口在源深路、张扬路,设有售票点）;
② 世纪广场停车场（900个车位,进口在丁香路,上海科技馆对面）;
③ 龙阳沪南停车场（1 000个车位,进口在龙阳路）;
④ 芳甸兰花路停车场（1 000个车位,进口在兰花路、樱花路,离展馆0.2千米）;
⑤ 罗山路龙东大道方向停车场（展馆后面,进口在罗山路）;
⑥ 世纪公园停车场（300个车位,进口位于锦绣路,轨道交通2号线世纪公园站）。

(2) 3 条免费接驳线(图 8-2)。

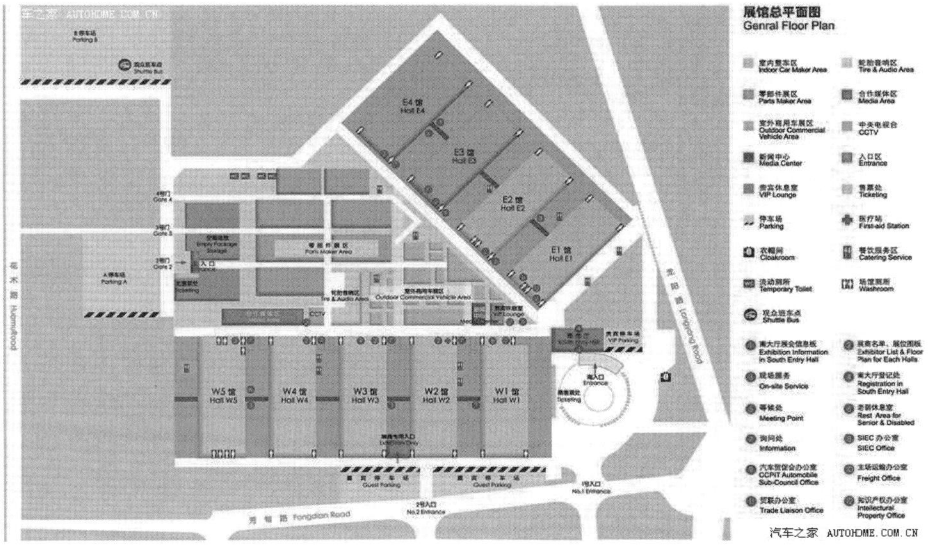

图 8-2 第 13 届上海车展展馆总平面图
[来源：https://www.autohome.com.cn/news/200904/58704.html?pvareaid=3311700]

在轨道交通 2 号线世纪公园站、2 号线上海科技馆站、6 号线源深路体育场站三处安排免费班车往返展馆。

(3) 接驳班车停车场。

接驳班车停车场位于场馆的 3 号出入口和 4 号出入口附近。乘坐轨道交通的参观者，可以在轨道交通 2 号线科技馆站、世纪公园站下车，或 6 号线源深体育场站下车，转乘接驳线抵达。轨道交通 2 号线龙阳路站下车后，步行 15 分钟可到达。

2) 2009 年第 13 届上海国际汽车展的交通特征

本次参展观众突破 60 万人次。最高峰日为专业观众日第 2 天，达到 13.6 万人次。观众到达场馆的早高峰在 8:30—9:30，高峰小时系数为 0.23；离开场馆高峰出现在 15:30—16:30，高峰小时系数为 0.25。车辆到离场的交通特征、专业日与大众日各有不同，其中：

(1) 专业观众日平均每日到达车辆数为 3 500 余车次，平均停车时长为 3.87 小时。到达高峰在 9:00—10:00，高峰小时系数为 0.30；离开高峰出现在 17:00—19:00，高峰小时系数为 0.18。

(2) 大众观众日平均每日到达车辆数为 4 000 余车次，平均停车时长为 3.77 小时。到达高峰在 8：00—10：00，高峰小时系数为 0.28；离开高峰集中在 17：00—18：00，高峰小时系数为 0.25。

8.1.3 上海国际汽车展在国家会展中心

1）场馆概况

从上海建设"四个中心"和促进虹桥商务区发展战略出发，经多轮方案的比选，2010 年 8 月 5 日上海市政府常务会议确定，国家会展中心选址于虹桥商务区诸光路以东、崧泽高架以南区域。虹桥商务区是上海未来城市发展"一轴两翼"中的西翼，成为上海实现"四个率先"、建设"四个中心"和现代化国际大都市的重要商务集聚区。

国家会展中心立足上海、服务长三角、辐射全国，目标建成世界上最具规模、最具水平、最具竞争力的国际一流国家会展中心。如图 8-3 所示，国家会展中心用地范围北至崧泽高架路南侧红线，南至规划六路北侧红线，西至诸光路东侧红线，东至涞港路西侧红线，占地 1.04 平方千米，其中北块会展用地占地 0.86 平方千米。

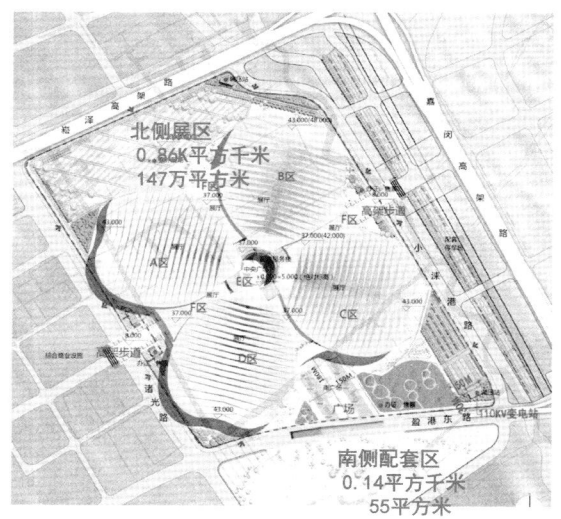

会展综合体北块总体经济技术指标	
1. 总用地面积	85.6 万平方米
2. 建筑面积	147 万平方米
其中	地上面积 127 万平方米
	地下面积 20 万平方米
3. 建筑密度	58%
4. 容积率	约 1.5
5. 绿地面积	8.56 万平方米
6. 绿地率	10%
7. 建筑基底总面积	49.65 万平方米
8. 机动车停车数量	4 400 辆
其中	地上 400 辆
	地下 4 000 辆

图 8-3 国家会展中心平面布局及经济指标

国家会展中心室内有效展示面积达 40 万平方米，室外有效展示面积 10 万平方米，北块地上建筑面积达到 127 万平方米，地下建设面积达到 20 万平方米，总建筑面积达到 147 万平方米。南块配套开发用地占地 0.14 平方千米，控详规划建筑面积在 55 万平方千米。

如图 8-4 所示,国家会展中心整体呈放射状"四叶草"形态,居中布置于场地中央,将场地自然分成 4 块,并根据建筑出入口与环境关系分为东、西、南、北四个主要广场。东侧广场为出租车上、下客区,西侧广场为地铁人流进出广场及出租车上、下客区,北侧广场为室外展场、货车进入基地的主入口及大巴上、下客区,南侧广场为景观广场,布设了地下地上停车库和大巴上、下客区。

图 8-4　国家会展中心(北块)功能分区情况

2)交通配套保障

2014 年 10 月,国家会展中心北部展区初步建成。为保障国家会展中心顺利运行,有关部门制订了交通配套保障实施方案,具体如下。

(1)交通设施建设情况

① 场馆内部:北部展区配套的轨道交通站点改造和内中环道路、大客车车道边等基本建成投入使用,场馆南部展区及其配套设施、地下停车库等在 2015 年 4 月份(上海国际汽车展)前建设完成。

② 场馆外围:轨道交通 2 号线国家会展中心站服务会展;道路设施建成会展周边 5 条围合道路(崧泽大道、诸光路、盈港东路、涞港路和会卓路)以及崧泽高架江浙方向蟠龙路匝道与徐泾立交匝道。

(2) 交通保障策略

综合考虑会展交通需求特征,周边配套设施布局及服务能力等,研究确定上海国际汽车展在国家会展中心的交通保障策略包括下述四个方面。

① 分级保障——结合会展客流规模实施交通分级保障。

如表8-3所示,分3个级别,即ⓐ常规组织管理(Ⅲ级):适应日均观展客流3万人以下,交通配套设施维持常规管理与运营组织;ⓑ常规应急保障(Ⅱ级):适应日均观展客流3万~10万人,需要在常规组织管理的基础上,适当采取局部性的应急措施;ⓒ特殊应急保障(Ⅰ级):适应日均观展客流超过10万人,交通运营保障的首要目标是确保人员安全集散,需采取全局性的临时应急措施。

表8-3 会展按客流规模实施交通分级保障

保障级别	会展集散	响应机制	主要措施
常规组织管理（Ⅲ级）	日均参展客流3万人以下	上海国展公司	维持常规管理与运营组织
常规应急保障（Ⅱ级）	日均参展客流3万~10万人	青浦区政府	适当采取局部性临时应急措施
特殊应急保障（Ⅰ级）	日均参展客流10万人以上	青浦区提请国家会展中心交通保障协调小组共同保障	采取全局性临时应急措施,确保人员安全集散

② 集约出行——依托公共交通集散会展客流。

力争展会客流采取轨道交通、公交、大客车等公共交通出行比重达75%以上,同时,加强大客流展会人流的集中组织与管理。

③ 分散引导——加强多路径引导分散交通压力。

通过分方向引导不同来向客、货车辆,按照不同路径进出会场,分散道路交通压力;通过应急接驳线分散轨道交通2号线客流,避开日常交通拥堵点;通过"错峰"大客流展会的展期以及运营时间,使观展客流尽量与市内日常交通客流形成错峰出行。

④ 内外联动——加强联动管理实现内、外有效衔接。

通过场馆内外停车设施联动控制、客流信息联动管理以及轨道交通车站内外客流联动引导等实现各交通设施有效衔接。

8.2 / 交通组织方案

2015年3月国家会展中心(上海)全面建成,并于2015年4月份举办了第16届上海国际汽车工业展览会(以下简称"2015年车展"),之后每2年举办一届上海国际汽车工业展览会,至2023年4月,国家会展中心(上海)已连续举办了5届。由于2015年是首次举办,2017年周边道路交通设施不断完善,这两届国际汽车展的交通组织方案有较大的特点。2019年至2023年疫情期间,现场参展客流较2015年和2017年少。为此,选择2015年车展和2017年车展为例介绍国际汽车展的交通组织保障方案。

■ 8.2.1 2015年车展交通保障

1) 车展期间交通基础条件

(1) 场馆内部交通设施情况

全馆基本建成并投入使用。包括内、中、外三条环路,南、北广场大客车车道边,东、西广场出租车车道边,南部地下停车库及地面停车位等配套设施基本建成并投入使用;轨道交通3号、4号、5号、6号、13号出入口具备使用条件,2号、14号出入口由于商业区施工尚不能投入使用。

(2) 场馆外围交通设施情况

轨道交通2号线国家会展中心站服务会展;道路设施仍为会展周边5条围合道路(崧泽大道、诸光路、盈港东路、涞港路和会卓路)以及崧泽高架江浙方向蟠龙路匝道与徐泾立交匝道;嘉闵高架二期2014年年底建成通车,向北延伸至G2以北,与G2形成互通;向南延伸至G60以南,但嘉闵高架由北向南至G60立交后只能通向杭州方向,与市区方向不互通。规划的北青快速路、诸光路地道等,以及5个客运停车场、2个货运轮候区、1个公交枢纽均未建设完成。此外,2015年北横通道西侧北翟路(中、外环间)开始施工,国家会展中心北部重要集疏运通道受到影响。

2) 交通承载力分析

轨道交通高峰剩余能力有限,道路交通压力较大。

（1）国家会展中心站轨道交通站点：位于轨道交通2号线国家会展中心站至淞虹路站大交路区段，现状大交路区段工作日高峰时段单向剩余运能0.6万人次/时，工作日晚高峰和双休日高峰单向剩余运能1.5万人次/时。随着网络客流的增长，不排除运能富余量减少的情况。

（2）公交枢纽：徐泾东临时公交枢纽位于会展中心西侧，现已布置12条公交线路，用地基本饱和。公交枢纽北侧沿徐民路已形成1处出租车蓄车场和上、下客区域。

（3）停车设施：紧邻临时公交枢纽西侧自发形成P+R停车场，日停车规模1500辆，已饱和。

（4）外围干道通道：南部联系中心城的G50入城段—延安高架高峰期间已拥挤严重；北部北翟路处于施工阶段，通行能力受到影响，地面北青公路服务水平也较低；会展周边区域道路，由于周边地块尚未开发，目前道路服务水平较好。

3）主要保障策略

（1）引导参展客流与日常交通错峰出行。通过信息发布以及调整展会运营时间等手段，引导双休日客流向工作日转移，引导观展客流与本市日常早晚高峰错时出行，引导不同来向客货车辆分方向、多路径到达展会，避开日常交通拥堵点，实现客流的时空均衡。

（2）构建多层次的客运交通引导客流采用公共交通出行。考虑周边道路承载能力，通过对小客车的管理，引导小客车客流更多采用公共交通出行。在公共交通方面，通过提升轨道交通运力及接驳公交的配置，构建以轨道交通为主，地面公交为辅，接驳公交、团队大巴为补充的多层次客运交通服务系统，引导展会客流更多采用公共交通出行。同时，加强大客流展会人流的集中组织与管理。

4）具体保障方案

2015年车展具体保障方案包括三个部分：一是道路交通组织方案，通过停车泊位的调控和车流的有序引导，为集约交通创造条件；二是客运交通服务方案，为参展客流提供安全、便捷和多种选择的公共客运服务；三是综合交通管理方案，通过展会错时、信息服务、安全评估等措施保证展会交通"运行安全、组织有序"。

（1）道路交通组织方案

① 停车管理

上海国际汽车展在新国际博览中心举办时，新国际博览中心提供了停车泊位

1.2万～1.5万个。综合考虑2015年车展在国家会展中心的展览面积、位置距离、周边居民和酒店分布等，建议储备1.2万～1.5万个泊位。目前场馆内部约3 850个泊位，还需在场馆外围设置约一定量的临时停车泊位。

如图8-5所示，经过排摸，场馆外围的临时场地有联美地块和青宏物流可提供临时停车场共3 300个泊位；周边的罗家小区地块、兰沃普地块、妮维雅地块、西虹桥科倍及其西侧地块等展会期间可以用于临时停车，但需要平整地块。

图8-5　2015年车展期间临时停车场地示意图

考虑双休日客流将达到极端高峰，选取会展周边的蟠中路、蟠龙路、徐民路、涞港路和涞清路等道路应对极端高峰客流停车需求。

同时，利用既有非机动车停车场以及蟠中路、诸光路等道路两侧行道树间空域地区，满足非机动车停车需求。

② 交通流组织与管理

分方向加强车流交通组织。对于长三角方向，引导车流汇集至G15沈海高速，其中社会客车由G15转崧泽高架，进入会展中心或临时停车场；货车提前从G15沪青平公路和北青公路下匝道进入地面华徐公路后进入会展中心北广场，或由G50中春路下匝道进入华翔公路后进入会展中心北广场。对于中心城方向，引导车流汇集至嘉闵高架，其中社会客车由嘉闵高架转崧泽高架，进入会展中心或临时停车场，中心城南侧方向车流还可以由嘉闵高架经由盈港东路立交，进入会展中心南部或临时停车场；货车提前由S20外环高速北翟路下匝道，经北翟路—华翔路后进入会展中心北广场。

完善周边道路及停车场库的交通引导标志。增加国家会展中心南门、北门、南部地下停车库等场馆功能场所的指引。完善华翔路—建虹路、华翔路—扬虹路附近交通标志指引,增加其连续性。

加强场馆周边道路社会车辆管控。对场馆围合道路以及停车场附近道路(蟠中路、蟠龙路、徐民路及盈港东路等),限制长时间停靠或上、下客。在极端大客流情形下,对诸光路(崧泽大道—盈港东路段)封闭管理,仅允许公交、巴士、出租车通行。

(2) 客运交通服务方案

① 轨道交通服务

增加国家会展中心站至淞虹路站大交路区段运输能力。建议增投备车、调整列车开行交路和开行间隔等多种措施,增加国家会展中心站至淞虹路站大交路区段运力。同时加强轨道交通客流引导,早高峰到达,通过引导客流乘坐轨道交通10号线,在虹桥火车站换乘轨道交通2号线至国家会展中心站到达会展中心,避开轨道交通2号线市区拥挤断面。晚高峰离场,根据不同客流规模合理组织国家会展中心站客流排队进站。在场馆内部利用西广场休闲空地设置蛇形排队空间。

加强国家会展中心站安全配套管理措施。增加车站工作人员,加强票务组织,提高车站售票、验票能力;增配公安、武警等,提高现场管理能力,维护展会期间客流公共安全。

② 地面公交服务

适度增加常规公交线路配车。依靠徐泾东临时公交枢纽始发线路与周边途经线路,必要时增加公交线路(如联系青浦区的青徐线、朱徐线等)配车,服务周边会展客流。

设置会展中心至轨道交通10号线T1航站楼站和虹桥火车站(西交通中心公交枢纽)2条轨道交通站点及公交枢纽的离场晚高峰应急接驳公交。应急接驳公交运营时间初定为晚高峰,服务会展晚高峰离场客流,车辆停放于会展北广场,在北广场上、下客。

储备青宏物流地块和虹桥世博P+R地块至会展中心的2条远距离停车场短驳公交线。视停车场开放情况运行停车场短驳线,短驳线运营时间与停车场运营时间一致,短驳车辆停放于相应停车场,在会展中心西侧外环4号出入口处上、下客。

团队巴士车辆停靠及上、下客管理。原则上只提供上、下客服务,有停车需求的车辆可提前预约,预约车辆一律停放在北广场临时停车场,在停车场固定车位上、下客。非预约车辆在会展中心西侧外环5号出入口处上、下客后驶离会展中心。

③ 出租车服务

组织市域出租入场服务，鼓励出租车徐民路上、下客。展览期间，由于场馆西侧出租车车道边被利用为轨道站点进站排队，出租车组织在东广场出租车车道边或北广场大客车车道边上、下客，极端高峰可利用中环货车通道蓄车及上、下客；区域性出租车不进入场馆服务，可在徐民东路原交通枢纽泊位蓄车、停靠和上、下客，并鼓励出租车利用徐民路出租车车道边上、下客。

以市场化购买服务满足晚高峰出租车需求。日常客流下，鼓励观展客流自行订车约车；晚高峰离场期间，通过市场化购买服务运作方式，面上调度支援，满足晚高峰离场对出租车的需求。

(3) 综合交通管理方案

① 展会错峰管理

工作日错峰1小时。建议车展期间，工作日错峰1小时，开馆时间延迟至10点，闭馆时间也相应延长至19点以后；双休日不调整。其他生产、生活、交通等配套设施服务也作相应调整。

利用车展票务，分散引导客流。发行指令日观展票券，在预定观展票时，推荐出行方式，提供接驳线路或停车场车位的提前预约等，引导客流分散到达。

② 信息服务管理

加强场馆内外的联动管理。通过智能化、信息化等手段，掌握场馆内外客流实时信息，场馆内外停车设施运行状况，场馆内外车站出入口客流拥挤状况等，加强联动管理，实现各交通设施的有效衔接。

加强观众交通信息服务。通过会展官网、交通广播电台、交通服务热线和手机客户端等，及时发布道路实时路况、拥堵指数，轨道交通线路、站点、出入口实时信息，接驳巴士线路、停靠点等信息，为参展观众和工作人员到、离场选择合适的出行方式、路径和换乘方案并提供交通信息服务。

③ 大客流安全风险管理

加大车流、客流聚集区域的监管。其中，车流拥挤区主要包括延安高架—G15入城段，嘉闵高架建虹路匝道、崧泽高架蟠中路匝道、华翔路建虹路交叉口、盈港东路诸光路交叉口、崧泽大道蟠龙路交叉口和崧泽大道诸光路交叉口等。客流聚集区主要包括场馆北广场大客车上、下客区，南、北广场大客车车道边，东广场出租车车道边，国家会展中心站出入口及站厅、站台等。

极端大客流应急对策。在日客流超过30万人次，启动极端客流应急预案。对到达高峰，将超出场馆计划接待能力，场馆内部将出现大面积排队拥堵，关闭场馆内部轨道车站出入口，所有地铁客流均从诸光路以西的8号、9号出入口出站，通过人行天桥至8米平台或西广场登记入场；对诸光路（盈港东路—蟠中路段）实行封闭管理，组织行人过街；出租车不进入场馆。对离场高峰，场馆内部仅保留2处出入口，组织客流排队区域，预告排队时长；最大限度加密轨道交通班次；接驳班车全部投入运行。

8.2.2 2017年车展交通保障

2017年4月19—28日，第十七届上海国际汽车工业展览会于国家会展中心（上海）举行。此次上海国际车展预计展出面积超过36万平方米，吸引约1 500家中外汽车参展商，展览规模较2015年有所上升。如表8-4所示，为期10天的车展展期分为三部分，4月19—20日为媒体日，4月21—23日为专业观众日，4月24—28日为普通公众日。另外，参展商从4月12日起开始布展（部分参展商从4月5日起进馆布展），撤展期为5月4日。

表8-4 展会时间安排情况

类别	日期	入场时间
布展日	2017年4月12—18日（部分展商从4月5日起进馆布展）	—
媒体日	2017年4月19日（周三）、20日（周四）	8:30—18:00
专业观众日	2017年4月21日（周五）、22日（周六）、23日（周日）	10:00—18:00
公众日	2017年4月24日（周一）—27日（周四）	10:00—18:00
公众日	2017年4月28日（周五）	10:00—15:00
撤展	2017年4月28日（16:00）—5月4日	—

同2015年车展不同的是2017年车展双休日为专业观众日而非公众日（票价更高），同时场馆相关道路设施发生微调、停车场设置发生变化。

1）车展期间交通基础条件

（1）场馆内部交通设施

全馆及相关配套设施全部建成并投入使用。轨道交通2号线各出入口均建成，可以使用。

（2）场馆外围交通设施

高快速路方面，嘉闵高架北延伸至S6，南延伸至G60，并互通。S6（G15—S20）新建成通车，与嘉闵高架北延伸形成互通，匝道设施与2015年相同。地面道路仍为会展周边 5 条围合道路(崧泽大道、诸光路、盈港东路、涞港路和会卓路)。规划的北青快速路、诸光路地道等,以及 4 个客运停车场、2 个货运轮候区、1 个公交枢纽均未建设完成,规划 5 号综合停车场以临时停车场形式分铁路东、西两侧使用。

2) 交通运行研判

同 2015 年一致:轨道交通高峰剩余能力有限,道路交通高峰压力较大。

3) 主要保障策略

鉴于 2017 年车展外围交通设施条件和展会特点同 2015 年大致相同,此次车展仍延续 2015 年"引导参展客流与日常交通在时空上错峰出行""构建多层次的客运交通引导客流采取公共交通出行"的主要保障策略。

4) 具体保障方案

此次车展主要延续 2015 年车展交通保障的成功经验,在此基础上针对新的道路和停车场等交通设施的变化,对保障方案进行优化调整,着重于停车管理和道路引导方案。

(1) 停车管理

经过排摸,2017 年车展可使用停车场 10 个。如图 8-6 所示,其中会展中心场馆内部(包括南部地下及地面停车场地、北部室外剩余展区、内部办公楼地下停车库等

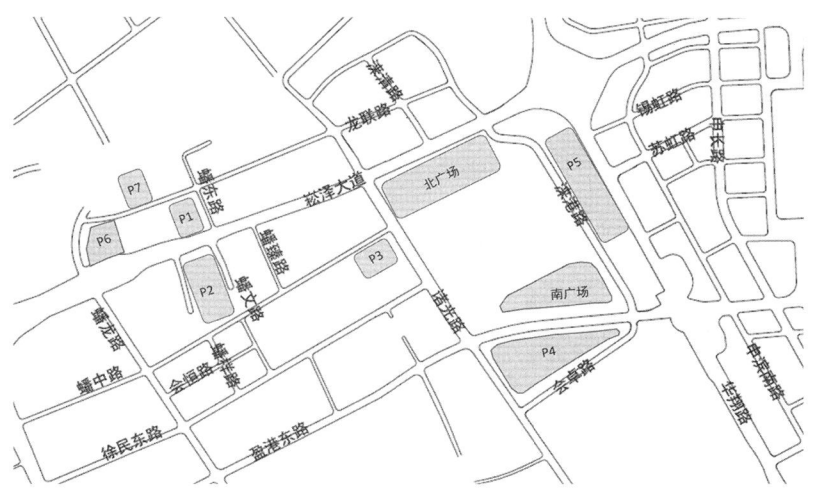

图 8-6 2017 年车展期间临时停车场地示意图

3个)约4 300个小客车泊位,优先满足参展商小客车停车需求。场馆外围设置了7个临时停车场,包括P1强辉地块、P2寅中寅地块、P3兰沃普地块、P4绿地中心、P5综合停车场、P6西郊物业地块和P7华尚地块等。另外,周边蟠文路、蟠祥路、会恒路等市政道路为应急停车服务。

考虑双休日客流将达到极端高峰,在会展周边储备相应的停车泊位应对极端高峰客流时的停车需求。如图8-7所示,利用核心区与会展中心的二层步廊,引导车辆前往核心区。车展期间联通会展与华翔路的二层步廊将投入使用,届时会展与华翔路间步行距离将在500米以内。核心区已建成的虹桥天地购物中心、龙湖天街购物中心、新华联及多幢已投入使用的写字楼,距离会展步行距离超过1千米,但是可通过在核心区设置接驳巴士,形成"核心区—二层步廊华翔路段"的接驳线路,充分利用核心区的停车资源。该方案作为极端高峰下的停车应急预案,在会展区域内停车饱和情况下,将车流向核心区引导。

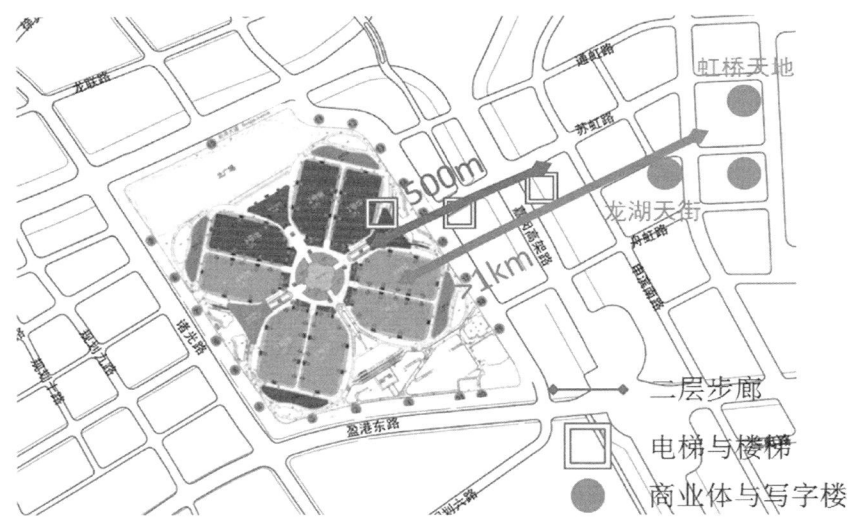

图8-7 核心区停车共享建议

设置停车场与会展之间相应交通组织标志。针对7个外围临时停车场制订停车场与会展之间的人流组织方案。在道路沿线设置相应的从停车场到会展和从会展到停车场的指引标志,停车场内部设置到会展的指引标志,会展内部设置到各个停车场的指引标志。

制订高效的停车场内车流组织引导、收费流程。将车辆引导到有富余的停车场,根据功能及道路条件合理安排出入口,在停车场内安排充足的人员进行引导疏导,实行出场地收费,收费流程快速高效。

(2)道路交通组织

高快速路社会客车引导。如图 8-8 所示,沪宁方向车流主要通过 G2、S26、G15 汇入崧泽高架,至诸光路匝道进出。沪杭方向车流主要通过 G50、G60—G15、申嘉湖高速—G15 汇入崧泽高架,至诸光路匝道进出。中心城北部车流主要通过内环、中环、外环与 S6、北翟高架路衔接,汇入嘉闵高架,至崧泽高架,至蟠龙路匝道。中心城南部车流主要通过延安路高架、S20 等衔接嘉闵高架,至建虹路匝道。总体上,会展西侧车流将从崧泽高架诸光路匝道进出,中心城北部车流将从崧泽高架蟠龙路匝道进出,中心城南部车流将从嘉闵高架建虹路匝道进出。

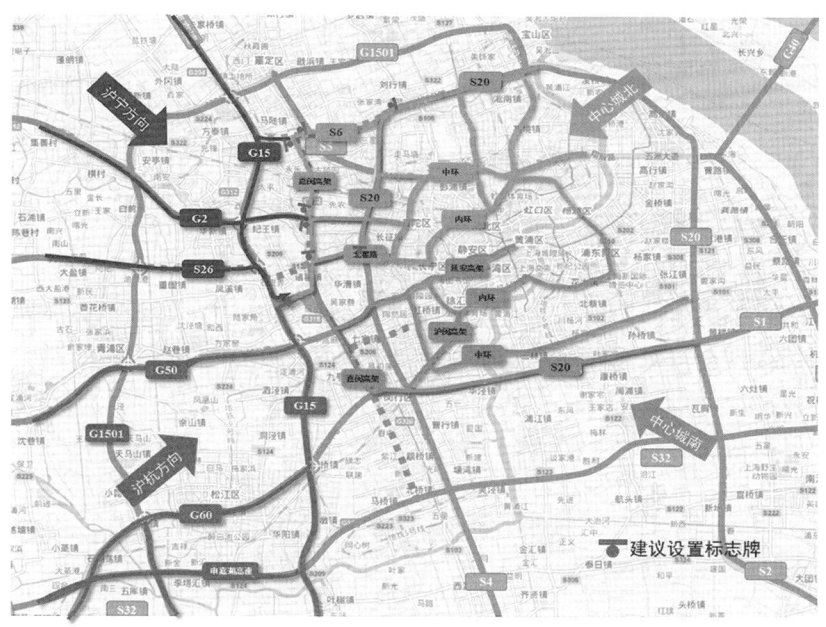

图 8-8　大范围总体引导方案

如图 8-9 所示,由于 2015 年车展 S6(G15—S20)段未通车,会展标志欠缺,因此 2017 年车展着重添加"S20—S6—嘉闵高架—崧泽高架"线路到达方向沿线的"国家会展中心"引导标志,共 7 块:

① S20 转至 S6 互通匝道分流处;

② S6 转至嘉闵高架互通匝道分流处(东、西方向各一处);

③ 嘉闵高架向南直行,过 G2 互通匝道处;

④ G2 转至嘉闵高架互通匝道处;

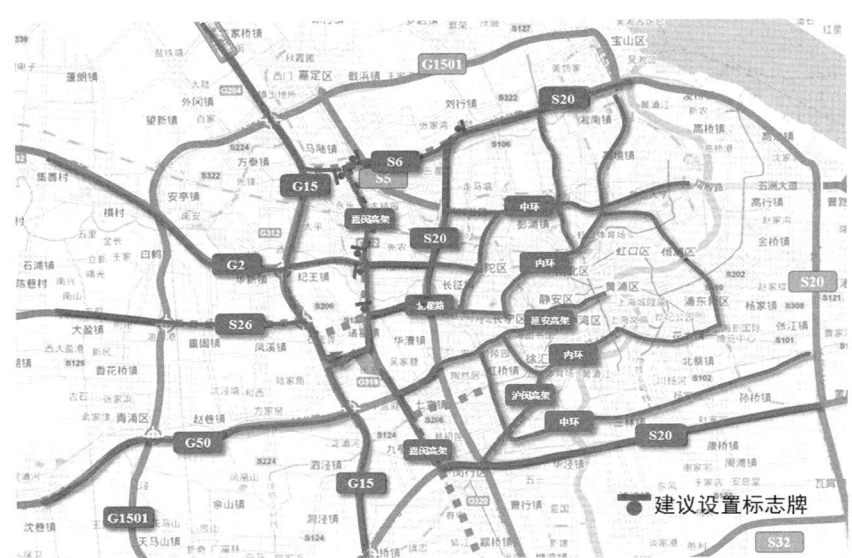

图 8-9 高快速路引导标志设置建议

⑤ S20 转至北翟高架互通匝道处；

⑥ 嘉闵高架向南直行，过北翟高架处。

地面大范围引导。如图 8-10 所示，主要包含以下 6 个通道：迎宾三路—申滨南路—建虹路高架—盈港东路匝道；沪青平公路—诸光路；沪青平公路—蟠龙路；华徐公路—崧泽大道；盈港东路（由青浦方向过来）；华翔路（由北向南）（—崧泽大道）。

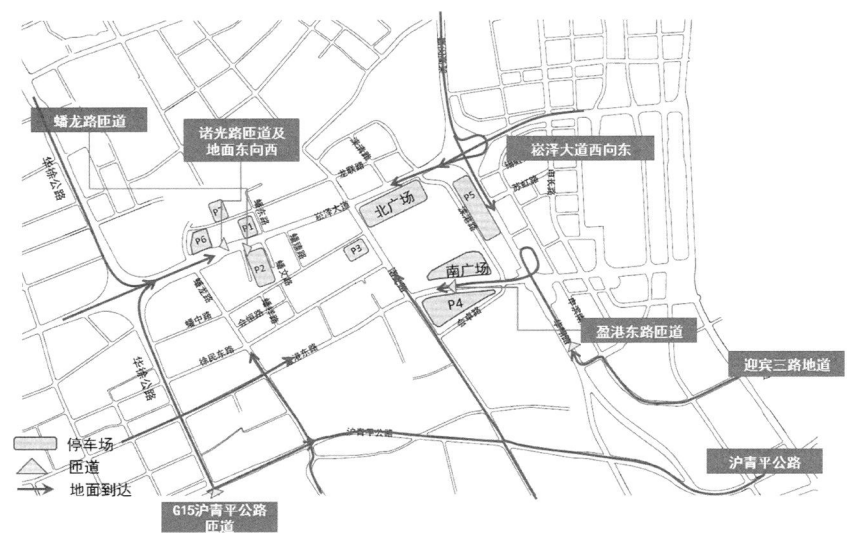

图 8-10 地面大范围引导

会展周边道路到达引导。会展到达车辆引导遵循以下原则。

① 分区引导:根据大范围车流汇聚至会展的方向进行分区,分别引导至对应分区停车场。

② 就近引导:根据来车路径,将车流引导至场馆最近的若干停车场(优先停车场)。

③ 管控引导:当优先停车场停放车辆达到70%~80%,请交警采取相关管控措施引导至尚有空余的停车场。

④ 提前引导:在临时停车位接近饱和的情况下,提前引导车辆至P5东侧停车场和核心区停车泊位停车。

如图8-11所示,地面道路引导标志针对车展停车场设置,版面上书"上海车展P",辅以方向箭头。

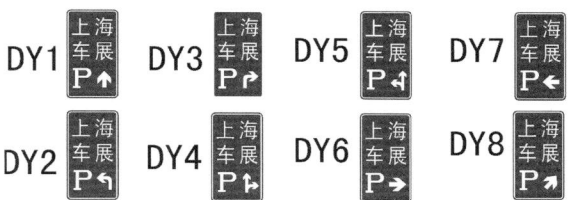

图8-11 地面道路上海车展停车场指引标志版面

如图8-12所示,根据会展周边道路到达车辆引导方案,建议在以下位置设置上海车展停车场引导标志,共69块。

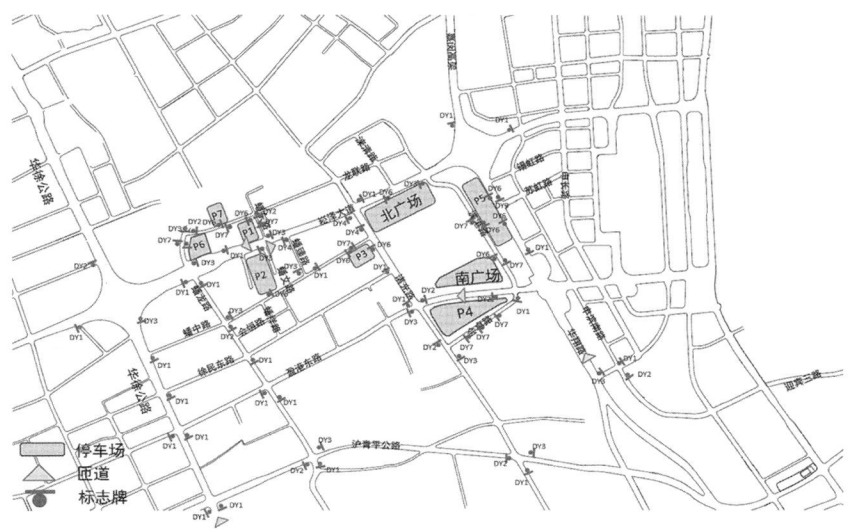

图8-12 地面道路上海车展停车场指引标志设置建议

会展周边道路离场引导。如图8-13所示,针对每一个停车场至诸光路匝道、蟠龙路匝道、沪青平公路、崧泽大道及盈港东路匝道等方向进行离场道路组织,并针对每个车展停车场设置相应的地面道路离场引导指路标志。标志牌版面上书路名,辅以方向箭头,具体标志位置及标志内容如表8-5所示。

图8-13 离场车辆引导标志设置

表8-5 车展散场指引标志

停车场	序号	编号	位置	内容	朝向	数量
P1、P6、P7	1	L1	P6蟠龙路两处出口	左转向崧泽高架嘉闵高架方向,右转向崧泽高架G15方向	东	2
	2	L3	P7龙联路出口	右转向崧泽高架嘉闵高架方向,左转向崧泽高架G15方向	北	1
	3	L5	蟠东路龙联路	右转向崧泽高架G15方向	西	1
P2	1	L6	P2蟠文路出口	左转向崧泽高架G15方向	南	1
	2	L7	P2蟠中路出口	右转向崧泽高架嘉闵高架方向	北	1

(续表)

停车场	序号	编号	位置	内容	朝向	数量
P2	3	L8	蟠中路蟠龙路	右转向崧泽高架嘉闵高架方向	东	1
	4	L9	蟠龙路崧泽大道	右转向崧泽高架嘉闵高架方向	南	1
P3	1	L10	P3蟠中路出口	左转向崧泽高架方向，右转嘉闵高架	南	1
北广场、P5西侧	1	L12	P5涞港路出口	左转向嘉闵高架方向	东	1
	2	L15	会卓路诸光路	右转向嘉闵高架方向，左转向沪青平公路方向	东	1
P4	1	L16	会卓路三处出口	右转向嘉闵高架方向	北	3

（3）轨道交通保障

总体上同2015年车展基本一致，因此保障方案延续2015年的做法，包括增加国家会展中心站至淞虹路站大交路区段运输能力；引导早高峰到达客流乘坐轨道交通10号线；晚高峰离场根据不同客流规模启动车站出入口管理（限流）措施；加强国家会展中心站安全配套管理措施；准备充分的应急预案应对突发大客流。

（4）地面公交保障

结合2015年车展实际运行情况，对地面公交临时线路进行调整优化。

调整接驳线线路，设置4条轨道站点及公交枢纽离场晚高峰接驳公交。如图8-14、图8-15所示，设国家会展中心南停车场、北停车场两个上客点，设国家会展中心东馆为疏散点。同2015年车展相比，保留国家会展中心同虹桥枢纽的联系，增加同轨道交通13号线、9号线和公交71路中运量的接驳。设置国家会展中心（北馆停车场）—轨道交通2号、10号线虹桥火车站站，国家会展中心（北馆停车场）—轨道交通13号线金运路站，国家会展中心（南馆停车场）—轨道交通9号线中春路站，国家会展中心（南馆停车场）—公交71路申昆路枢纽站等4条高峰接驳线。

运营时间服务会展晚高峰离场客流，缓解轨道交通2号线散场客流压力。客满发车，发车间隔15分钟，免费乘车。

根据停车场情况设置3条国家会展中心至临时停车场的短驳公交线路。针对距离场馆较远的停车场设置停车场接驳线。已确定的停车场中，P1、P2、P6、P7距会展有一定距离，分别设置停车场接驳线。

车展期间安排一定的应急公交运力储备，落实蓄车场地。

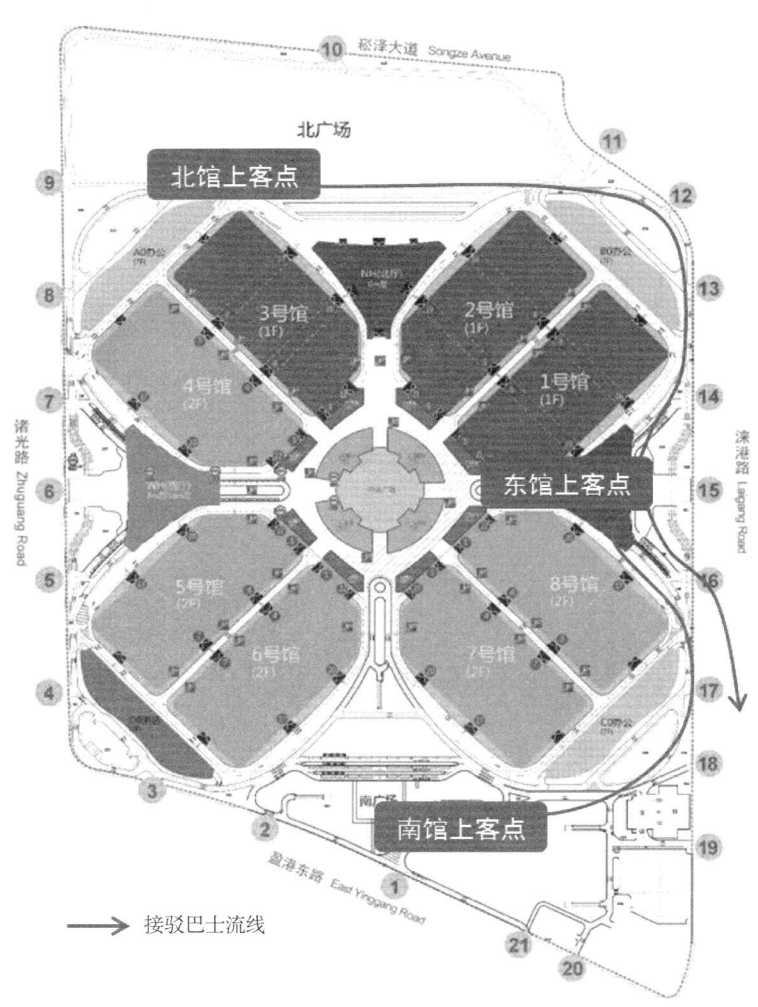

图 8-14 接驳巴士展馆内部上客点及流线

（5）出租车保障

车展离场期间，组织市域出租车进场服务，由涞港路 13 号门进入至 15 号门处出租车上客点，接客后由 16 门驶离展馆。为确保出租车站点上的客流能够及时、安全、快速地疏散，对现场出租车的供应保障以计划为主，电调为辅。车展期间，每日下午及散场晚高峰 15 时至散场结束，协调 4 大出租汽车企业联合组织值班运力对车展散场实施驻点保障。

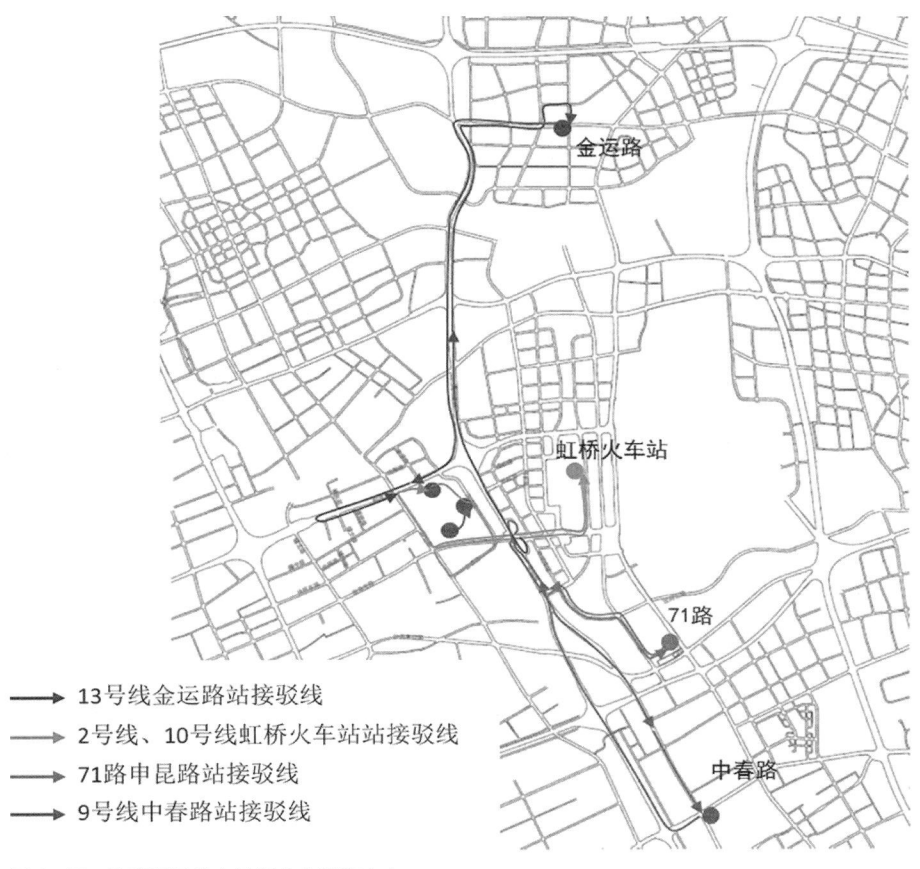

图 8-15　轨道枢纽站点接驳公交线路走向

（6）综合交通管理保障

基本延续 2015 年方案，包括票务管理、信息服务管理、大客流安全风险管理。

8.3 / 交通跟踪评估

8.3.1 客流特征评估

通过两届车展的跟踪评估，国展汽车展会交通需求呈现以下 4 个主要特征：

（1）客流总量随展会规模波动，最大客流日出现在双休日。

车展展会日均客流约 10 万人次。最大客流出现在 2015 年上海车展，即 2015 年

4月25日(周六),达到19.1万人次。同场展会的日最大客流一般出现在双休日。

(2) 车展客流与城市日常高峰重叠。

汽车展会的观众到、离场时间,进场高峰与开展时间相关,一般在开展前1小时和后1小时,可能与日常高峰重叠;离场高峰与闭馆时间关系不大,一般为16:00—18:00,基本与日常高峰重叠。

(3) 车展客流来源以长三角为主,客流分布以东侧中心城方向为主。

汽车展会的客流来源,80%以上客流来自本市及江、浙两省,约20%客流来自国内其他省市,少数来自港澳台及国际社会。场馆客流基本以东侧中心城方向为主,约占总客流的65%～70%,其他30%～35%的客流来自西侧郊区及长三角方向。

(4) 车展客流出行方式以轨道交通和小客车为主。

根据往年车展客流分析,到场交通方式轨道交通约占43%,小客车约占37%,两者共承担了约80%的客流。由于区位特点,国家会展中心的车展客流小客车方式偏好强。

8.3.2 交通运行情况评估

以2017年车展为例分析展会期间周边交通设施运行情况。

1) 轨道交通

经行车交路调整后,轨道交通2号线国家会展中心站段运能比较充裕。由于车展期间轨道交通2号线工作日非早高峰时段及双休日高峰时段行车交路调整,国家会展中心站的运能有所提升,故国家会展中心站段满载率在50%以下,基本满足客流需求。车展期间国家会展中心站日均进出站量达到8万人次(单向),最大客流日超过10万人次(单向,较平时工作日上升约130%),离场时高峰小时单向进站极端需求达到2万人以上,组织排队进站,高峰进站时间在15～30分钟左右。

2) 道路交通

延安路高架—G50为会展主要高快速路通道,承担展会约50%车流量。东侧中心城车辆往返会展中心的通道主要为南部延安路高架—G50,承担了约50%车流量,较平时增长约50%。西侧郊区及江浙车辆往返会展中心的通道主要为G15—崧泽高架,约承担总车流量的26%,较平时增长60%以上。

地面道路诸光路、崧泽大道、盈港东路部分路段高峰拥挤。在车展大客流情况下(4月22日),周边道路未出现长时间拥堵,但是诸光路、崧泽大道、盈港东路部分路段高峰仍出现了阶段性拥挤。诸光路是邻近主要客流集散道路,高峰期间受进出场车辆影响,路段饱和度达到 0.9 以上。北侧崧泽大道受崧泽高架匝道影响交通量也始终处于较高水平,高峰时段近饱和。南侧盈港东路衔接建虹路高架,是中心城快速到、离会展中心的重要通道,在早晚高峰路段饱和度达到 0.7 以上,且早晚高峰车流潮汐性明显。

3) 停车情况

车展准备的停车泊位基本满足需求,距离近的停车场利用率高,距离远的利用率一般。车展期间总计停车近 11 万车次,双休日单日停车量最大,逾 1.5 万车次,工作日单日停车约 1 万车次,准备的停车泊位基本满足需求。距离会展较近的南广场、北广场、P3 停车场周转利用率较高,距离较远的 P1、P6、P7 周转利用率一般。

8.3.3 评估建议

(1) 轨道交通 2 号线作为最关键的集约化出行方式,2018 年轨道交通 17 号线通车后,服务会展中心的轨道交通变为 3 线 3 站,运能将增加,但考虑到轨道客流流线和站点便利程度,轨道交通 2 号线以及国家会展中心站仍是主要服务车展的主要轨道线路和轨道站点,建议进一步优化轨道交通运营和轨道站点的客流引导,缓解轨道交通 2 号线和国家会展中心站的交通压力。

(2) 配套停车场建设滞后,停车矛盾突出,临时地块停车由于位置不固定,利用率难以均衡,造成不必要的绕行和停车资源的浪费。建议研究国家会展中心与周边停车场的长效共享机制。

(3) 随着周边道路的固化,建议完善场馆内部与外部公交站点、出租车上客点、二层步廊和停车场的交通指引,均衡道路交通流量。

第 9 章
第十届中国花卉博览会
——郊区特殊区位有限通道的大型会展活动交通保障

9.1 / 概述

9.1.1 花博会概况

中国花卉博览会(简称"花博会")始办于 1987 年,是中国规模最大、档次最高、影响最广的国家级花事盛会,集中展示我国花卉业丰硕成果,反映中国源远流长的花卉文化,融观赏性、艺术性、专业性、商业性、趣味性和知识性于一体,促进中外花卉产业交流与合作,被誉为中国花卉界的"奥林匹克",对促进交流、扩大合作、引导生产和普及消费等方面起着巨大的推动作用,对我国花卉业的发展有着深远的影响。

2018 年 4 月,上海崇明区获 2021 年第十届中国花博会承办资格,举办时间为 2021 年 5 月 21 日—7 月 2 日,为期 42 天,包含 10 天周末和 3 天端午假期。本次花博会坚持"生态办博、创新办博、勤俭办博"的理念,努力打造一届"生态、创新、人文、共享"的世界级花事盛会(图 9-1)。这也是崇明区首次举办的国家级博览会,花博会的成功举办将对展示崇明良好的城市环境和城市面貌,提升城市形象有着重要意义。

如图 9-2 所示,花博园区位于上海市崇明区东平镇,现状会址上已有东平森林公园,在此基础上向北拓展。会址距离上海市区人民广场 90 千米,距离启东东站 60 千米。总体来看,花博园区距离市区及启东距离均较远,区位特殊。

第 9 章

图 9-1 崇明花博园展区

图 9-2 花博园展区位置

9.1.2 交通保障难点

本次花博会是首次在岛屿上、乡村里、森林中举办的花博会,距离市区较远,这一特殊区位是区别于其他大型活动交通保障的最特别之处,由此引申出一系列交通保障工作的难点。

1) 特殊区位使出行方式单一、通道单一

由于崇明线轨道交通尚未建成,上海市区到崇明岛目前主要依托 G40 长江隧桥陆路通道和申崇轮渡水陆通道。水路客轮运送能力有限,故主要进出岛方式为道路交通。另外,出入岛道路通道只有 G40 长江隧桥,因此花博会期间该通道的畅通有序是交通保障的难点。

现状 G40 通道工作日运行良好,单向日交通量在 2.5 万标准车当量数左右,存在节点型拥堵;周末运行较好,周六入岛方向日交通量在 3.6 万标准车当量数左右,高东收费广场出现小范围缓行;收费节假日出现一定范围的拥堵(排队至杨高北路),首日入岛方向日交通量 5 万标准车当量数左右;2020 年五一(免费节假日)出现极端拥堵(排队至翔殷路隧道)。叠加花博会客流,若不采取保障和控制措施,给本已脆弱的 G40 通道带来更大压力,严重的拥堵一方面使游园体验不佳,另一方面拥堵状况若蔓延至中心城区,对全市快速路网造成影响。

2) 岛内园区周边道路条件不佳

花博园区位于乡村农林地带,周边主要为农村公路,等级较低,通行条件差,大多数无法作为双向 2 车道使用(图 9-3、图 9-4)。日常东平森林公园周末客流在 1 万人次/日左右,道路条件基本可满足,但叠加花博会客流,且有一定量大客车的通行需求,目前园区周边道路条件无法满足,将会造成节点型拥堵。

图 9-3 建设公路花博会前路况

图 9-4 东瑞路花博会前路况

基于"勤俭办博"的要求,考虑到后续设施的实用性和综合效益,交通保障一方面要选取关键的道路进行新改扩建,增加道路设施供给;另一方面要对个体交通进行一定的引导和控制,充分发挥集约交通作用,降低个体储量出行需求。

3)距离市区较远,对交通服务的品质要求高

根据前期客流专题预测,园区距离人民广场90千米,特殊的区位使交通系统服务水平对游客观展意愿有极大影响。因此交通保障不止要可达,还需便捷、快速、舒适等,对整体保障工作提出了更高的要求。

4)持续时间长,要求保障措施有灵活性

花博会举办时间为2021年5月21日—7月2日,为期43天,包含10天周末和3天端午假期。工作日、普通周末、端午节有其不同的交通特征,相应的交通保障措施不能一套方案做到底,需针对不同阶段制订专有方案,并形成灵活的调整机制,随展会进程适当调整。

9.2 / 交通需求承载力分析

花博会举办期间包含10天周末和3天端午假期,由于进出崇明岛通道单一,园区周边道路条件有限,无花博会的情况下节假日期间道路通道已承受较大压力,因此有必要从交通承载力角度对花博会客流需求进行测算,针对外部交通和园区周边交通,分析难点和瓶颈点,并提出客流控制建议。

■ 9.2.1 进出岛交通容量测算

1)分析基础

(1)时间分布

开园时间8:30—18:30,共10个小时。预计入园时间分布在8:30—12:30,离园高峰分布在14:30—18:30。

(2)客流来源分布

客流来源主要分为3个方向,一是市区方向,即市区当日入岛;二是南通启东方向,即北部来向当日入岛;三是崇明岛内部出行,包含崇明当地居民和在崇明住宿的

客流。预期主要来源是市区方向。

(3) 主要保障措施

市区至崇明岛,一是开设多条从各交通枢纽直达园区的花博会专线。二是打造特色水陆联程联运体系,将轮渡客运能力从现在的 1 430 人次/小时挖潜提升至约 3 000 人次/小时,两端分别设置公交接驳线。三是园区周边设置了 5 组 8 处(包含一处后勤停车场)停车场。小车泊位实行停车预约措施,控制小汽车出行。四是研究设置花博会专用道,在周末和端午假期日 6:00—22:00 双向设置,从五洲大道(张杨北路)起,经五洲大道—G40—陈海公路—蟠龙公路至花博会,全长约 76 千米,供集约车辆优先通行。五是岛内设施提升,包括陈海公路 4 拓 6、崇明生态大道建设等。六是在周末和端午假期 G40 上海段实行货车时段限行。

(4) 交通方式概况

根据既有保障方案,岛外到、离园区的交通方式主要有小汽车、水陆联运、花博会专线和旅游大巴,岛内交通方式包括小汽车、公交车(包括旅游专线)、旅游大巴和出租车。总体上,花博会出行方式可概括为道路、水路两种,而水路两端也需要车辆连接,因此道路交通承担了大部分客流。

根据展期特点和地区交通特点,将整个展期分为工作日、周末、端午节 3 个阶段进行交通分析。

2) 工作日交通分析

(1) 岛外交通设施承载力分析

如表 9-1 所示。道路交通方面,市区入岛的交通节点包括翔殷路隧道、五洲大道、高东收费站和长江隧道。根据工作日到场方向高峰断面流量推算花博会期间背景交通量,结合节点通行能力分析,翔殷路隧道为主要的交通瓶颈点,高峰小时能力剩余不足 500 标准车当量数,五洲大道高峰小时能力剩余约 900 标准车当量数。北部启东方向入岛的节点为崇启大桥、向化公路收费站,从流量和能力分析来看,通行能力有较大富余。

表 9-1 工作日花博会相关设施交通承载力分析

	到场方向	主要节点	剩余容量
道路(断面交通量,标准车当量数/小时)	市区入岛	翔殷路隧道	400
		五洲大道	900
		高东收费站	1 500
		长江隧道	1 500

(续表)

到场方向		主要节点	剩余容量
道路（断面交通量，标准车当量数/小时）	北部入岛	崇启大桥	3 600
		向化公路收费站	1 700
水运		轮渡（人次/小时）	2 200
停车（个）		小车泊位	—
		大车泊位	—
		园区公交枢纽发车位	—
		园区出租车上下客泊位	—

注：高东收费站通行能力取 2018 年 6 月 16 日收费不限流模式下最大流量 5 800 标准车当量数/小时。
轮渡 3 000 人次/小时为挖潜后能力，其余设施能力即为现状能力。

水运方面，目前轮渡客运能力 1 430 人次/小时，可挖潜至约 3 000 人次/小时，从目前客流看，挖潜后约有 2 000 人次/小时的运能可服务花博会。

停车方面，园区周边设置了 5 组 8 处（包含一处后勤停车场）停车场，市区方向小汽车车辆全部需提前预约。

（2）从承载力角度测算客流规模

结合道路瓶颈、轮渡能力、停车泊位三方面承载力测算客流规模。其中，最主要的限制条件就是翔殷路隧道这一瓶颈。在控制翔殷路隧道高峰小时花博会交通量 600 标准车当量数以内的前提下，各道路方式车辆规模承载力如表 9-2 所示，其中花博专线和旅游大巴车型类似，车辆规模可互相转换。

表 9-2　基于道路承载力的市区入岛车辆规模测算

方式	车辆规模（车次/日）	客流规模（万人次/日）	说明
小汽车	1 400～1 500	0.4	大、小车共约 3 300 标准车当量数/日，高峰小时约 1 000 标准车当量数，按 65% 车辆走翔殷路隧道算，高峰小时经过翔殷路隧道约 600 标准车当量数
花博会专线	400	1.4	
旅游大巴	500～600	1.6	

基于车辆规模，推算至全方式、全方向的客流测算，客流交通方式如表 9-3 所示。

表 9-3 各方向客流情况

工作日	岛内出行客流		北部入岛	市区入岛	合计
	岛内居民	岛内住宿			
单向客流（万人次）	1	1	1	4	7
占比	14%	14%	14%	57%	100%

在集约引导、小汽车控制、翔殷路隧道分流等措施综合作用下，单日客流 7 万人次（其中市区入岛 4 万人次），市区入岛车辆规模控制在日 3 200～3 400 标准车当量数，整体交通状况可控。

3）周末交通分析

（1）岛外交通设施承载力分析

如表 9-4 所示，分析相关交通节点现状，周六同周日呈现不同特点，总体上入岛方向交通量周六大于周日。道路交通方面，根据周末到场方向高峰断面流量推算花博会期间背景交通量，结合节点通行能力分析，周六的高东收费站为主要交通瓶颈点。周日市区入岛方向、北部启东入岛方向，从流量和能力分析来看，通行能力有较大富余。水运和停车能力同工作日情况。

现状周六约 8:00—11:00，在高东收费站至外环高速间，车辆出现 1～2 千米长的以时速 5～10 千米的缓行，拥堵时间持续 2～3 小时，通行延误时间 20～30 分钟。交警部门在拥堵情况出现后，为保障隧道内车辆的通行安全，对高东收费站附近采取限流措施，使高东收费站和长江隧道通行能力大幅下降。此时的交通设施承载力取决于对拥堵严重性的容忍度，即对拥堵时长、排队长度的忍受度。建议叠加花博会客流，车辆排队长度不超 3 千米，持续时间不超 4 小时，通过高东收费站延误时间控制在 30～40 分钟。

表 9-4 周末花博会相关设施交通承载力分析

到场方向		主要节点	剩余容量	
			周六	周日
道路（断面交通量，标准车当量数/小时）	市区入岛	翔殷路隧道	900	1 100
		五洲大道	1 900	2 900
		高东收费站	出现 1～2 千米缓行	1 900
		长江隧道	700～1 000	2 000

(续表)

到场方向		主要节点	剩余容量	
			周六	周日
道路（断面交通量，标准车当量数/小时）	北部入岛	崇启大桥	4 400	3 300
		向化公路收费站	1 600	1 650
水运		轮渡（人次/小时）	2 100	2 100
停车（个）		小车泊位	—	—
		大车泊位	—	—
		园区公交枢纽发车位	—	—
		园区出租车上下客泊位	—	—

（2）从承载力角度测算周末客流规模

① 周六客流测算

根据测算，当周六花博会市区入岛车辆规模控制在日 4 300～4 500 标准车当量数、高峰小时入岛 1 300 标准车当量数左右时，高东收费站前车辆排队长度不超 3 千米，通过延误时间控制在 30～40 分钟。另外，结合翔殷路隧道通行能力、轮渡能力、停车泊位等各方面承载力，推算至全方式、全方向客流测算。

如表 9-5 所示，总体上，在集约引导、小汽车控制、长江隧桥禁行大型货车等措施综合作用下，考虑出行意愿，单日客流 8.5 万人次（其中市区入岛 4.5 万人次），市区入岛车辆规模控制在日 4 300～4 500 标准车当量数，高东收费站拥堵状况在可接受范围。

表 9-5 各方向客流情况

周六	岛内出行客流		北部入岛	市区入岛	合计
	岛内居民	岛内住宿			
单向客流（万人次）	1	2	1	4.5	8.5
占比	12%	24%	12%	53%	100%

② 周日客流测算

周日的翔殷路隧道和长江隧道道路相对成为通道瓶颈，停车场容量、轮渡运力也成为重要制约因素。入岛方向交通流量低于周六和端午节首日，翔殷路隧道和长江隧道，高峰小时能力剩余约 1 000 标准车当量数。

周日客流规模和方式配置同周六一致，入岛方向除园区周边停车场区域饱和外,其余交通系统满足承载力。周日一般在长江隧桥的往上海市区方向出现大流量,但由于返程客流相对均衡,且交警部门会在沪苏收费站、陈海公路收费站处设置限流点,因此返程交通秩序可控。

(3) 岛外花博专用道测算

① 周日情况

根据周末交通情况分析,周日花博会外部交通瓶颈主要为停车场,五洲大道、高东收费站、G40通道压力不大。因此周日,在五洲大道—高东收费站—G40上设置入岛方向的专用道,对花博会交通服务品质和体验度有所提升,对花博会交通行程时间的改善作用不明显。

② 周六情况

现状周六上午高东收费站前呈现常态化的车辆有1~2千米缓行,拥堵时间持续2~3小时,通行延误时间20~30分钟。若此时在五洲大道—高东收费站—G40上设置入岛方向的专用道,可有效缩短花博会专线等集约车辆的行程时间,但相应的对社会车辆而言,高东收费站通行能力下降约20%,长江隧道通行能力下降约1/3,预计社会车道排队长度超3千米,拥堵持续时间超4小时。

4) 端午假日交通分析

(1) 岛外交通设施承载力分析

端午节3天呈现不同交通特点,入岛方向交通需求首日大于第二日、第三日。如表9-6所示,总体上端午节交通瓶颈点特征同普通周末一致,节假日首日的高东收费站为主要的交通瓶颈点。后两日市区入岛方向、北部启东入岛方向,从流量和能力分析来看,通行能力有富余,同普通周日情况类似。水运和停车能力同工作日情况。

表9-6 端午节花博会相关设施交通承载力分析

	到场方向	主要节点	剩余容量	
			首日	第二日
道路(断面交通量,标准车当量数/小时)	市区入岛	翔殷路隧道	1 000	1 000
		五洲大道	2 300	2 800
		高东收费站	出现4千米缓行	1 416
		长江隧道	限流状况下饱和	1 000
	北部入岛	崇启大桥	3 500	2 200
		向化公路收费站	1 600	1 600

(续表)

到场方向	主要节点	剩余容量	
		首日	第二日
水运	轮渡（人次/小时）	2 100	2 100
停车（个）	小车泊位	—	—
	大车泊位	—	—
	园区公交枢纽发车位	—	—
	园区出租车上下客泊位	—	—

根据指挥中心端午节专报，2019 年端午节首日（6 月 7 日），7 时 39 分，G1503 东环内圈五洲大道外环立交至高东出口车辆通行缓慢，最大排队长度 4 千米，至 15 时 50 分恢复正常，拥堵持续时间超 7 小时。因此，端午节首日高东收费站已呈严重拥堵状态，此时花博会无论多少客流都将加剧拥堵。综合考虑端午节入岛观展的意愿，预计端午首日客流同周六一致，后两日客流同周日一致。

（2）端午客流测算

如表 9-7 所示，在集约引导、小汽车控制、长江隧桥禁行大型货车等措施的综合作用下，考虑出行意愿，单日客流 8.5 万人次（其中市区入岛 4.5 万人次），市区入岛车辆规模控制在日 4 000 标准车当量数左右，端午首日高东收费站前出现常态化长时间排队，端午后两天长江隧道内近饱和。

表 9-7 各方向客流情况

周六	岛内出行客流		北部入岛	市区入岛	合计
	岛内居民	岛内住宿			
单向客流（万人次）	1	2	1	4.5	8.5
占比	12%	24%	12%	53%	100%

（3）岛外花博会专用道测算

端午节花博会专用道岛外段运行特征同周末类似。

端午节后两日花博会外部交通瓶颈主要为停车场，五洲大道、高东收费站、G40 通道压力不大。因此端午后两日，岛外通道设置入岛方向的专用道，可有效提升花博会交通服务质量和体验度，对花博会交通行程时间的改善作用不显著。

端午节首日在五洲大道、高东收费站、G40 设置入岛方向的专用道，可有效缩短花博会专线等集约车辆的行程时间，但相应的对社会车辆而言，高东收费站通行能力下降约20%,长江隧道通行能力下降约1/3,预计社会车道排队长度超6千米,从杨高北路立交开始即车辆通行缓慢,拥堵持续时间超10小时。

9.2.2 园区周边交通容量测算

花博园周边停车资源充足,但道路资源有限,多数集散道路仅为双向2车道,而机动车是花博会参展末端集散的唯一方式,到、离场高峰时段背景车流量叠加花博会车流给道路运行带来较大压力。因此,有必要从道路承载力角度测算背景车流叠加花博会车流的道路运行情况,为花博会停车位预约量提供参考。

1)测算思路

(1)管控区条件下,背景交通道路运行情况。

(2)叠加花博会专线、水陆联运接驳线、岛内公交和停车场接驳线等公共交通车流量。

(3)叠加花博会大客车、小客车车流量,从道路承载力角度提供停车位预约量建议。

2)背景交通

背景交通车流量分为居民、单位、过境交通。

(1)交通产生点分区

如图9-5、图9-6所示,在管控区条件下,将花博园周边范围(即管控区车辆摸底范围)分为7个区域。其中,3个区域在管控区以外,分别为东风公路以北、建设公路以西、东瑞路蟠龙公路以东,这些区域内车辆不能通行东风公路、建设公路、蟠龙公路和东瑞路(管控区边界)。4个区域在管控区以内,分别为园西路以西、北沿公路以南、林风公路以东和花博园内部。

(2)背景交通高峰小时出行车辆数

如表9-8所示,背景交通车流量分为居民、单位、过境交通。根据排摸,排摸范围内共有居民和单位车辆1.6万辆,其中约7 100辆在管控区内,另外有过境车辆约2 000辆/日。居民车辆在早高峰时流动方向为往外扩散,主流向为向南,晚高峰相反,取出车率0.5、高峰小时系数0.25,得到高峰小时总体出行车辆1 623标准车当量数。单位车辆所在地早高峰为吸引点,用车比例较居民高,取出车率0.9、高峰小时系数0.25,计算得到高峰小时总体出行车辆686标准车当量数。另外,过境交通取出车率0.9、高峰小时系数0.25,得到高峰小时总体经过车辆数450标准车当量数。

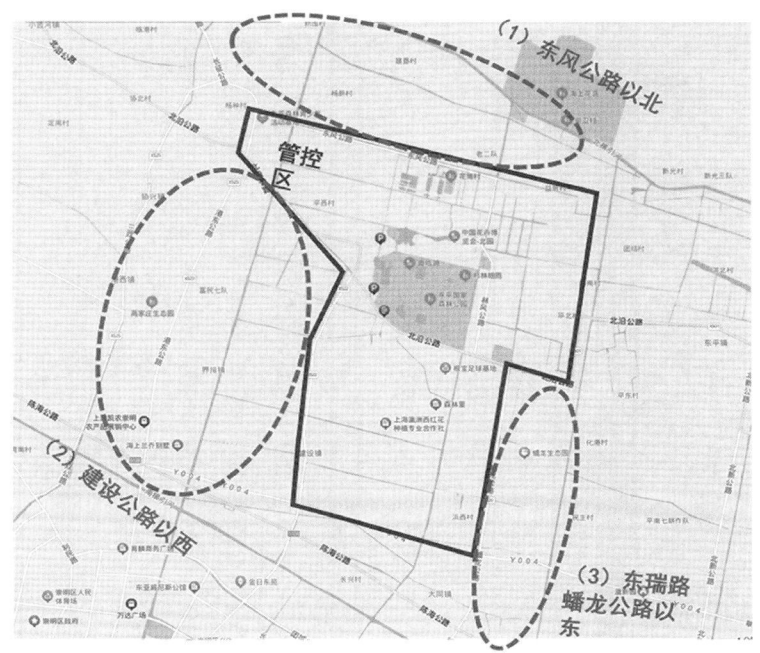

图 9-5 管控区外部 3 个分区

图 9-6 管控区内部 4 个分区

表 9-8　背景交通高峰小时出行车辆数测算

		摸底情况（标准车当量数）			居民车辆			单位车辆			居民和单位小计	过境车辆			
		合计	单位登记	家庭登记	出车率	高峰小时系数	高峰车辆数（标准车当量数）	出车率	高峰小时系数	高峰车辆数（标准车当量数）	高峰车辆数（标准车当量数）	总数（标准车当量数）	出车率	高峰小时系数	高峰车辆数（标准车当量数）
管控区以外	东风公路以北	664	169	495	0.5	0.25	62	0.9	0.25	38	100				
	建设公路以西	6 280	457	5 823	0.5	0.25	728	0.9	0.25	103	831				
	东瑞路蟠龙公路以东	1 953	396	1 556	0.5	0.25	195	0.9	0.25	89	284				
管控区以内	园西路以西	579	148	431	0.5	0.25	54	0.9	0.25	33	87				
	北沿公路以南	4 221	707	3 515	0.5	0.25	439	0.9	0.25	159	598				
	林风公路以东	1 721	553	1 168	0.5	0.25	146	0.9	0.25	124	270				
	花博园内部	620	620	0	0.5	0.25	0	0.9	0.25	139	139				
管控区内小计		7 141	2 027	5 114			639			456	1 095				
管控区外小计		8 896	1 022	7 874			984			230	1 214				
合计		16 036	3 049	12 988			1 623			686	2 309	2 000	0.9	0.25	450

另外,花博会还有一部分工作车辆,但考虑到其早出晚归的特征,同其他背景交通错峰出行,因此不计入背景交通。

(3) 背景交通状况下道路承载力分析

将背景交通高峰小时出行车辆数分配到周边路网,再根据道路通行能力,计算道路承载力。考虑到道路线形、断面条件、信号灯等因素,在通行能力设定上较一般城市道路有折减,支路取 400 标准车当量数/小时,次干路 500 标准车当量数/小时,主干路 700 标准车当量数/小时。如图 9-7 所示,其中,老北沿公路、林风公路、风瀛路和东瑞路虽然采用单行 2 车道组织,但受限于道路条件,并不能达到 2 车道的能力,因此路段通行能力按照 500 标准车当量数/小时计算。

图 9-7　背景交通状况下道路承载力分析

分析可得,周边道路整体承载力有冗余,但港东公路交通量大大超过其通行能力。由于管控区限制,建设公路以西片区车辆不能走建设公路,只能走港东公路,而该片区内包含约 10 个村,拥有车辆超 6 000 标准车当量数,早晚高峰仅双向 2 车道的港东公路将出现拥堵。

3）叠加花博会公共交通车辆

如表9-9所示,花博会公共交通车辆包括花博会专线、水陆联运接驳线、岛内公交和停车场接驳线,根据其班次安排和运力要求可计算出每小时出行车辆数,总体约每小时278标准车当量数。再根据交警支队提供的到、离停车场流线将车辆数分配到相应道路上。

表9-9 花博会公交出行车辆数测算

		线路数	各线路每小时车辆数	每小时车辆数	转换为标准车当量数	估算方法
花博会专线		7	6	42	84	15分钟一班,1小时4班,高峰算宽裕点6班
水陆联运	南门码头	1	14	14	28	高峰小时运能1 500人,去掉背景客流（南门800,新河200）,每辆公交车载客50人
水陆联运	石洞口码头	1	18	18	36	高峰小时运能1 100人,去掉背景客流（南门800,新河200）,每辆公交车载客50人
岛内公交	往陈家镇	6	4	24	48	15分钟一班,1小时4班
岛内公交	往南门	3	4	12	24	15分钟一班,1小时4班
停车场接驳线	接驳建设公路停车场	1	18	18	36	1 100个小车位,约3 300人,高峰小时系数0.27,每小时需接驳891人,按50人一车计算需18辆车
停车场接驳线	接驳北沿公路东侧停车场	1	4	4	8	230个小车位,约690人,高峰小时系数0.27,每小时需接驳186人,按50人一车计算需4辆车
停车场接驳线	接驳北沿公路西侧停车场	1	7	7	14	420个小车位,约1 260人,高峰小时系数0.27,每小时需接驳340人,按50人一车计算需7辆车
合计				139	278	

4) 叠加花博会大客车和小客车

如表 9-10 所示,花博园共 10 个游客停车场,其中 7 个近端停车场(包含 3 个大客车停车场、4 个小客车停车场,在管控区内)、3 个远端停车场(均为小客车停车场,在管控区外,通过接驳公交入园),共可提供小客车位 8 153 个,大客车位 967 个。后勤及备用停车场暂不计入。

表 9-10 花博园周边停车场规模

编号	停车场名称	功能	小汽车位/个	大客车位/个
1	北 P2	小汽车 + 出租车	3 265	
2	北 P3	旅游大巴		330
3	北 P5	旅游大巴 + 小汽车	150	425
4	南 P1	小汽车	378	
5	南 P2	旅游大巴	37	212
6	南 P3	小汽车	1 881	
7	北 P4	小汽车	692	
	游客近端停车场小计		6 403	967
8	建设公路停车场	管控区外小汽车	1 100	
9	北沿公路东侧停车场	管控区外小汽车	230	
10	北沿公路西侧停车场	管控区外小汽车	420	
	游客远端停车场小计		1 750	
11	北 P1	公交枢纽		497
12	后勤停车场	管理用车泊位	182	66
13	南 P1 备用	管理用车及备用	891	40

(1) 停车场满负荷运作下道路运行情况

如图 9-8 所示,将 10 个游客停车场按照满负荷全部预约出去的情况,取高峰小时系数 0.27,叠加至道路上,计算道路承载力。其中,为方便管理,北 P5、南 P2 都作为大客车停车场预约,小客车位不计入。

测算显示,港东公路受管控区影响压力大。建设公路是水陆联运接驳线、停车场接驳线和另外 6 个大、小客车停车场进出的主要通道,双向 4 车道且道路条件不佳,交通压力大。陈海公路是对外联系的东、西向主要通道,所有游客停车场的到

图 9-8 停车场满负荷情况下叠加花博会车流道路承载力情况

发都依赖于陈海公路,高峰情况下交通压力大。林风公路、北沿公路东段、园西路是多个停车场进场通道,部分路段通行条件不佳,高峰情况下交通压力大。风瀛路、东瑞路是若干停车场车辆离场通道,受限于道路条件通行能力不佳,离场高峰情况下交通压力大。北沿公路单行段是多个关键停车场的进出通道,通行压力大。

(2) 从道路承载力角度削减停车位

如图 9-9 所示,对各停车场规模进行不同程度的削减,以减轻道路压力。在此情况下,根据道路承载力测算显示,港东公路受管控区影响,承担周边背景交通,交通压力依然大。建设公路、风瀛路、东瑞路压力有所减轻,处于近饱和的临界状态。林风公路压力有所减轻,但高峰状况下仍过饱和。北沿公路单行段仍然处于过饱和的状态。北沿公路东段压力有所减轻,仍处于饱和状态,是江苏方向来车的主要路径,若江苏方向需求增加则面临较大挑战。

在此情况下,每日可运送花博会参展客流约 6.2 万人次(单向),节假日花博会专线班次增加,则客流可进一步增加。客流具体构成如表 9-11 所示。

图 9-9 削减停车场后道路承载力情况

表 9-11 周边道路承载力角度花博园日客流测算

承载力角度花博园日客流(人次,单向)		车次/班次	车均载客/人	人次/人
停车场	大客车	770	40	30 800
	小客车	4 750	2.5	11 875
花博会专线	工作日	200	40	8 000
	周末	333	40	13 320
	端午节	360	40	14 400
水陆联运	南门	—	—	2 500
	新河	—	—	3 000
岛内公交				6 000
合计	工作日			62 175
	周末			67 495
	端午节			68 575

9.2.3 客流需求控制建议

在不考虑交通承载力、不采取交通引导管控措施的情况下,花博会交通叠加背景交通,将造成交通瓶颈的严重拥堵,进而对面上交通产生影响,也降低了花博会的观展体验。因此,需采取一系列如引导集约交通方式出行、控制小汽车出行、均衡路径引导等措施。

从岛内园区周边交通看,受限于客观道路条件,园区周边道路面临巨大压力,停车场满负荷运作必然会造成园区周边高峰拥堵,必须对预约车位规模进行控制。建设公路和园区东侧顺时针单行组织的道路(北沿公路等)是园区周边的关键瓶颈点,需加强管理。

从市区进出岛交通看,工作日整体交通状况可控,花博会叠加通勤交通后翔殷路隧道略超承载力,出现一定程度拥堵。周六拥堵状况加剧,周日有所好转。端午期间拥堵严重,首日尤为突出。端午后两天,长江隧道将出现近饱和情况。

综合考虑观展出行意愿、交通设施承载力、集约交通方式引导,对花博会交通客流进行测算。总体上,从进出岛交通承载力角度测算出的客流量大于园区周边道路交通的承载力,但考虑到观展意愿以及园区周边还有条件挖潜,仍将进出岛交通承载力角度所得的客流数据作为花博会交通保障措施制订的基础。

9.3 / 交通组织方案

在前期客流预测和交通研判基础上,结合实际情况,制订花博会对外交通保障方案。

9.3.1 入岛交通出行方案

市区方向入岛集约交通保障,构建"7+N"的花博会陆路专线、"3+4"水陆联运线路和旅游大巴构成的多层次、集约化客运保障系统,同时对小汽车采取多种管控措施保障有序入岛。

"7+N"为依托市区轨道交通7站9线接驳的公交枢纽。开设7条直达花博会陆路专线(共和新路汶水路枢纽、沪太路综合客运枢纽、嘉定新城枢纽、浦东龙阳路枢纽、五洲大道枢纽、金钻路临时枢纽和高桥长途客运站)采用公交化班次(高峰

10 分钟、低峰 15~30 分钟)加客满即发运营模式。N 为利用 10 条既有申崇专线剩余运能,在满足本底客流的基础上,提供二次中转换乘到达花博园,同时依托大型对外交通枢纽及各区客流集散点开通 10 条(虹桥枢纽、人民广场、上海南站、莘庄、嘉定安亭、顾村公园、五角场、世纪大道、东方体育中心和金山卫)直达花博园的定制巴士线路。"2+5"为依托 6 个码头 7 条航线、市区轨道交通 3 站 2 线以及市区、崇明"接驳专线",打造 2 条特色水陆联运线路和 5 条普通联运线路,共同承担本底客流和花博会客流,其中 2 条主要承担花博会客流的特色水陆联运线路石洞口线路衔接最优、吴淞线路时间最短。

市区方向及启东方向均鼓励通过旅游大巴包车入岛。鼓励旅行社结合票务运营方案,制订交游组合产品,提高团客比例。通过宣传引导入岛小汽车提早出行,错峰入岛,倡导上岛小汽车安装 ETC,新增花博会小汽车全预约入岛入园。

9.3.2 岛内交通出行方案

岛内集约交通依托 10(7 公交+2 旅游+1 花博园)个枢纽,以"7+2+1"公交线路为主,包括 7 条常规公交、2 条旅游公交和 1 条水陆联运"接驳专线"。

另外提供旅游巴士、小汽车、出租车保障措施,同时考虑 Evcard 和非机动车等多种方式作为补充。其中小汽车,包括 Evcard 全部需要预约停车。

9.3.3 园区周边交通方案

1)停车场设置

花博园区包含花博园主展区(北园)、东平森林公园及拓展区(南园),展区面积合计 5.9 平方千米,北园和南园共设置 6 组出入口,北园和南园各 3 组。根据出入口位置,统筹花博园建设园区周边近端停车场 10 处,全部纳入停车预约系统,合计小汽车泊位 7 404 个,大客车泊位 1 383 个(含公交车泊位 436 个),出租车泊位 75 个。花博大道两侧设置少量非机动车泊位。

2)公交枢纽及大巴停车场

园区南主出入口处设置 P1 枢纽停车场,提供 21 组发车位(17 组常规+4 组备用)、436 个停车位,能够满足 7 条花博会陆路专线、1 条水陆联运"接驳专线"、9 条岛内公交以及 10 条定制巴士的发车和上、下客及蓄车需求。枢纽内提供 60 千瓦充电桩 60 个,能够同时满足 120 辆公交车的充电需求。旅游大巴上、下客区及停车场设置在北园 3 号口的北 P3 和北 P5 停车场、南园 2 号口南 P2 停车场。

3）远端停车场和接驳方案

在北沿公路（北沿公路与北新公路交叉口东约 1.1 千米处、北沿公路与北新公路交叉口东约 3 千米处）、建设公路（青柏路停车场）3 处设置远端停车场，泊位合计 1 750 个，截流非预约车辆，游客可通过接驳线路到达园区。

9.4 / G40 通道专项组织方案

9.4.1 引导背景交通网络分流

1）翔殷路隧道分流

翔殷路隧道单向 2 车道，现状流量达到 3.5 万标准车当量数/日，已经处于饱和状态。

如图 9-10 所示，利用周边越江隧道，主要对周家嘴路隧道进行分流，同时，储备翔殷路隧道外牌小客车限行政策，引导外牌小客车至周家嘴路隧道。

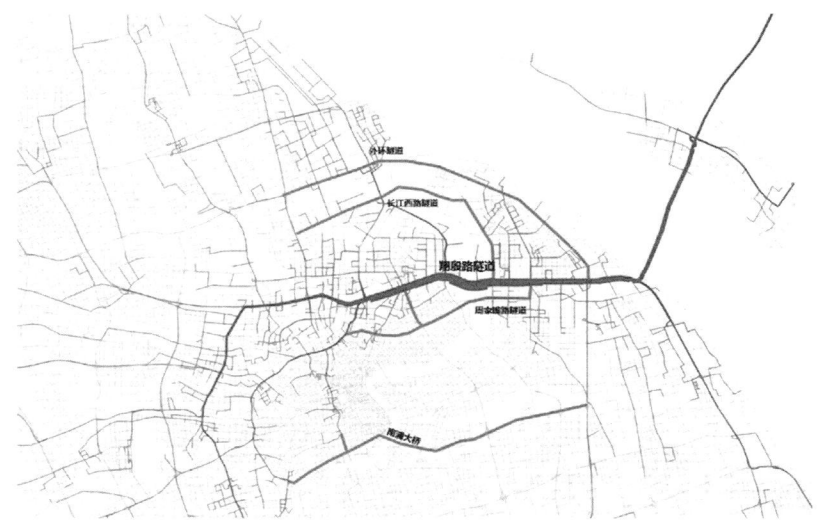

图 9-10 翔殷路隧道分流

2) 高东收费站至 G1503 机场方向分流

外环线至 G1503 机场方向的流量占五洲大道(外环线～高东收费站)断面总流量的 30%～50%。

如图 9-11 所示,引导外环线至 G1503 机场方向的车流避开拥堵点,沿外环线和东西联络道(龙东大道、华夏高架路、S1 迎宾高速等)绕行至 G1503。

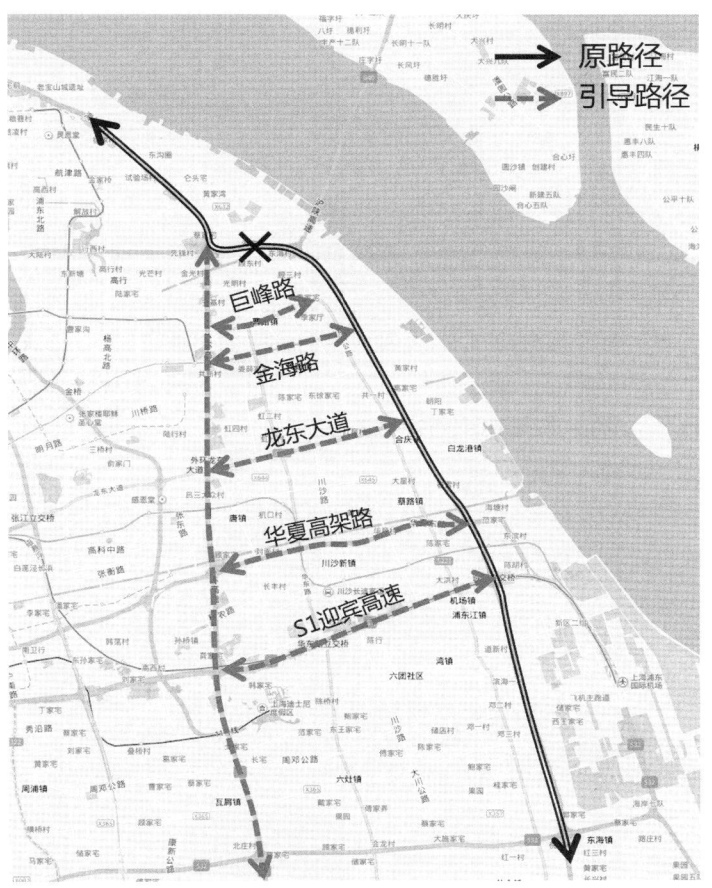

图 9-11　外环线至 G1503 机场方向分流

3) G40 过境交通分流

G40 隧道总流量中,跨省越江交通约占 30%～40%,长兴岛约占 15%～30%,崇明岛约占 40%～45%。

如图 9-12 所示,长三角联动,利用 G15 苏通长江公路大桥、新建的 S19 沪苏通长江公铁大桥等分流 G40 桥隧的过境交通。通过宣传引导和手机导航,实现过境分流的相互调节和动态均衡。

图 9-12　G40 过境交通分流

4）G40 周末和端午节黄牌货车禁止通行

黄牌货车约占 G40 隧道总流量的 10%。

如图 9-13 所示，现状 G40 在免费节假日（清明、劳动节、国庆首 2 日和末 2 日）已经实施黄牌货车 6 时至 20 时限行措施。

图 9-13　免费节假日已经实施 G40 黄牌货车 6 时至 20 时限行

花博会期间，周末和端午节延续该政策，预计全天减少黄牌货车约 1 700 辆/日（5 000 标准车当量数/日），高峰小时减少 140 辆/小时（400 标准车当量数/小时）。

9.4.2 引导入岛交通错峰出行

G40 隧道背景车流 3 万～6.3 万标准车当量数/日(总流量中跨省约占 30%～40%,长兴岛约占 15%～30%,崇明岛约占 40%～45%),花博会新增车流 3 400～4 500 标准车当量数/日(含小汽车和大客车)。

引导入岛交通(包括崇明背景交通和花博会参展交通)错峰出行,避开高峰时段。

9.4.3 设置花博会专用道

1) 服务对象

申崇公交、岛内公交、世博专线、背景大客车、定制巴士、旅游大巴等所有黄牌大客车。

2) 集约车辆主要路径

申崇线、花博会专线、旅游大巴等集约交通的主要路径为翔殷路隧道～五洲大道～G40～陈海公路。为提高五洲大道专用道利用率,将北面和南面的花博会专线引导至五洲大道/张杨北路出入口进出。

3) 集约车辆专用道总体布置方案

如图 9-14 所示,首先,通过集约出行＋引导分流,严控进入 G40 隧道的流量,确保 G40 运行平稳。其次,以此为前提,在五洲大道、G40、陈海公路等设置集约车辆专用道,黄牌大客车优先进出 G40 通道。最后在布置方式中,路中式专用道能减少匝道进出车流对专用道的影响,路侧式专用道便于匝道车辆的转入以及交警部门管理,综合比较两类专用道的优缺点,最终选取路侧式专用道。

9.4.4 节点优化

1) 提高收费站通行能力

如图 9-15 所示,采用一岛双亭、潮汐车道、移动收费站和人工收费/ETC 混合道等方式提升收费站通行能力;提高 ETC 使用率并降低故障率。

2) 加强瓶颈点交通组织管理

(1) 高东入口收费站

高东入口收费站:机场方向入口 2ETC＋2MTC,崇明方向入口 3ETC＋2MTC。

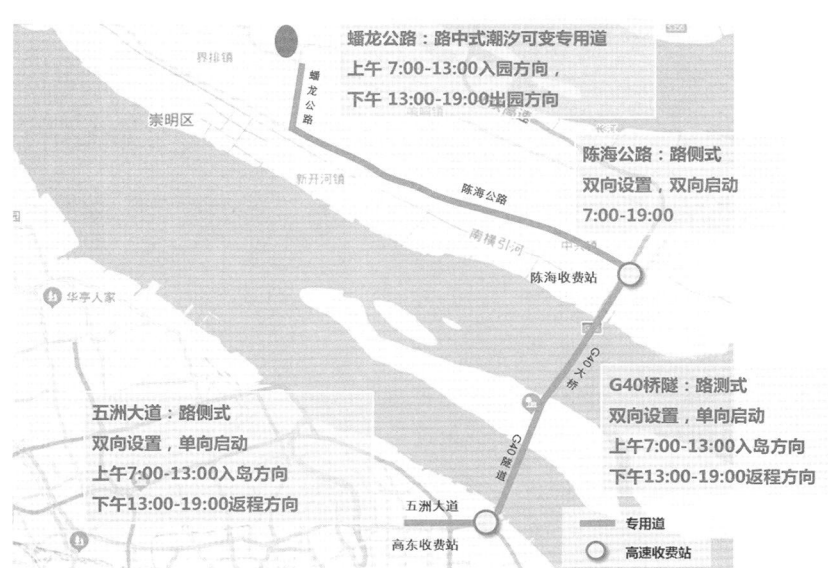

图 9-14 专用道总体布置方案

图 9-15 收费站"一岛双亭"

加强五洲大道收费广场（外环线～高东收费站）崇明方向与机场方向交织段的管理（图 9-16）。

图 9-16　五洲大道收费广场崇明方向与机场方向交织段

(2) 高东出口收费站

高东出口收费站：机场方向出口 2ETC+3MTC，崇明方向出口 3ETC+5MTC。

配合引导分流，限制 G1503 机场至市区方向车流，加强对崇明至市区方向车流的保障（图 9-17）。

图 9-17　五洲大道出口收费站

(3) 加强陈海公路收费站及匝道的交通指引

陈海公路入口收费站：2ETC+2MTC，陈海公路出口收费站：4ETC+7MTC。

如图 9-18 所示，加强至向化收费站的交通引导，分流陈海公路收费站压力。引导车辆通过岛内主要通道（陈海公路、北沿公路、崇明生态大道）至花博园区。结合陈海公路收费站的新建匝道，优化引导标志，均衡新、旧匝道的利用率。

3) 加强路侧专用道沿线出入口管理

与路中式专用道相比，路侧专用道设置简单（道路上的车道分界线无需调整，路

图 9-18 优化引导标识，均衡陈海收费站新旧匝道利用率

侧车道宽度 3.75 米能满足大客车行驶要求），运营组织灵活，在服务大客车的同时，也服务于沿线车流进出，因而受沿线出入口影响较大。如图 9-19 所示，为了在服务大客车通行和服务沿线车流进出之间取得相对平衡，需要加强对路侧专用道沿线出入口的管理，确保大客车运行畅通。尤其在五洲大道/外环线汇入处，外环线汇入车流对专用道影响最大。

图 9-19 五洲大道/外环线汇入点对专用道的影响

9.5 / 交通运行情况

9.5.1 客流特征

第十届上海崇明花博会,自 5 月 21 日至 7 月 2 日共 43 天,共入园游客 104.4 万人次(除去工作人员、志愿者等),日均入园游客 2.4 万人次,最高日为 6 月 26 日,约 4 万人次。

花博会游客入场高峰在 9:00—10:00,约 80% 的游客在 12 时前入场,周末入场更为集中,约 90% 的游客在 12 时前入场。

花博会游客离场自 13 时起开始大量游客离场,离场高峰在 14:00—15:00,在 17:00 前约 75%~80% 的游客已离场。

花博会到达和离开交通方式相近。方式结构中,以集约交通为主,旅游大巴和集约保障线路承担客流约占总客流的八成;小客车和出租车等约二成。

9.5.2 交通运行情况

1)运行情况

根据崇明岛特殊的地理位置和交通现状,以"需求调控、集约主导、水陆联运、设施保障"为交通保障总体策略,开设了 7 条花博会专线、10 条定制巴士线路、2 条水陆联运专线和 12 条岛内公交及旅游专线等各类集约交通专线,投入各类集约交通车辆 571 辆、申崇客轮 5 艘、出租车离园保障车辆 100 辆及开放各类可预约停车场 11 处（大客车位 770 个,小汽车位 5 492 个）,运营秩序平稳有序。

花博会期间累计运送花博会客运量 209.1 万人次（双向,下同）,日均 4.9 万人次,客流最高日为 6 月 26 日,达 8.0 万人次。集约交通出行占比高,客运量中旅游大巴方式出行占 64%、集约保障线路出行占 16%、小客车出行占 18%、出租车出行占 1%、其他方式出行占 1%。

2）主要特征

（1）花博会客流入场时间较为集中,离场时间相对分散。由于区位特殊,路程较长,花博会客流倾向于早到园区,为游览留出较多时间,因此旅游大巴到达时间较为集中,市区花博会线路客流也集中在前 2 个小时班次,使到达花博园的时间集中在 9:00—10:00 之间,该小时入场占比达到约 35%；离场时间较早,自 13 时开始便有大量游客离场,离场游客高峰在 14:00—15:00,小时离场占比约 23%,由于园区运营至 21 点,部分游客选择观赏晚间节目,周末离场分布更为均衡且参与夜场的游客较多。

（2）花博会客流以团队出行为主,工作日客流大于双休日、节假日。工作日日均运送客流 5.1 万人次,双休日及端午节日均运送客流 4.2 万人次。主要由于鼓励职工观博、学生观博,团体游客占比达到 61%,且主要在工作日参观游览,工作日客流大于双休日。

（3）集约交通出行方式占比高,周末小汽车出行方式显著提高。总体集约交通出行比重超过 80%,工作日超过双休节假日,小汽车出行工作日小于双休节假日。

9.5.3 成功经验和做法

1）充分实现集约主导的策略

面向市区、岛内、长三角及外地游客观展出行需求,构建"集约主导、水陆联运"客运交通保障体系,一是市区方向入岛依托轨道交通 7 站 9 线开设 7 条花博会陆路专线,依托大型对外交通枢纽及各区客流集散点开通 10 条花博会定制巴士线路,开设 2 条特色水陆联运；二是岛内构建 10 条花博会公交为主体、出租车为补充的客运交通系统；三是长三角方向,以市场化为主鼓励通过旅游大巴包车入岛,同时提供包括换乘定制巴士、花博会专线等便捷的集约交通方式。在缺少轨道直达的条件下,本届花博会集约交通线路运送乘客占散客比重达到 45%,含旅游大巴在内的集约交通方式占总体运送量的 80%。

2）创新性地设置长距离花博会专用道

会同相关交通管理部门,创新性地在五洲大道—G40 长江隧桥—陈海公路—蟠龙公路设置超长距离花博会专用道。专用道总长 72 千米,涵盖城市快速路、高速公路长江隧桥、一级公路以及可变车道路段,里程之长、路段形式之丰富均为上海集约交通专用道之最,对保障各类花博会集约车辆快速通行发挥重要作用,也为本市集约专用道设置提供新经验。

3）优化停车场布局和管理组织

花博园区周边停车资源丰富,但受限于周边道路资源,停车位规模和布局要符合道路资源。因此,花博园采取分散布局近、远端停车场的方式,并采取差异化收费和远端接驳服务,以满足不同游客自驾观展的停车需求,减少园区周边的交通压力。

4）水陆联运应急处置快速及时

自 5 月 15 日压力测试起,花博会期间先后发生 5 次因恶劣天气导致的水陆联运客轮停航。相关部门根据事先制订的水陆联运应急转运预案,快速反应、快速处置,开行应急接驳线 41 个班次,完成滞留乘客转运 344 人次,并及时通过手机短信、园内广播、花博会交通小程序、上海交通公众号以及在各类媒体广泛发布停航和换乘信息。

5）智慧赋能交通与票务协同联动,实现需求调控

花博会交通保障依托票务及智慧系统,创新推动实现"交通与票务"联动,引导游客集约交通出行,也指导保障运营方精准配置运力。通过停车预约措施,引导和控制小汽车有序出行。通过优化指引标识、对接电子地图公司等,丰富游客交通信息查询、路线选择和导航服务渠道,打造具有良好体验的交通信息服务环境。

6）花博会相关宣传到位,有效引导出行

制订花博会交通保障宣传方案,把控宣传节奏,做到对保障方案、出行攻略、行业形象的分阶段、全过程宣传。在宣传途径上,采取传统与创新相结合的方式,一方面接受上海交通广播、人民网、新华网、央广网和中国交通报等中央媒体及解放日报、文汇报、新民晚报和上海电视台等上海主流媒体进行深度采访、直播和连线;另一方面在花博会保障期间,利用"上海交通""上海发布"开展密集宣传,形成强大的宣传合力,有效引导观众合理出行。

第 10 章
中国国际进口博览会
——高规格定期举办的大型会展活动交通保障

10.1 / 概述

2017年5月,国家主席习近平在"一带一路"国际合作高峰论坛上宣布,中国将从2018年起举办进博会。进博会由中华人民共和国商务部、上海市人民政府主办,是中国政府坚定支持贸易自由化和经济全球化、主动向世界开放市场的重大举措,有利于促进世界各国加强经贸交流合作,促进全球贸易和世界经济增长,推动开放型世界经济发展。如表10-1所示,进博会于每年的11月5日至10日在国家会展中心举办,包括国家贸易投资综合展、企业商业展、虹桥国际贸易论坛三部分,截至2024年已成功举办7届。

表 10-1 历届进博会总体情况

	展览面积	参展企业数量	其中:世界500强和行业龙头企业参展商	按一年计意向成交金额(亿美元)	备注
2018年第一届	30万平方米	3 617家	183家	578.3	首届,设置公众日

（续表）

	展览面积	参展企业数量	其中：世界500强和行业龙头企业参展商	按一年计意向成交金额（亿美元）	备注
2019年第二届	33万平方米	3 800家	288家	711.3	增加国家展延展日，取消公众日
2020年第三届	36万平方米	2 700家	274家	726.2	首次线上、线下结合，受疫情影响，延展取消
2021年第四届	36.6万平方米	2 900家	281家	707.2	首次设置线上数字展厅
2022年第五届	35.1万平方米	2 800家	284家	735.2	首次搭建"数字进博"平台
2023年第六届	36万平方米	3 400家	289家	784.1	全面恢复线下办展
2024年第七届	36万平方米	3 496家	297家	800.1亿	

注：数据源于中国国际进口博览会官网。

10.1.1 安全有序

大型会展交通最重要的是保障在会展期间的交通安全、有序。进博会是世界上第一个以进口为主题的大型国家级展会，且是当年国家主场外交活动之一。2017年明确在国家会展中心举办进博会时，场馆建成投入运营不久，周边交通设施还在不断完善过程中。基于此，对进博会交通有若干基本判断：一是进博会规模大、规格高，要求在提供交通服务的同时注重交通品质的提升，有高等级安保需求，对常规交通会产生影响；二是展品涉及消费电子和家电、汽车、智能和高端设备、医疗器械和医疗保健、食品和农产品、服装服饰和日用消费品、服务贸易等多个类别，有一定群众基础，且设置了公众日，公众参与度较高；三是地区背景交通需求有所增长，特别是核心区通勤和商务交通快速增长，虹桥枢纽长距离到发交通持续增长；四是周边交通设施增加有限，道路中心城方向快速到发能力增加有限，周边地面道路集散能力有所改善，停车设施仍需采用临时停车场与常态化停车场相结合的方式，轨道交通17号线不能增加进城方向运能，通道仍单一。为此，在首届进博会期间,制订了"统筹保障,公交主导,均衡流向,内外衔接,精细管理"的基本保障策略,构建了客运、道路、信息和综合四大保障系统,以集约化出行为主导,保障进博会大客流疏导安全有序,交通保障忙而不乱。如图10-1所示。

图10-1 首届进博会大客车停车场

第二届进博会仍定位为主场外交活动,虽然有了首届的保障经验,但在展示规模、活动安排、客流组织模式上都有所不同。一是展览规模大幅增加,北广场成为室外展区。总体展示面积从30万平方米增加到33万平方米,主宾国由12个增加到15个,参展国家和地区、企业数量也较首届增加。二是采取"1+5+8"活动安排,没有公众日,增加国家展延展时间。"1"即11月5日首日,举办一系列重要论坛和活动,要人及贵宾出席。"5"即11月6—10日,均为专业日,专业交易团注册预约登记入场。"8"即11月13—20日延展,向公众开放,网上免费预约入场。交通保障的首要任务仍然是保障会展期间交通安全、有序,在既有预约制的基础上,参展人数规模总量控制,交通保障工作在加强轨道、公交的保障措施基础上继续坚持管控和引导小汽车出行。根据"公交优先、集约出行"的原则,继续沿用首届进博会轨道增加班次、完善接驳公交线路和优化出租车上、下客点等交通保障措施。对于小汽车出行,在延续"持证通行、停车预约"举措的基础上,适当增加VIP车辆的停车泊位;进一步优化大客车和小客车停车预约规则,达到交通资源的高效利用。如图10-2所示。

图 10-2　第二届进博会公交枢纽

10.1.2　数字赋能

随着周边道路设施逐渐完善，交通监管手段和数字化技术不断成熟，对进博会的交通智慧也提出更高的要求。对参展观众，除了提供更加便捷的交通工具外，还需要提供"全过程、多样化、人性化"的信息服务，"全过程"即出行前、行程中和到达目的地的信息；"多样化"即运用 App、引导牌、显示屏等多种发布形式，使人们能随时随地了解展馆交通信息；"人性化"即全面考虑不同人群的不同需求，提升出行体验。对管理者，除了交通运行情况数据统计，还需要提供"实时、全面"的信息支持和辅助决策，"实时"即各类交通设施的实时运行数据和状态的实时监控；"全面"即多部门联动和协同管理支持，形成应急预案辅助决策。此外，2020 年至 2022 年，全国新冠疫情处于高级别管控阶段，会展举办形式由前两届的线下转变为线上、线下结合，线上增设数字展厅，搭建"数字进博"平台，延展因受疫情影响取消；线下会展规模保持。第三届至第五届进博会的展览面积均在 36 万平方米左右，近 40 万名专业观众注册报名。在疫情期间，会展疫情防控工作成为重中之重：一是参展观众的出行方式偏好个体交通出行，通过坚持停车预约措施，精准掌握小汽车泊位需求，灵活配置周边临时停车场泊位量；二是为避免人流过于集中，通过实时交通引导，针对轨道交通站点、二层步廊等人流集聚点，分散观众从不同路径、不同站点、不同出入口进出场馆；三是在邻近场馆的轨道交通国家会展中心站，启动了站外前置扫描"场所码"工作，针对已核验过信息的参展人员提供快速通道；四是在前线指挥中心新增防疫监控专岗,将实时防疫措施融入日常指挥体系。同时,通过运用虚拟现实、三维建模等新技术手段,设置进博会国家展线上数字展厅,吸引了大量海内外网友的关注和互动,在线上提供云展示、云发布、云直播、云洽谈和云签约服务,减少现场人流聚集。如图 10-3～图 10-5 所示,在服务供给方面,地面公交开通 1 条中运量公交 71 路延伸线、1 条 121 路延伸线、3 条轨道交通接驳线和多条停车场接驳线,并投入多辆应急备车,承担地面公交全托底保障任务;连通上海虹桥枢纽往返国家会展中心的进博直通车开始运营,线路全长约 1.5 千米,全程最快只需要 6 分钟。

图 10-3　第三届进博会接驳公交

图 10-4　进博会主题专列

图 10-5　第五届进博会出租车保障

■ **10.1.3　绿色智慧**

2023 年新型冠状病毒感染从"乙类甲管"调整为"乙类乙管",疫情防控进入新阶段。第六届进博会为新冠疫情后首次全面恢复线下办展,相较于前五届,开幕式活动按最高规格不变,展览面积 36 万平方米,国家综合展回归线下并设立主宾国,有 65 个国家和国际组织参展,其中 10 个国家首次参加、33 个国家首次线下参加。中国馆展览面积由 1 500 平方米增至 2 500 平方米,规模为历届之最,企业展规模和参展企业数量超过第五届,有来自 128 个国家的 3 400 多家企业参展,延续食品及农产品、汽车、技术装备、消费品、医疗器械及医药保健、服务贸易六大展区设置,并集中打造创新孵化专区。

在第六届进博会上参展的世界 500 强和行业龙头企业数均创新高,参展客流规模也较近三年显著增长,周边交通设施供给尤其是临时停车场也随着地区开发而减少,给交通保障工作带来挑战。交通保障工作在"保障精准、运行有序、安全可控"的目标下,更加凸显观众出行的"绿色、智慧"。有关部门自 2023 年 2 月份起即开展设施梳理、需求研判工作,制订总体方案,总体保障方案延续往届框架不变,在细节上对绿色出行、智慧出行进行方案深化与优化。强化轨道交通进出站的管理和线路分流优化,优化定制巴士线路设置,调整接驳公交线路走向和站点点位,深化停车场功能布局和管理办法。车辆方面,参与保障的公交车辆均为新能源车,出租汽车保障也以新能源车为主。设施方面,调动历史经验积累,从需求层面先行制订停车保障方案,为后续保障工作构建坚实基础。通过全力挖潜、早梳理、早谋划、早协调,确定周边临时停车场库功能布局及配套附属设施建设方案,挖潜既有资源,在保障功能性需求的基础上,实现周边临时停车场共可提供大车位约1 000个,小车位约1 900个;另协调远端虹桥商务区核心区共享小汽车停车场,工作日提供小车位4 000个,非工作日提供7 000个。

如图10-6所示,在智慧出行方面,进博会期间上海市绿色出行一体化平台"随申行"上线"进博会出行服务专区",覆盖轨道交通、地面公交、出租汽车、包车客运及停车场等出行场景,与进博会交通保障深度融合,开展"出行即服务"(MaaS)系统示范应用。通过"随申行"首页设置了专区入口,可一键开启智能路线规划、进博保障班线接驳、停车预约及零碳会议等全方位、一站式的绿色出行服务。参展客商可通

图10-6 第六届进博会智慧出行

过"停车预约"板块预约进博会期间小客车泊位并完成支付,可点击"智能线路规划"功能,优先推荐绿色出行方式,获取"公共交通出行""地铁+打车""驾车+免费接驳线"等多种出行方案,一键导航至展馆,满足了参展客商在进博会期间的多样化需求,保障出行更高效。

第七届进博会延续了国家综合展、企业商业展、虹桥国际经济论坛三大部分,以及专业配套活动和人文交流活动等,国务院总理李强出席开幕式并发表主旨演讲。其中,国家展汇聚了来自五大洲的77个国家和国际组织,展览面积3万平方米;企业展保持36万平方米的超大规模,共有129个国家和地区的3 496家企业参展,186家企业和机构成为七届进博会的"全勤生";虹桥论坛举办主论坛和19场分论坛,以及外资企业圆桌会、美资企业在华发展等闭门会和"投资中国"相关推介活动。相较第六届进博会,开幕式活动按最高规格不变,展览规模和参展企业基本持平。

第七届进博会的交通保障工作在往届成功经验基础上,依托智慧创新,聚焦细节,落实便利化、智能化、绿色化各项措施。

1)精细管理提升便利化

在轨道交通国家会展中心站增设行李寄存服务为展客商"减负",增加场馆周边即停即走下客点以便利展客商参展,加强外籍来华人员巡游出租车支付便利化。

2)科技赋能提升智能化

进博会MaaS服务赋能专区围绕进博会核心出行场景打造"3+2+X"服务体系,停车预约系统完善停车设施和大小车转换预约规则,凭证通行区外停车场可提前一小时预约。

3)减碳增效提升绿色化

交通保障总体上坚持公交优先、集约出行,优先采用新能源保障车辆,保障公交线路全部采用新能源公交车。依托"随申行"绿色出行碳普惠平台,以绿色积分、碳积分等方式,激励引导低碳绿色出行。

10.2 / 交通需求分析

剖析进博会交通需求特点,从活动客流需求角度,采用滚动预测的方法,随着展会筹备工作的展开、边界条件的逐渐明朗,不断滚动更新客流需求预测结果。

10.2.1 进博会交通需求特点

1) 规格高

进博会作为我国重要的主场外交活动,党和国家领导人将出席活动,并邀请多个主宾国元首,以及其他参展国家和地区、国际组织重要人员参加,举办一系列论坛活动。因此,在重要活动日将实施严格的安保管控措施,相关安保方案会对地区内的参展、参观客流和通勤客流交通造成一定影响。这也是进博会同一般大型会展最大的差异,在交通保障方案的制订中要充分考虑安保管控方案的影响。

2) 规模大

首届进博会展览面积超30万平方米,吸引国内外专业采购商超40万人,且兼具商务和博览性质的特点也使进博会具有相当一部分的公众参与客流,其客流规模同车展、医药展等大型展会基本持平。第二届进博会在规模上又有所提升,展览面积达33万平方米,并且增加了更多的公众参与度,因此参展客流也突破了国家会展中心以往大型展会的规模。第三届进博会展览面积进一步提升至36万平方米,虽然受疫情影响对客流进行控制,但仍然吸引了近40万名专业观众注册报名,3 000多名境内外记者报名采访。第四届、第五届、第六届进博会,展览规模维持在36万平方米左右,受疫情影响注册报名人数有所减少,第六届进博会专业观众注册报名数恢复至40多万人。

3) 多样化

(1) 参与者多样化。一般展会参与者基本为展商、观众、工作人员三类,而进博会由于兼顾外交、商务、博览多方面性质,因此其参与者包括要人、展商、采购商、工作人员和社会公众五类,每一类参与者对交通出行的需求和要求不同,出行的时间和空间需求也不同。如表 10-2 所示，要人参展多集中在展期前 2 天，且配合严格的安保管控措施；展商几乎每天参展，偏好酒店到场馆的个性化优质服务；采购商人数众多，需求多样，包括个性化和集约化、公共化需求，从往届进博会看，具有较强组织性，且集中在专业日进行交易；工作人员也是每天多次进场，有部分集体出行需求；社会公众最为分散，大多以公共交通出行为主，于公众日参展（除首届外，其余几届进博会无公众日）。

表 10-2 进博会参与者交通需求特点

参与者类别	时间	空间	偏好
要人	集中于第 1、2 天	酒店，集中	高规格，严格安保管控
展商	几乎每天多次	酒店，分散	部分贵宾，优质舒适的个性化交通服务，部分集体出行需求
采购商	专业日，多次	大部分酒店，分散	部分贵宾，个性化+公共交通，有较强组织性
工作人员	每天多次	大部分居住地	分散+集合，部分集体出行需求
社会公众	公众日，单次	大部分居住地	分散，公共交通出行为主

同时，由于进博会的国际性属性，参与范畴覆盖国际、国内，需兼顾国内、国际的多样化需求。尤其是外省市和国际参展人员，往往倾向于出租车出行，因此在出租车保障上需特别关注。

(2) 活动多样化。进博会主体展期包含国家贸易投资综合展、企业商业展、虹桥国际贸易论坛三部分，另外还有分论坛、延展等延伸活动，涉及开幕交通保障、大客流公众交通保障、论坛嘉宾交通保障等，体现不同的交通需求。

4）常态化

按照习近平总书记对进博会"不仅要年年办下去，而且要办出水平、办出成效、越办越好"的重要指示精神，进博会将作为常态化展会一年一次在上海举办。因此进博会出行需求存在延续性和周期性，在制订相应的交通保障方案时需同步考虑保障措施的长效性。

由于在已举办的六届进博会进程中，外部条件均发生着不同程度的变化，因此自第二届进博会起，进博会保障方案都是在首届进博会的基础上再进行优化和调整。本章主要以首届进博会为例，介绍进博会交通保障的研究情况，对于在后续几届进博会发生重要变化的内容另外进行补充说明。

进博会性质有其特殊性,既为主场外交活动,又为商业洽谈展会,并伴有博览性质,同以往专业展或者商业展相比性质复杂。由于在首届进博会之前从未办过类似展会,其客流需求和特征存在极大不确定性。在首届进博会客流需求预判工作中,采用滚动预测的方法,随着展会筹备工作的展开、边界条件的逐渐明朗,不断滚动更新客流需求预测结果。总体上共经历了从虚到实、从粗到细五个阶段。后续几届进博会由于有首届进博会的经验积累,结合主办方的客流控制措施,客流需求预测过程相对简化,在此不赘述。

10.2.2 客流预判第一阶段:展会总体安排尚在制订中

1)客流规模

初期需求不明确,暂以单向20万人次/日考虑进博会规模,预计客流高峰为最后一天(周六)。招展工作预计在5月完成,客流组织形式不明确,客流需求不明确,初期以历史最大规模(20万人次/日)考虑。若最后一天为公众日,则预计极端高峰为最后一天(周六)。

2)客流时空分布

由于活动日程安排未知,客流时空分布均参考以往国家会展中心的会展数据。

(1)空间分布

总体上65%的客流来自东侧中心城区方向,35%来自西侧长三角方向。如图10-7所示,中心城南部,包括浦东新区、徐汇区、老静安区、黄浦区、长宁区和部分闵行区等,约占40.7%的客流,是最主要的客流方向。中心城北部,包括虹口区、静安区、普陀区、宝山区、杨浦区等,约占24.1%。西北方向(沪宁方向),包括嘉定区、部分青浦区,以及江苏方向等,约占19.1%。西南方向(沪杭方向),包括青浦区、松江区,以及浙江方向等,约占16.1%。客流空间分布受宾馆的分布影响较大,而星级宾馆大部分分布在中心城区,因此东侧中心城方向客流占比仍较大。

(2)时间分布

客流到达高峰与开馆时间有关,一般在开馆前后1小时。如图10-8所示,根据往年会展经验,客流到达高峰与开馆时间相关,普通展览9点开馆,则到达高峰集中于8:00—10:00,与日常通勤高峰(8:00—9:00)重合;车展10:00开馆,到达高峰在9:00—11:00,与日常通勤高峰错开。通过多年运营观察,工作日延迟开馆可实现会展客流与日常通勤客流早高峰错峰,尤其是轨道交通错峰效果明显。

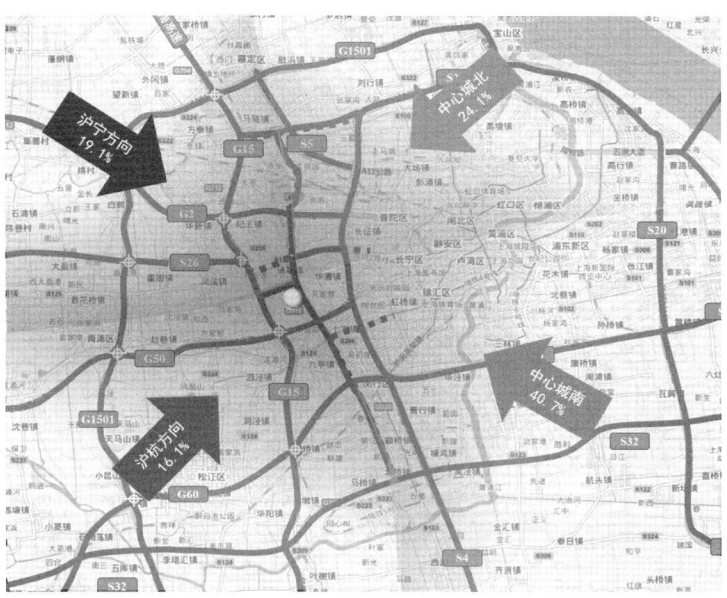

图 10-7 国家会展中心（历年）会展客流分布

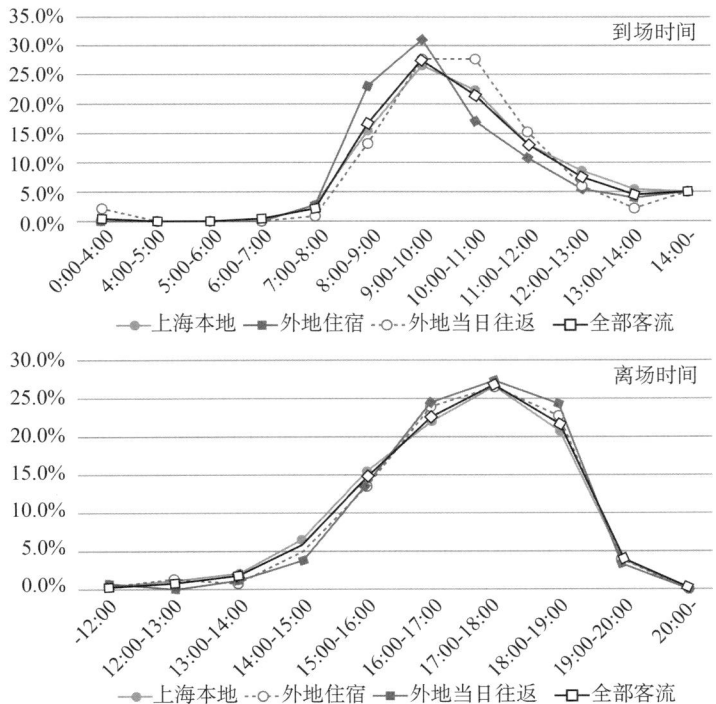

图 10-8 国家会展中心（历年）会展客流时间分布

客流离场高峰稳定在16:00—18:00。客流离场高峰分布于中午及傍晚,分布形态没有到场的密集,且受闭馆时间影响不大。

3)交通出行方式

由于活动日程安排未知,交通方式参考以往展会数据。交通出行方式以轨道交通和小汽车方式为主(图10-9)。

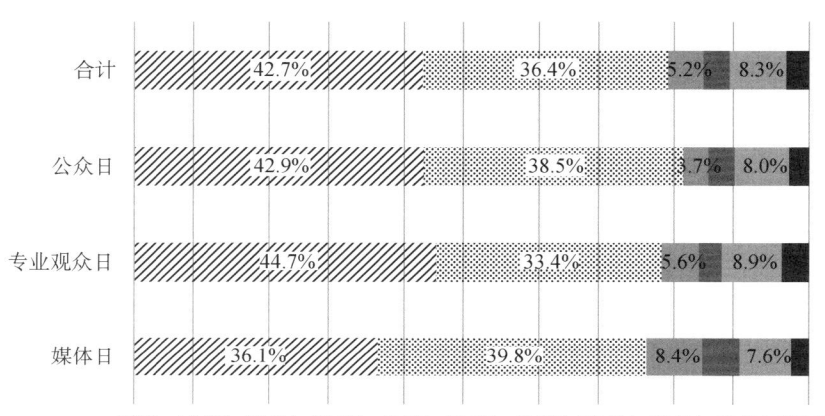

图10-9 国家会展中心(历年)会展客流到达交通方式

10.2.3 客流预判第二阶段:展会活动安排初步确定

2018年4月,随着筹备工作的推进,初步拟定了进博会的活动安排,分为3部分:首日开幕日、专业日、公众日,各自均有不同的客流特点,并且拟定部分为组织客流(图10-10)。

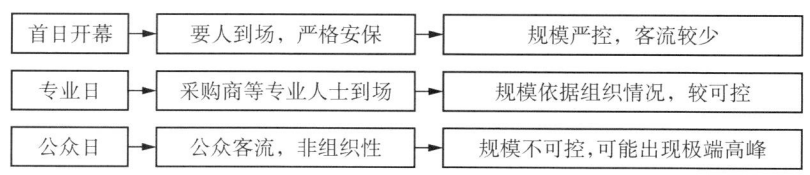

图10-10 进博会活动安排

在组织客流多的前提下,适当提高团体巴士的方式比例。专业日由于组织客流偏多,团体巴士占比较往常大型展会有提升;轨道交通占比类似于以往大型展会;小汽车严格控制。公众日有一定组织客流,但散客较专业日多,因此轨道交通占比较专业日有提升。

客流规模还未确定,仍以历史最大日客流(20万人次/日)考虑,客流来源分布也同第一阶段的预测结果。

10.2.4 客流预判第三阶段:客流组织及安保方案初步形成

1)总体情况

2018年8月,随着筹备工作的推进,安保措施、客流控制措施、活动阶段安排均有了初步方案。安保管控方面,明确实行车辆凭证通行区管理,在一定区域内车辆凭证通行,且外围停车场基本包含在凭证通行区范围内,交通保障组随之决定停车场采用预约停车的方式管理,即可通过凭证通行和停车预约共同控制车辆数量,为进博会整体交通保障工作控制个体化交通、倡导集约化交通提供有力保障。活动阶段方面,明确5日为首日开幕日,6—8日为专业日,9—10日为公众日,对应不同的参与人员和客流控制规模。

如图10-11所示,客流规模方面,明确首日控制在8万人次以内,专业日每日控制在20万人次以内,公众日未明确。预计公众日客流规模不低于专业日,暂时考虑9日(工作日)为20万人次/日,10日(周六)超20万人次。

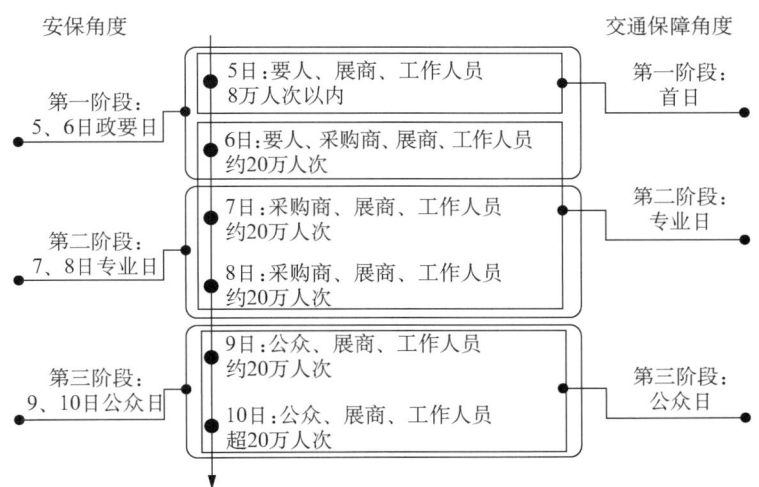

图 10-11 进博会整体活动安排和客流控制

2)首日(11月5日)客流预判

首日(8万人)主要交通方式为小汽车、团体巴士(表10-3)。要人、贵宾及相关人员对小汽车、团体巴士需求大。根据安保方案,首日轨道交通 2 号线国家会展中心站封站,仅运行轨道交通 17 号线,承担部分通勤需求,占比较低。小汽车同出租车受限于交通管控措施,道路交通压力较小。

表 10-3 首日（8 万人次）各方式运行情况预判

交通方式	保障措施	运行情况预判
轨道交通	· 2 号线国家会展中心站封站 · 17 号线引导	受封站影响的日常通勤交通接驳需求
常规公交	· 17 条线路各自增能 1~4 辆配车	辅助作用
接驳公交专线	· 4+3 条线路,共配车 80 辆	可满足
出租车	· 定点下客 · 离场保障 500 辆	弹性较大。存在自主约、叫车情况。基本满足
团队巴士	· 预约停车场优先大巴停放 · 预计大部分停车场停放大巴	大巴停车位可满足
小汽车	· 持证车辆可停放至南、北广场、P4（约 7 300 个） · 预约车辆可停放约 800 辆 · 无证车辆停至核心区（3 200 个）	需确保核心区停车场可使用
停车场短驳线	· 3 条青浦远端停车场短驳线,配车 40 辆	根据停车场设计方案的可供给停车位数量

3）专业日（11 月 6—8 日）客流预判

专业日（20 万人次）团体巴士需求量较大,小汽车得到控制（表 10-4）。专业日客流组织性强,团队巴士需求大。轨道交通占比高于首日。小汽车受制于停车资源和停车预约管理,得到控制,道路交通压力较小。

表 10-4 专业日（20 万人次）各方式运行情况预判

交通方式	保障措施	运行情况预判
轨道交通	· 2 号线增能 · 17 号线引导 · 站点限流	国家会展中心站离场高峰时排队半小时以内
常规公交	· 17 条线路各自增能 1~4 辆配车	辅助作用
接驳公交专线	· 4+3 条线路,共配车 100 辆	按 60 人/车估算,周转 2 次

（续表）

交通方式	保障措施	运行情况预判
出租车	· 定点下客 · 离场保障 1 500 辆	弹性较大。存在自主约、叫车情况
团队巴士	· 可提供大巴停车位约 1 300 个	大巴停车位缺口大。建议向西轨道交通 17 号线沿线寻找停车资源
小汽车	· 持证车辆可停放至南、北广场、P4（约 7 300 个） · 无证车辆停至核心区（3 200 个）	需确保核心区停车场可使用
停车场短驳线	· 3 条青浦远端停车场短驳线，配车 40 辆 · 1 条闵行虹桥商务区核心区北部短驳线，配车 10 辆	根据停车场设计方案的可供给停车位数量

4）公众日（11 月 9—10 日）客流预判

公众日（20 万人次）小汽车得到严格控制，轨道交通压力大（表 10-5）。小汽车受制于停车资源，得到有效控制，但道路交通有一定压力。轨道交通压力大。

表 10-5　公众日（20 万人次）各方式运行情况预判

交通方式	保障措施	运行情况预判
轨道交通	· 2 号线增能 · 17 号线引导 · 站点限流	国家会展中心站离场高峰时排队 40~60 分钟
常规公交	· 17 条线路各自增能 1~4 辆配车	辅助作用
接驳公交专线	· 4 + 3 条线路，共配车 150 辆	按 60 人/车估算，周转 2 次
出租车	· 定点下客 · 离场保障 3 000 辆	弹性较大。存在自主约、叫车情况。基本可保障
团队巴士	· 预约停车场优先大巴停放 · 预计 P2、P3、P14、P10 可满足（约 800 个）	大巴停车位可满足
小汽车	· 持证车辆可停放至南、北广场、P4（约 7 300 个） · P11-13、P16、P17 可预约（约 2 000 个） · 其余车辆停至核心区（3 200 个）	存在缺口。建议 P4、P9 释放一定停车位，确保核心区停车场可使用。建议向西轨道交通 17 号线沿线寻找停车资源

（续表）

交通方式	保障措施	运行情况预判
停车场短驳线	·3条青浦远端停车场短驳线，配车40辆 ·1条闵行虹桥商务区核心区北部短驳线，配车10辆	根据停车场设计方案的可供给停车位数量

5）公众日（11月9—10日）极端大客流预判

公众日出现极端大客流（30万人次），轨道交通压力进一步加大（表10-6）。公众日由于散客较多，团体巴士难以发挥更大作用。受制于停车资源，小汽车严格控制，比重进一步降低，道路交通压力较大。轨道交通承担更多客流，有巨大压力。小部分轨道交通客流将转移至出租车方式，出租车方式比重有所提高。

表10-6 公众日（30万人次）各方式运行情况预判

交通方式	保障措施	运行情况预判
轨道交通	·2号线增能 ·17号线引导 ·站点限流	国家会展中心站离场高峰时排队2小时以上
常规公交	·17条线路各自增能1~4辆配车	辅助作用
接驳公交专线	·4+3条线路，共配车150辆	按60人/车估算，周转3~4次
出租车	·定点下客 ·离场保障3 000辆	弹性较大。存在自主约、叫车情况。存在缺口
团队巴士	·预约停车场优先大巴停放 ·预计P2、P3、P14、P10、P11、P12可满足（约900个）	大巴停车位可满足
小汽车	·持证车辆可停放至南、北广场、P4（约7 300个） ·P13、P16、P17可预约（约1 400个） ·其余车辆停至核心区（1万个）	建议P4、P9释放一定停车位。确保核心区停车场可使用。建议向西轨道交通17号线沿线寻找应急停车资源
停车场短驳线	·3条青浦远端停车场短驳线，配车40辆 ·1条闵行虹桥商务区核心区北部短驳线，配车10辆	根据停车场设计方案的可供给停车位数量

10.2.5　客流预判第四阶段：周边交通设施布局方案基本完成

2018 年 9 月，进博会客流组织和控制方案已基本明确，周边停车场建设已接近尾声，停车资源基本明确。在此基础上，充分考虑停车资源受限的情况，对客流预测进行调整和细化。

1）总体情况

（1）总体客流规模

根据进口博览局最新数据，客流规模首日控制值调整为 13 万人次，专业日和公众日与第四阶段预测一致（表 10-7）。参展商 2 800～3 000 家，预计 4 万人，受假期影响已报名 2 万人。专业观众报名已结束，共报名 43 万人，其中 30 万人为企业人员，13 万人为机关单位人员，证件不限制专业日参观日期，3 天均可入场。考虑到洽谈环境，部分与采购无关的专业观众安排于公众日参观。公众日采取发票组织的形式，不对外开放，发票范围以上海为主，兼顾江浙皖，每天限制在 10 万人。

表 10-7　各阶段各目标人群规模（万人）

阶段/ 目标人群	参展商	专业观众	媒体志愿者 工作人员	配套活动	社会观众	合计
首日	4	未知	2	—	—	8
专业日	4	13	2	1	—	20
公众日	4	9	2	0.5	10	25

（2）停车场情况

如表 10-8 所示，根据最新设计数据，除去应急、特种车辆停放用地、货车安检场地、委办局等工作人员停放用地、公交出租车等用地外，剩余可开放泊位小车共 7 628 个，转换为大巴车位 1 403 个。另外，虹桥商务区核心区工作日可提供小车位 3 200 个，休息日可提供小车位 10 040 个。

表 10-8　各停车场使用情况

编号	全小车	全大巴	备注
P1	—	—	公交 162 车位供接驳车使用，大巴 289 车位供定制巴士等使用
P2	1 169	264	
P3	994	200	

（续表）

编号	全小车	全大巴	备注
P4	1 000	—	除去工作人员车位 2 000 个
P5	—	—	出租车蓄车、上客，停车场接驳线使用
P6	—	—	接驳公交、商务区核心区短驳线使用
P7	—	—	应急、特种车辆使用
P8	—	—	无停车位大巴下客周转使用
P9	800	200	约一半可能被占用
P10	598	99	
P11	287	47	
P12	306	44	
P13	234	41	
P14	1 080	310	
P16	775	142	
P17	385	56	
合计	7 628	1 403	
虹桥商务区核心区	工作日 3 200 个小车		
	休息日 10 040 个小车		

2）首日客流预判

首日上午严控，共 1 500 位嘉宾参与活动，展商、媒体志愿者到场；下午另有 1 000 位嘉宾到场参与论坛活动，同时组织部分高质量专业观众（采购商）入场，数量未知。由于首日安保方案未知，故客流组织存在极大不确定性，如参展商多少人到场、何时到场以及高质量专业观众入场规模等。根据目前掌握的客流规模和组织形式，可进行如表 10-9 的预判。

表 10-9　首日各目标人群规模及交通方式客流

目标人群	交通方式及客流
嘉宾要人，上午 1 500 人，下午 1 000 人	小汽车（含商务车）为主，约 500 辆

(续表)

目标人群	交通方式及客流
参展商 4 万人	若全部到场,小汽车(含商务车)约 3 000 辆,大巴约 150 辆,剩余部分地铁、出租车需求
专业观众未知,下午到场	团队巴士、小汽车(含商务车)为主
媒体志愿者工作人员 2 万人	团队巴士、地铁为主,地面公交、非机动车为辅。约 250 辆大巴,250 辆小车
目前总体客流情况(不含专业观众)	地铁约 2 万人,小汽车(含商务车)约 3 750 辆,大巴约 420 辆

10.2.6 客流预判第五阶段:相关方案全面完成

2018 年 10 月,停车场已基本完成建设,首日客流数量有所调整,停车位数量较之前有所调整,因此基于停车资源数据的调整,尤其是对于大巴车位无冗余资源情况,需对客流情况再作预判。

1)总体情况

(1)总体客流规模

根据进口博览局最新数据,客流规模首日控制在 13 万人次,专业日 20 万人次,公众日 25 万人次(表 10-10)。目前参展商 2 800 多家,预计 4 万人。专业观众共报名 43 万人,其中 30 万人为企业人员,13 万人为机关单位人员,证件不限制专业日参观日期,3 天均可入场。考虑到洽谈环境,部分与采购无关的专业观众安排于公众日参观。公众日采取发票组织的形式,不对外开放,发票范围以上海为主,兼顾江浙皖,每天限制 10 万人,其中本市 5 万人,市级机关单位 1.5 万人,江浙皖 3 万人,自留 0.5 万人。

表 10-10 各阶段各目标人群规模(万人)

阶段/目标人群	参展商	专业观众	媒体志愿者工作人员	配套活动	社会观众	合计
首日	4	6	2	1	—	13
专业日	4	13	2	1	—	20
公众日	4	9	2	0.5	10	25

(2) 停车场使用情况

根据最新设计数据,除去应急、特种车辆停放用地、货车安检场地、委办局等工作人员停放用地及公交出租车等用地外,剩余可开放泊位小车共 290 个,大巴车位 1 400 个,无额外场地。另外,虹桥商务区核心区工作日可提供小车位 3 800 个,休息日可提供小车位约 1 万个。

2)专业日客流预判

专业日除参展商、媒体、志愿者、工作人员到场外,还有部分配套活动人员及与采购相关的专业观众入场,共四类目标人群,无社会公众,总人数控制在 20 万人次/日(表 10-11)。

表 10-11 专业日客流分析及预判

交通方式	保障措施	运行情况预判
轨道交通	· 2 号线增能 · 17 号线引导 · 站点限流	接近车展、医药展水平,国家会展中心站离场高峰时排队 30～45 分钟
常规公交	· 71 路延伸 · 19 条线路各自增能 1～4 辆配车	辅助作用
公交接驳线	· 4 条线路,共配车 100 辆	按 60 人/车估算,周转 2 次
出租车	· 定点下客 · 离场保障 2 000 辆	弹性较大。存在自主约、叫车情况
团队巴士	· 可提供大巴停车位 1 400 个,考虑 200 辆周转; · 开设 4 条青浦远端停车场短驳线,配车 40 辆	受制于停车位,大巴规模受控
小汽车(含商务车)	· 持证车辆可停放至南、北广场、P4 · 无证车辆停至核心区(3 800 个) · 开设 1 条闵行虹桥商务区核心区短驳线,配车 10 辆	红线内可停多少未知,需确保核心区停车场可使用

(1) 受制于停车位数量,考虑一定周转,大巴和小汽车(含商务车)停车需求需控制。由于周边临时停车场优先考虑大巴,小汽车停车有证车辆可停放至南、北广场和 P4(具体可停放数量未知),并需确保核心区停车场可使用量最大化。

(2) 道路交通受制于停车资源控制在一定规模内,轨道交通将承担更多客流。专业日轨道交通压力接近车展、医药展水平,离场时国家会展中心站排队 30～45 分钟。

3）公众日客流预判

公众日除参展商、媒体、志愿者、工作人员和配套活动人员到场外，还有部分专业观众、发票组织的社会公众入场，共五类目标人群，总人数控制在 25 万人次/日（表10-12）。

表 10-12 公众日客流分析及预判

交通方式	保障措施	运行情况预判
轨道交通	・2 号线增能 ・17 号线引导 ・站点限流	国家会展中心站离场高峰时排队 60 分钟以上
常规公交	・71 路延伸 ・19 条线路各自增能 1~4 辆配车	辅助作用
接驳公交专线	・4 条线路，共配车 150 辆	按 60 人/车估算，周转 2 次
出租车	・定点下客 ・离场保障 3 000 辆	弹性较大。存在自主约、叫车情况
团队巴士	・可提供大巴停车位 1 400 个 ・开设 4 条青浦远端停车场短驳线，配车 40 辆	受制于停车位，大巴规模受控
小汽车（含商务车）	・持证车辆可停放至南、北广场、P4 ・无证车辆停至核心区（3 800 个） ・开设 1 条闵行虹桥商务区核心区短驳线，配车 10 辆	红线内可停多少未知，需确保核心区停车场可使用

（1）受制于停车资源，道路交通情况同专业日类似，小汽车和大巴数量受控，需确保核心区停车场可使用量最大化。

（2）停车位严格管控，公众日轨道交通压力较大，将承担近一半的客流，预计国家会展中心站排队 60 分钟以上。

10.3 / 交通设施承载力分析及保障策略

梳理场馆周边交通设施条件，开展交通承载力分析和恶劣天气的影响分析，提出客流引导建议，明确以集约交通为核心的交通保障策略和方案思路。

10.3.1 交通设施条件

总体上,轨道交通维持三线三站的格局。轨道交通 2 号线国家会展中心站、17 号线国家会展中心站直接服务场馆,轨道交通 10 号线通过虹桥火车站换乘达到场馆。由于轨道交通 17 号线为向西青浦方向,而向东中心城方向的轨道交通 10 号线需换乘,因此轨道交通 2 号线仍为中心城方向客流的主要通道。

多年来,进博会场馆周边道路设施不断完善,承担对外联系功能的高、快速路体系已基本形成。首届进博会 S26 入城段通车,新增一条东西向通道。第二届进博会打通了北侧中环与外环的连接,北部通道初步形成。第三届进博会时,配套路桥项目北翟路(外环线—中环线)新建工程地面道路全面建成并通车,北部通道基本完成,场馆道路快速到发体系基本形成。第四届进博会时,北横通道西段建成通车,场馆北部形成了北横通道—北翟路地道—北翟高架—S26 入城段—诸光路地道的北部东西向快速通道,实现中心城与场馆的快速连接,在一定程度上缓解了外环、延安高架压力。第五届进博会时,崧泽高架西延伸的建成通车,进一步完善场馆道路快速到发体系,国家会展中心西侧快速通道辐射面进一步增大,总体上以场馆为中心形成了北通道(北横通道—北翟路快速通道—S26 入城段—诸光路地道)、南通道(延安高架—嘉闵高架)、西通道(G15/S26/崧泽高架西延伸—诸光路地道/崧泽高架)的快速路体系,为实现道路快速到发夯实设施基础。第六届进博会时的道路设施基本无变化。

进博会场馆周边承担集散功能的地面道路得到较大改善。首届进博会完成金丰路、金光路—蟠龙路、天山西路青浦段、龙联路、汇龙路、蟠和路和徐民路等道路,另外建设完成锡虹路桥、苏虹路桥,为进出东侧 5 号停车场提供便利。第二届进博会时建设完成诸光路二期改建、徐民路改扩建、天山西路改扩建和崧泽大道跨线桥人非设施等工程。第三届进博会时,主要为局部路网改善的周边区属路桥项目,包括新建蟠瑞路、博驰路、绥宁路和双虹路等。自第四届进博会起,周边地面道路设施基本无变化。

因停车资源有限,采取租用临时用地和核心区停车场临时共享方式,每届进博会由于周边临时用地情况不同而有所变化,总体上临时用地不断减少,配建停车场库不断加入。首届进博会时场馆周边共挖掘临时停车场 17 个,除去公交枢纽等功能性场地外,可提供预约泊位大车 1 471 个,小车 290 个,虹桥商务区核心区可提供共享小车位 3 800~10 000 个。第二届进博会时停车场规模增加,周边临时场地增至 22 个,考虑到散客比重增加,第二届进博会适度考虑小车车位的供应,整体上可提供泊位大车 1 117 个,小车 7 438 个,另虹桥商务区核心区可提供共享小车位 3 450~6 550 个。第三届进博会时周边临时场地有 20 个,考虑受疫情影响,以大车泊位为主,可提供 1 558 个大车泊位和 1 783 个小车泊位,另虹桥商务区核心区可提供共享小车位 4 910~8 420 个。后续几届进博会时周边临时场地逐渐开发,退出保障,通过协调挖潜,大车泊位稳定在 1 000 个左右,小车泊位主要由场馆西侧和东侧商务区已建成的商办楼配建停车场库共享提供。

10.3.2 交通承载力分析

1) 道路交通承载力分析

(1) 周边道路日常运行情况

如图 10-12 所示,高快速路常态拥堵点:延安路高架、G42、S20 西侧。

图 10-12 日常高(快)速路拥堵分布情况

图 10-13 日常地面道路拥堵情况

如图 10-13 所示,地面道路运行状况基本良好,北青公路、北翟支路—诸光路(同天山西路共线部分)受到施工、道路条件不佳等因素出现常态拥堵。

工作日与周六交通运行状况差异不大,白天高峰、平峰不显著。如图 10-14 所示,延安路高架因处于常态化饱和状态,高峰小时交通量工作日与双休日无差别。除 22:00—次日 6:00 时段交通量较低,6:00—9:00 略高,其余时段交通量无明显差异,高峰、平峰不明显。如图 10-15 所示,嘉闵高架高峰小时交通量双休日略低于工作日,降低约 10%,其他时段基本无差异。工作日白天略呈现出早、晚高峰,但与其他时段差异不大,20:00—次日 7:00 为交通量较低时段,比延安高架略长。

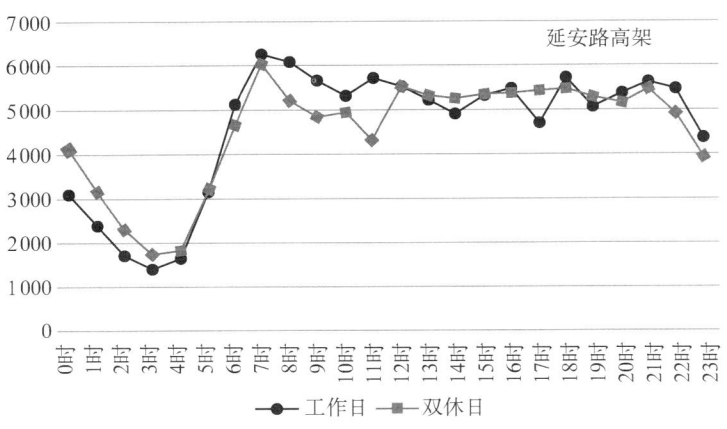

图 10-14　延安路高架外环东侧东向西方向小时交通量（车次/日）

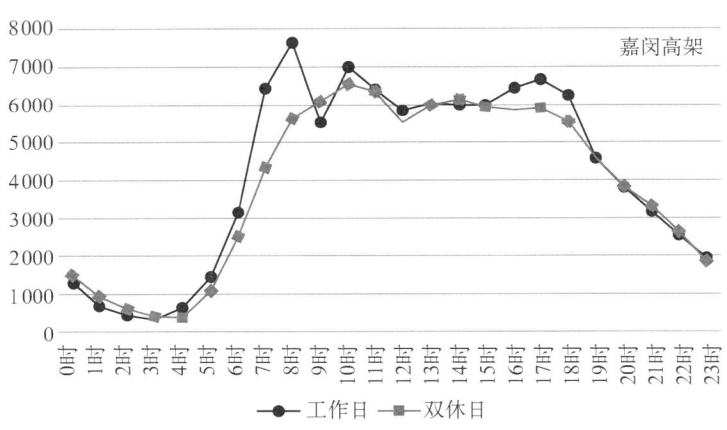

图 10-15　嘉闵高架建虹路—G50 南向北方向小时交通量（车次/日）

（2）会展车流行驶路径分布和主要影响路段

会展快速到发通道大部分集中在 G50—延安路高架（主要瓶颈）、S20 西侧（图 10-16）。地面道路主要集中在诸光路、崧泽大道、盈港东路、华翔路以及沪青平公路，大型展会期间交通量增加明显，在到、离场高峰将出现不同程度的拥挤（图 10-17）。

（3）周边道路系统承载能力分析

根据如图 10-18 所示的测试结果显示，1 万车次（10 万人次）情况下，主要通道运行平稳，若干通行能力较低路段出现拥堵，拥挤路段比例为 36%，行程车速下降 8%；2.1 万车次（20 万人次）情况下，运行情况接近车展、医药展水平，国家会展中心周边道路普遍拥挤，但总体可控，拥挤路段比例为 42%，行程车速下降 11%；3.5 万车次(30万人次)情况下,周边道路出现大面积阻塞,服务水平急剧下降,并蔓延至外围区域,拥挤路段比例达到52%,行程车速下降21%。

图 10-16 会展车流主要行驶路径

图 10-17 地面道路受会展车流影响较大的路段

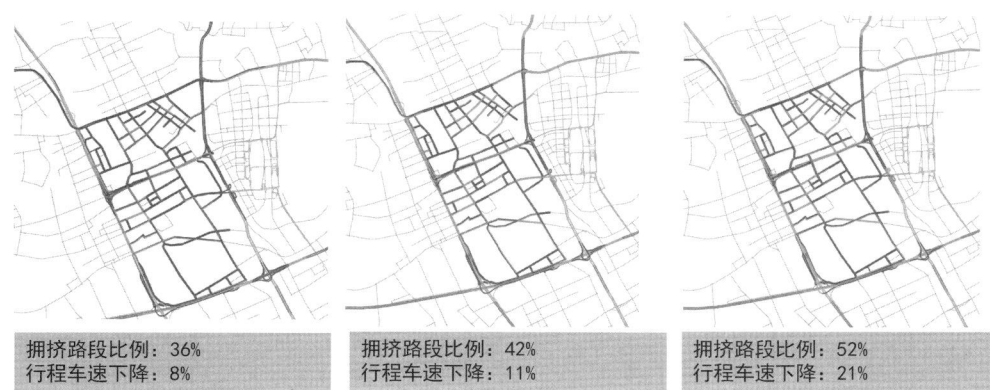

图 10-18 不同小汽车出行量情况下道路交通测试情况

预计当会展小汽车量(含自驾车和出租车)在2.5万车次/日时,周边道路处于可控水平,对面上交通未产生较大影响。当小汽车量超过此值,周边道路发生大面积阻塞,并蔓延至外围区域,对面上交通产生全局影响。

2)轨道交通承载力分析

(1)日常轨道交通运行情况

各线路国家会展中心附近区段运能均充裕。由于国家会展中心相关站点均为线路末端,均非常态拥挤断面,线路客流压力不大。轨道交通2号线国家会展中心区段日常运能充裕,但中心城人民广场—世纪大道为常态拥挤区段客流压力较大(图10-19、图10-20)。轨道交通10号、17号线全线压力均不大(图10-21、图10-22)。

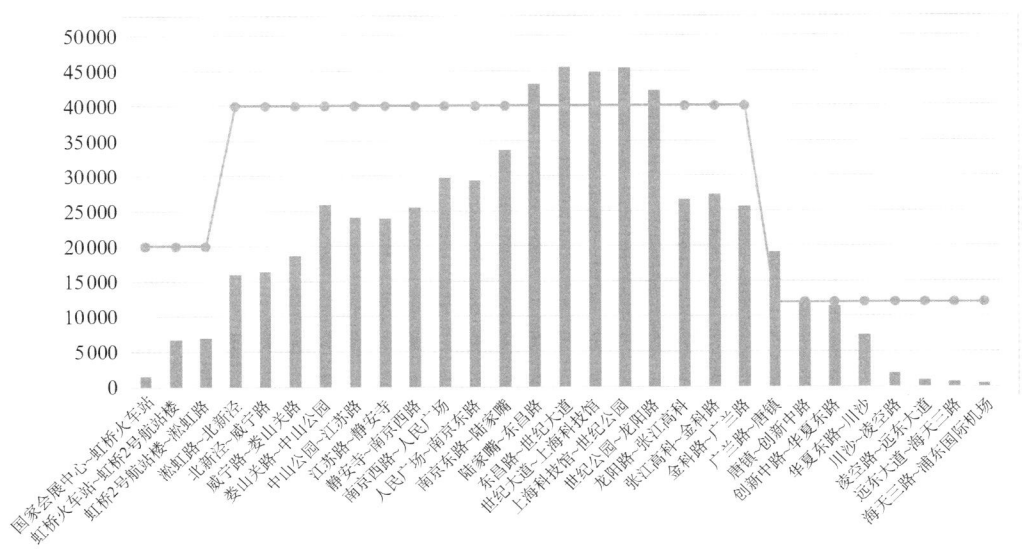

图 10-19　轨道交通 2 号线工作日高峰断面客流情况

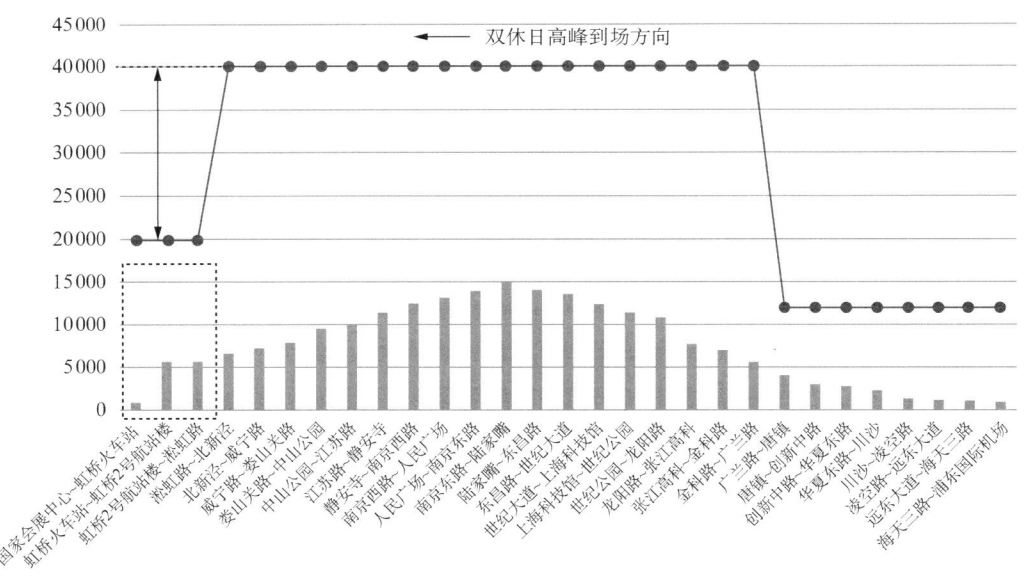

图 10-20　轨道交通 2 号线双休日断面客流情况

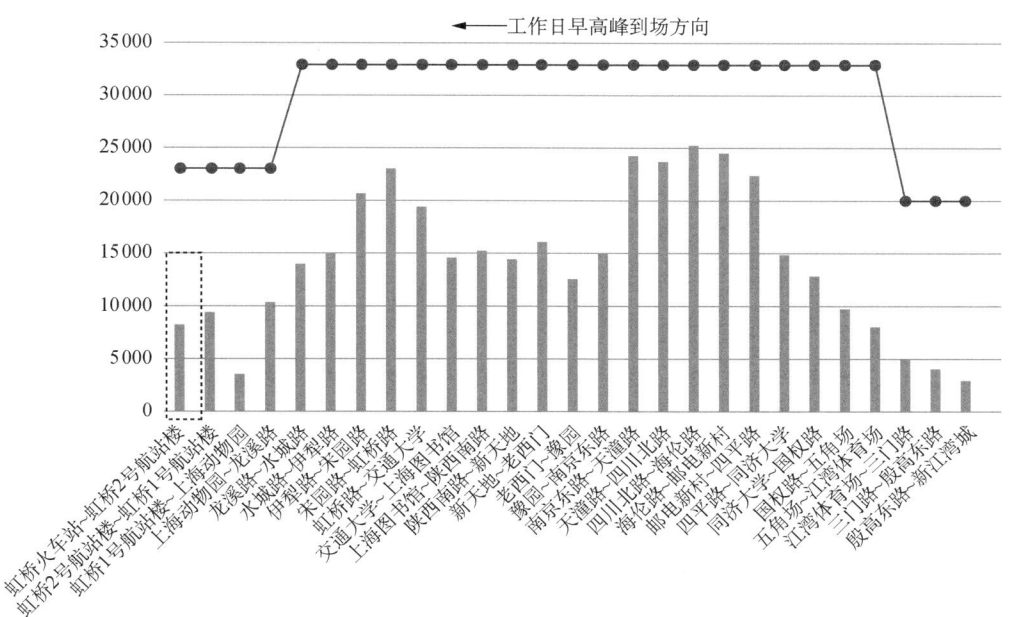

图 10-21 轨道交通 10 号线工作日高峰断面客流情况

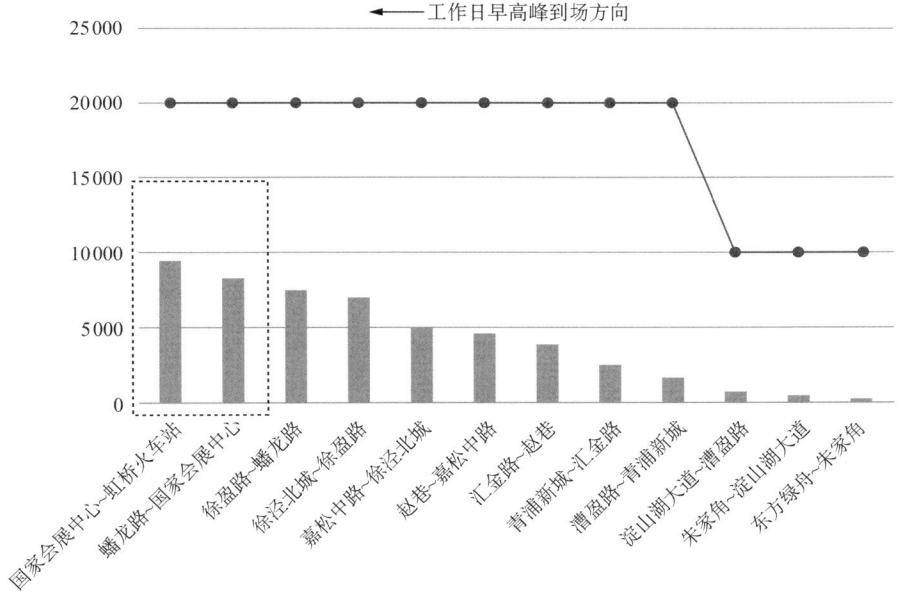

图 10-22 轨道交通 17 号线工作日高峰断面客流情况

（2）进博会客流使用轨道交通情况

预计进博会客流主要通过轨道交通 2 号线到场。如图 10-23 所示，约 70% 通过各种线路换乘至轨道交通 2 号线到达，约 25% 通过各种线路换乘至轨道交通 10 号线到达，约 5% 从西侧乘坐轨道交通 17 号线到达。

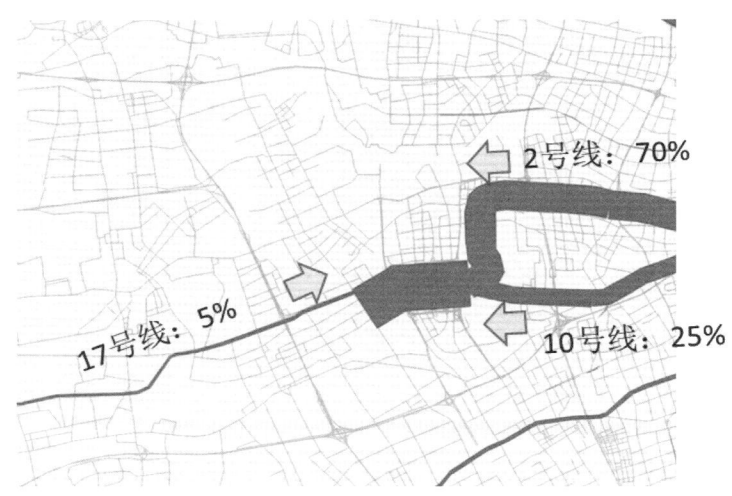

图 10-23 展会客流轨道交通分布情况

预计轨道交通运能方面工作日高峰小时瓶颈段在市区段，周末和工作日非高峰时段运能较富裕，国家会展中心区段运能充裕（图 10-24）。根据以往展会经验，大型

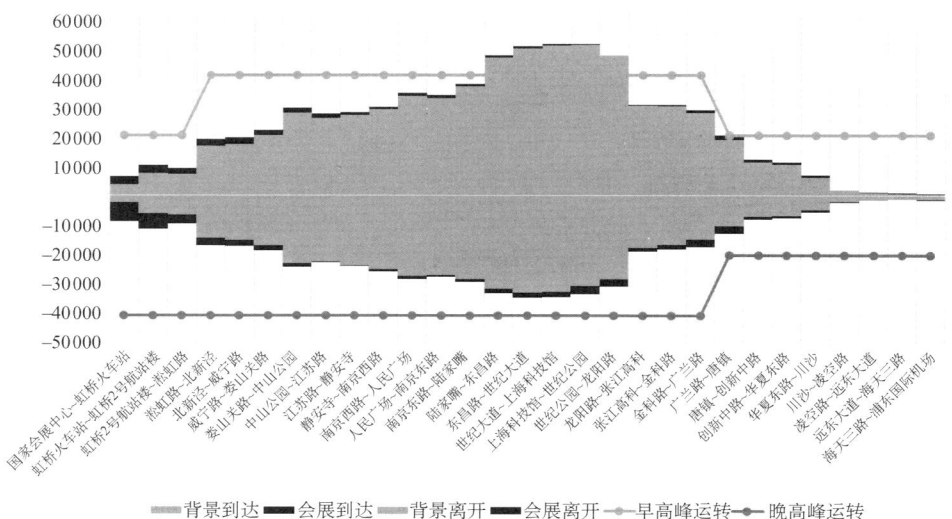

图 10-24 上、下班高峰时段（7:00—9:00）轨道交通 2 号线断面叠加影响（工作日）

展会期间轨道交通 2 号线国家会展中心站区段将取消交路,全部为大交路运营,国家会展中心站区段线路能力增加一倍,达 4.96 万人次/小时,因此国家会展中心站区段运能充裕,线路瓶颈位于中心城常态高峰断面。

如表 10-13 所示,国家会展中心站点疏散压力大。由于轨道交通线路保障工作具有全局性,轨道交通 2 号线的保障需综合考虑 2 号线国家会展中心站、虹桥火车站和 T2 航站楼站三站疏解能力,因此在离场期间采取限流措施以保障安全有序。限流措施下国家会展中心站进站能力约 1.5 万人次/小时。若 1 小时内 3 万人次进站,平均排队时间在 1 小时左右。限流措施下,客流继续增加不影响线路运行,而将大幅增加排队进站的时间。因此国家会展中心站进站能力是制约轨道交通承载力的关键因素。

表 10-13　进博会离场时段轨道交通客流测算(根据第三阶段数据)

阶段	总客流（万人次/日）	展会日客流（万人次/日）	轨道交通（离场）	
			离场高峰小时展会客流（万人次/小时）	往中心城方向日常站点高峰进站客流（万人次/小时）
专业日	20	6.0	2.0	0.15
公众日(周五)	20	9.6	3.2	0.15
公众日(周六)	30	14.4	5.2	0.1

根据进博会离场时段轨道交通客流测算,预计专业日(6—8 日)离场高峰小时展会客流将达到 2 万人次/小时,国家会展中心站排队时间预估约半小时以内;预计公众日离场高峰小时展会客流将达到 3.2 万人次/小时,国家会展中心站排队时间预估约为 40~60 分钟。若公众日遇极端大客流,将产生更长时间的、不可接受的排队时间。图 10-25 为医药展离场时国家会展中心站进站排队现象。

国家会展中心站进站能力是制约轨道交通承载力的关键因素。预计轨道交通日客流 10 万人次以内时站点等候排队时间尚可接受、现场秩序可控。超大客流可能会引起站点积压和长时间排队。

3) 停车等设施承载力分析

(1) 停车:需求大且需考虑各种车型和特殊需求,配建停车场无法满足车展极端高峰(18.5 万人次客流)停车需求高峰超 1.5 万个,泊位需求近 1.3 万个;预计博览会(20 万人次客流)停车泊位需求小车 6 000 个以上,大车 1 500~2 000

图 10-25　医药展离场时国家会展中心站进站排队现象

个;结合安保措施、VIP、检验检疫及特种车辆等特殊需求,停车资源需留有余地。

(2) 公交:常规公交作为补充,接驳公交需提升吸引力

常规线路主要服务西向郊区,作为轨道交通的补充,预计客流增量约 1 万～1.5 万人次/日;接驳公交需在步行距离、时间效率、乘客体验等方面提升吸引力,更好发挥纾解轨道交通压力的作用;期望接驳公交能承担离场 4%～6% 的客流,约 8 000～12 000 人次/日。

(3) 出租车:根据客流特点,出租车偏好强,出租车需求有所上升

外籍人士等客流出租车偏好强,需提供服务更为便捷、资源更为充沛的出租车服务;预计出租车客流约 1.4 万～2 万人次/日(包括网约车);需提供充足的蓄车空间,避免车辆溢出空放现象。

(4) 团队巴士:客流组织性高,需充分考虑大巴组织

预计博览会(20 万客流)停车泊位需求:大车 1 500～2 000 个。

4) 交通系统综合承载力分析

如表 10-14 所示,综合分析道路系统、轨道系统、地面公交及团体巴士等设施能力和分担客流的可能比重,以及背景交通的压力,在目前的管理模式下,展会日客流在 20 万人次时,周边交通设施基本能够承受,但需要加强现场管理和客流引导。

表 10-14 交通系统综合承载力测算

交通方式	设施需求	承担客流	主要说明
小汽车	1.5万~2万个泊位	4万~5万人次	依据道路瓶颈段承载力,适度满足需求
出租汽车	200个蓄车位	1万~2万人次	离场时的重要交通保障,需要提供充足的场地
轨道交通	/	8万~10万人次	主要取决于国家会展中心站的疏解能力
地面公交	/	1万人次左右	主要服务西向郊区和闵行近端
团体巴士（含酒店巴士）	1 000~1 500个泊位	3万~4万人次	专业日比重较高,公众日需要加强组织和引导

如展会客流进一步增加,可通过严控小汽车,进一步引导分流轨道交通 2 号线,提高团体大巴组织力度,引导观众错时参观等手段提高设施承载能力。

10.3.3 恶劣天气对交通影响分析

首届进博会对恶劣天气之于交通的影响也进行了分析。恶劣天气对交通的直接影响主要体现在道路交通,通过对比全市道路状况在雨天和晴天下的历史数据,得到晴雨天车速变化特征,以此为参数纳入上海市综合交通(Emme)交通模型中,测算展会日小汽车出行量(单向,包括私家车和出租车)1万、2.1万、3.5万三个等级客流在不同天气下的道路状况,以分析恶劣天气交通影响,便于制订应对措施。

1) 11 月天气历史情况

上海 11 月为非典型雨季,不同年份雨天比例差异大,但也存在恶劣天气可能。如表 10-15 所示,2013 年、2017 年下雨天占比 30% 以下,且多为小雨天气。2014 年、2016 年下雨天占比 40% 左右,大部分为小雨天气,个别为阵雨天气。2015 年下雨天占比高达 60%,且多为阵雨、雷阵雨天气。

表 10-15 上海近 5 年 11 月天气情况

天数	雨	阴	多云	晴	雨天占比
2013 年 11 月	6	2	16	6	20%
2014 年 11 月	13	1	14	2	43%
2015 年 11 月	18	2	7	3	60%

(续表)

天数	雨	阴	多云	晴	雨天占比
2016 年 11 月	11	6	7	6	37%
2017 年 11 月	8	9	7	6	27%

2）恶劣天气对日常交通影响

通过对比过往晴雨天道路状况，恶劣的天气对快速路车速降低效应影响明显。如图 10-26 所示，雨天晚高峰时快速路车速下降 27%，雨天的车速比晴天时显著降低，延安高架、内中外环、南北高架路况显著恶化。但由于快速路网高峰常态处于近饱和状态，因此拥挤状况差异较小，拥挤路段（饱和度大于 0.8）比例从 57% 升至 58%（图 10-27）。

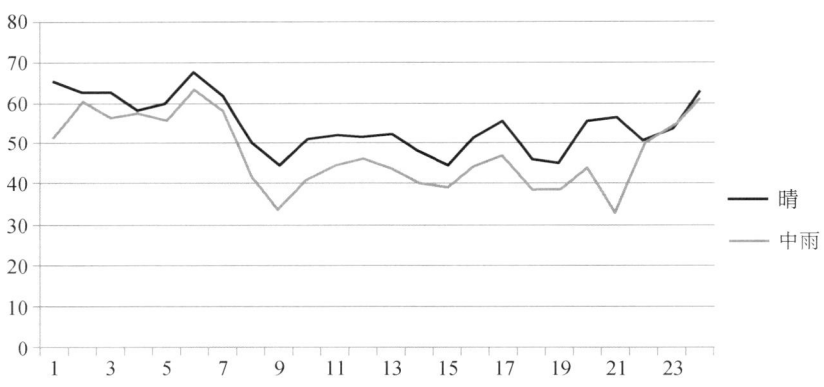

图 10-26 中心城快速路晴雨天车速对比（千米/小时）

图 10-27 中心城快速路拥挤路段比例对比

如图 10-28 所示,地面道路的车速变化没有高、快速路显著,但拥挤路段比例提升幅度比快速路高。雨天晚高峰地面道路车速下降 15%。虹桥商务区高快速路拥挤路段比例从 51% 升至 53%,国家会展中心周边地面道路拥挤路段比例从 31% 升至 37%(图 10-29)。拥挤路段范围扩大,主要为原本拥挤路段路况恶化导致向周边道路蔓延。

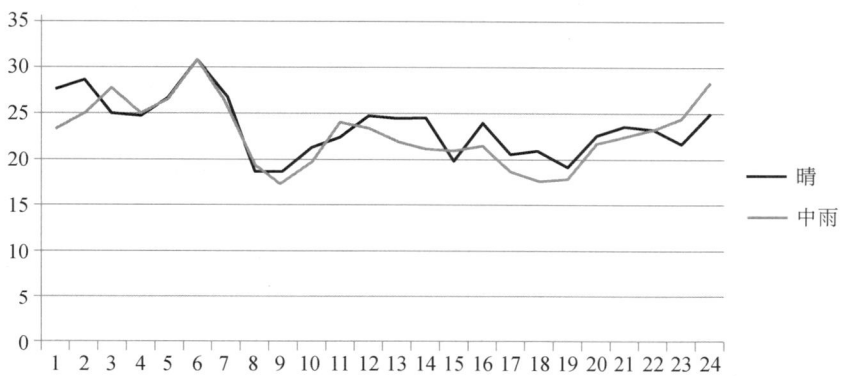

图 10-28　国家会展中心周边地面道路晴雨天车速对比(千米/小时)

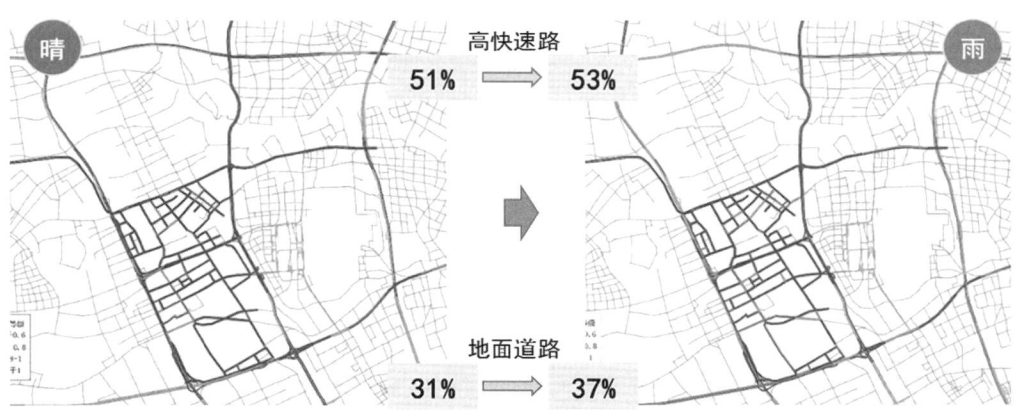

图 10-29　国家会展中心周边地面道路拥挤路段比例对比

3) 恶劣天气进博会道路交通模拟与测算

(1) 中心城快速路

由于中心城高、快速路高峰时段存在常态拥堵区域,因此恶劣天气和进博会车流的叠加对面上交通的影响在于常态拥堵区域拥堵状况的加重及往外的蔓延(图 10-30)。

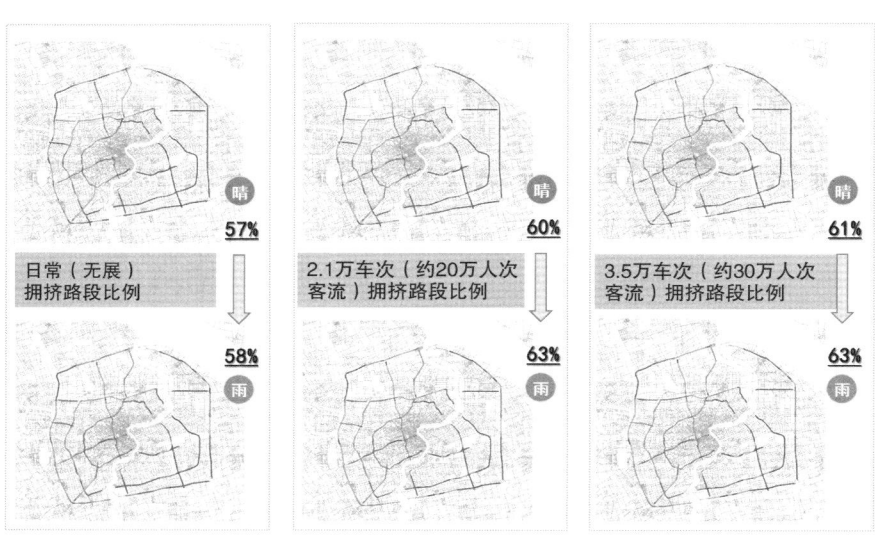

图 10-30　不同小汽车出行量情况下晴雨天中心城快速路状况模拟

（2）虹桥商务区

虹桥商务区内 G2、G50、S20 为常态拥堵路段，恶劣天气与博览会车流的叠加使路况恶化。北翟路、崧泽高架、嘉闵高架南段交通受到影响由原来的通畅变为拥挤（图 10-31）。

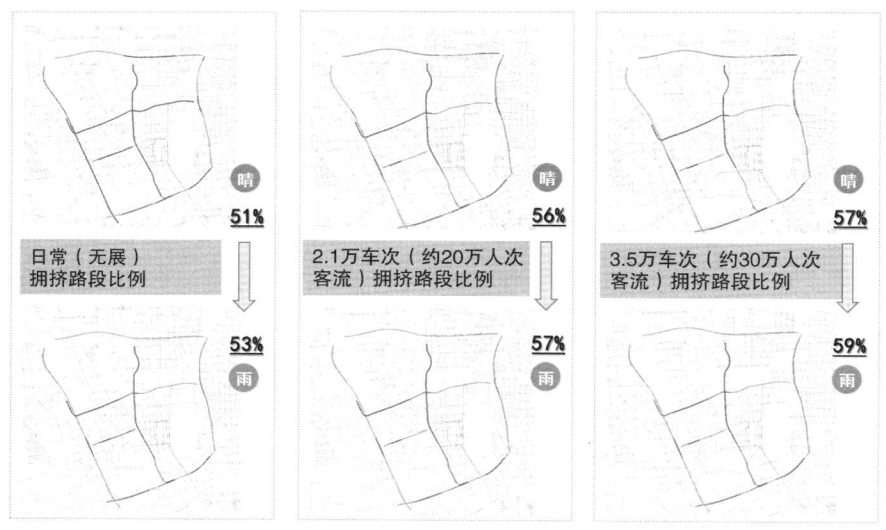

图 10-31　不同小汽车出行量情况下晴雨天商务区快速路状况模拟

(3) 国家会展中心周边地面道路

通过交通模型模拟发现,在 2.1 万车次的展会小汽车出行量水平下,恶劣天气使道路拥挤路段比例接近一半,道路承载力明显下降(图 3-32)。因此在恶劣天气情况下需在小汽车出行量尚未达到 2.1 万车次时,提前采取系列应急措施。综合分析恶劣天气与博览会客流叠加影响,当小汽车交通量在 2 万车次时,常态天气条件下交通总体可控,恶劣天气下交通将面临非常大的压力。

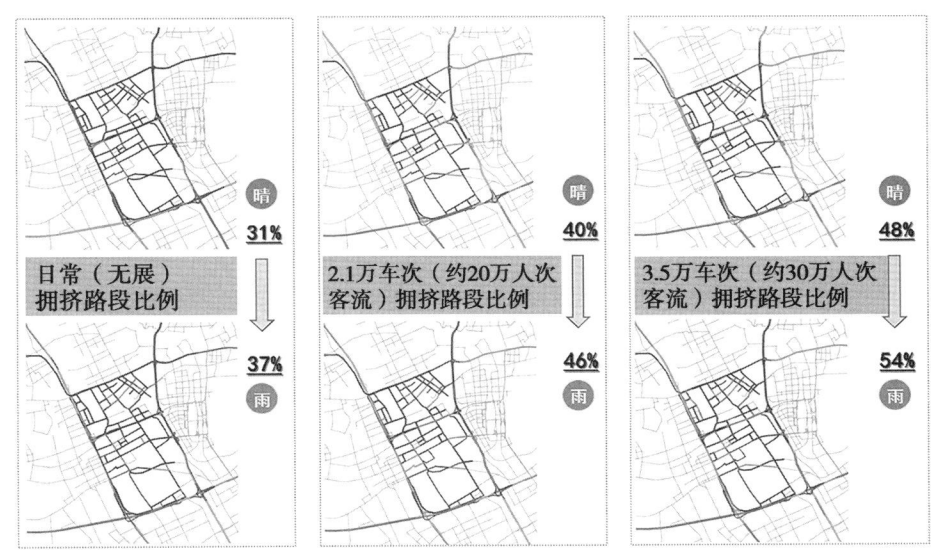

图 10-32　不同小汽车出行量情况下晴雨天周边地面道路状况模拟

10.3.4　总体保障策略

1）统筹保障

在保障博览会交通顺畅的同时,强化枢纽大客流应急保障,引导商务区通勤和商务需求,确保全市面上交通运行平稳有序。

2）公交主导

以轨道交通为骨干,构建多层次和多样化公交服务体系,引导大多数参展者使用公交出行;同时,优化步行服务和指引系统,控制小汽车交通规模,管控非机动车。

3)均衡流向

形成多通道、多路径和多方式的交通保障体系,远端快速路系统分区域引导,近端对高架匝道进行动态引导,发挥地面道路的分流作用,避免车流过多向 G50—延安高架瓶颈段集中;通过公交接驳、换乘优化和智慧指引,形成轨道交通多通道服务,避免客流过度依赖轨道交通 2 号线。

4)内外衔接

国家会展中心内外道路交通组织有效衔接,展会内外交通信息实现联动,轨道车站内外步行设施和客流指引系统连续和统一。

5)精细管理

针对首日、专业日和公众日不同活动需求,入场和离场高峰的不同特征,制订差异化交通服务方案和管理措施;注重出入口、站点、枢纽、停车场和过街天桥等重要节点的精细管理。

第三、四、五届进博会处于新冠疫情特殊形势下,因此增加融合防控措施,形成专项防控方案的策略内容。

10.3.5 总体保障思路

根据进博会交通保障策略,结合各交通子系统特点,构建四大保障系统,涵盖客运、道路、信息和综合管理四方面保障方案。

1)构建多层次、集约化客运保障系统

构建以轨道交通为主体,地面公交为辅,出租车为补充,团队巴士发挥重要作用的客运系统。通过加强轨道交通分流引导组织、开设公交枢纽临时接驳公交提升吸引力、提高团队巴士的组织力度等方式,进一步提高集约交通分担率。

2)构建分散引导、需求可控的道路保障系统

鼓励专业客流通过社会大巴有组织地入场;加强宣传,引导公众通过公共交通方式参展,努力提升集约交通出行意愿。同时实施停车场预约管理,以静制动,控制小汽车需求。引导车辆多路径入场和离场,发挥嘉闵高架、G15、北翟路高架及诸光路地道等的扩散作用,减轻 G2、G50—延安路高架瓶颈段压力。

3）构建全面感知、个性服务的信息保障系统

搭建和完善交通信息监测及服务平台,全面采集各种交通方式运行和客流信息,支撑交通管理和公众信息服务。对于管理者,构建指挥体系,提供实时信息支持和辅助决策;对于公众,通过 App、电子地图导航等信息化方式,结合道路标志,让公众准确、有效、便捷地获得出行信息,且便于管理方进行控制和引导。

4）构建协调运作、多措并举的综合管理保障系统

通过衔接安保管控方案、协调展会物流组织方案、统筹制订虹桥商务区需求引导和管控措施、协调接待酒店组织方案、跟踪票务方案和客流需求等,多方面举措、多部门协作共同完成交通保障工作。

10.4 / 交通设施保障

基于交通需求分析,结合既往规划情况,梳理、分析相关道路设施和停车设施现状及存在问题,提出建设和优化需求,为交通保障工作构建设施基础。

10.4.1 道路及附属设施保障

如图 10-33 所示,首届进博会时针对北部快速通道不连通、周边地面集散道路不连续、条件差的情况,共梳理 11 项 14 条国家会展中心外围配套道路建设项目,其中市属配套道路 2 项(S26 公路入城段、诸光路地道),区属配套道路 8 项 10 条[蟠龙路、区区对接道路(金丰路—诸光路)等],国家会展中心项目 1 项 2 段(国家会展中心人行通道西段、东段)。2018 年 9 月通车的 S26 入城段向东连接北翟高架,向西连接 S26,在首届进博会为场馆新增一条东西向通道。

同时,根据道路和停车场情况,制订分区引导方案,设置进博会保障停车场引导标识。

如图 10-34 所示,第二届进博会时的道路设施得到进一步完善,建设完成 6 项道路及附属设施,包括北翟路地道、诸光路地道、诸光路地道地面道路、天山西路(诸光路节点)、徐民路(蟠龙路—华徐公路)和崧泽大道跨线桥人非设施。北翟路地道主线、诸光路地道在进博会前具备通车条件,打通了北侧中环与外环的连接,北部通道初步形成,但由于地面出入口无法开通,北翟路地面道路仍处于施工阶段,分流效果有限。

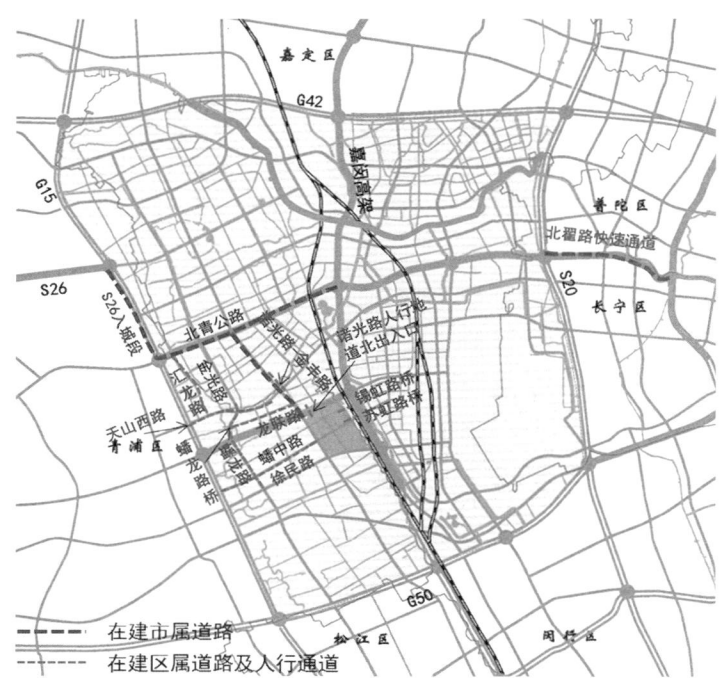

图 10-33　首届进博会新建道路设施情况

图 10-34　第二届进博会新建道路设施情况

如图10-35所示,第三届进博会时,配套路桥项目北翟路(外环线—中环线)新建工程地面道路于2020年9月30日全面建成并通车,北部通道基本完成。第四届进博会时北横通道西段建成通车,第五届进博会时崧泽高架西延伸的建成通车,北部通道辐射面进一步拓展。自此,场馆道路快速到发体系已基本形成,以场馆为中心形成了北通道(北横通道—北翟路快速通道—S26入城段—诸光路地道)、南通道(延安高架—嘉闵高架)、西通道(G15/S26/崧泽高架西延伸—诸光路地道/崧泽高架)的快速路体系。此外,场馆周边地面道路也不断完善,自第四届进博会起,周边地面道路设施基本无变化。随着周边保障停车场的变化,引导标识也随之调整。

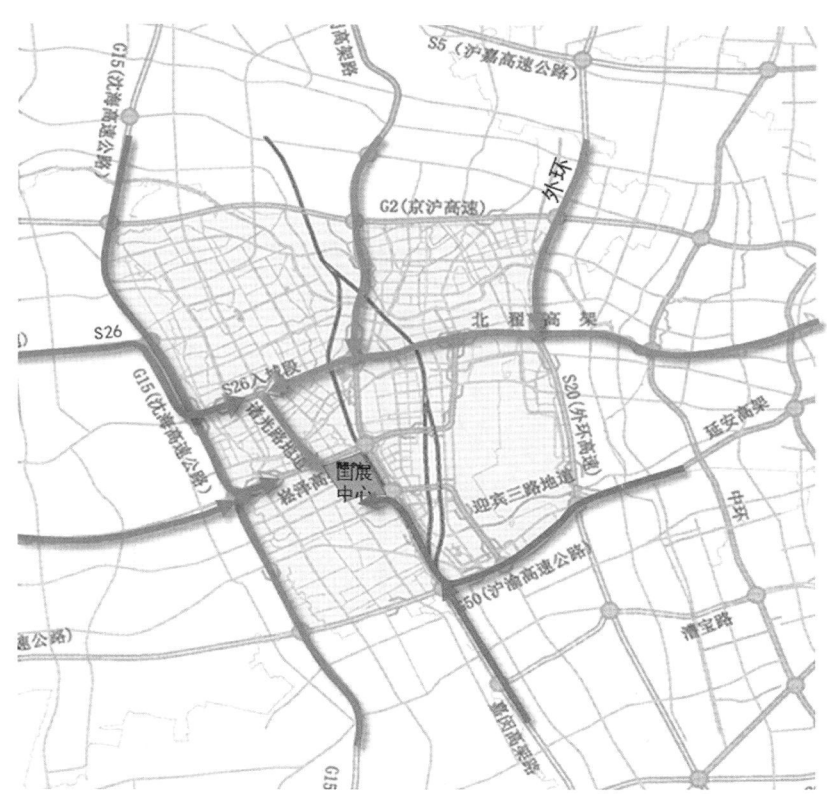

图10-35　进博会场馆道路快速到发体系

10.4.2　停车场设施保障

由于场馆规划停车场未完成建设,停车资源有限,且进博会具有较多的交通枢纽及大客车停车需求,为保障进博会的顺利召开,采取租用临时用地和核心区停车场临时共享方式,在场馆周边设置临时停车场满足进博会停车需求。随着周边临时用地不断出让、开发,不断有临时用地退出或加入进博会保障,结合每届进博会展会自身特点,制订停车场保障方案。

例如,第二届进博会时预期散客增加,则增加小客车泊位供应量。第三届进博会时预期受疫情影响,组织性出行增多,则增加大客车泊位供应量。自第四届进博会开始,周边临时场地资源缩减明显,仅能保障大客车停车和交通枢纽场地,小客车泊位主要以周边商务区商办楼停车场库临时共享的形式提供。

停车场功能布局历年来基本稳定,遵循集约优先的思路,根据实际场地情况调整。从功能上分为工作用停车场、功能性停车场、预约停车场等三大类场地,其中,工作用停车场供工作人员车辆,应急、安保、通行等保障车辆停车;功能性停车场供地面公交、出租汽车、酒店定制穿梭巴士、车辆即停即走下客等专业车辆和服务使用,以及作为货车轮候和安检使用;预约停车场即作为社会大客车、小客车停车场。

比如第六届进博会周边16处临时停车场布局如图10-36所示。

图10-36 第六届进博会临时停车场布局

(1)工作用停车场:中建企业天地、P1(部分)、P15(部分)。中建企业天地为保障工作人员停车场地,P15(部分)为公安保障车辆停车场,P1(部分)为通信等保障车辆停车场。

（2）功能性停车场：P1(西南区)、P5、P6、P8、P15(部分)、P20和P24,供地面公交、出租汽车、酒店定制穿梭巴士、车辆即停即走下客等专业车辆和服务使用,以及作为货车轮候和安检使用。

（3）预约停车场：P1(部分)、P2、P3、P4、P7、P9、P12、P13、P15(部分)、P16、P17、P18(首位奥特莱斯)、P25、中核科创园、蟠龙天地及虹桥商务区停车场(库)。

10.5 / 交通运行保障

在总体策略的指导下,对轨道交通、地面公交、出租汽车、停车管理和道路客运等交通子系统分别制订细化运行方案。

■ 10.5.1 管控和引导小汽车出行

1）车辆持证和预约管理

如图10-37所示,首届进博会设置持证凭证通行区(天山西路—蟠龙路—沪青平公路—华翔路),临时停车场基本位于凭证通行区。在凭证通行区实行双控措施,

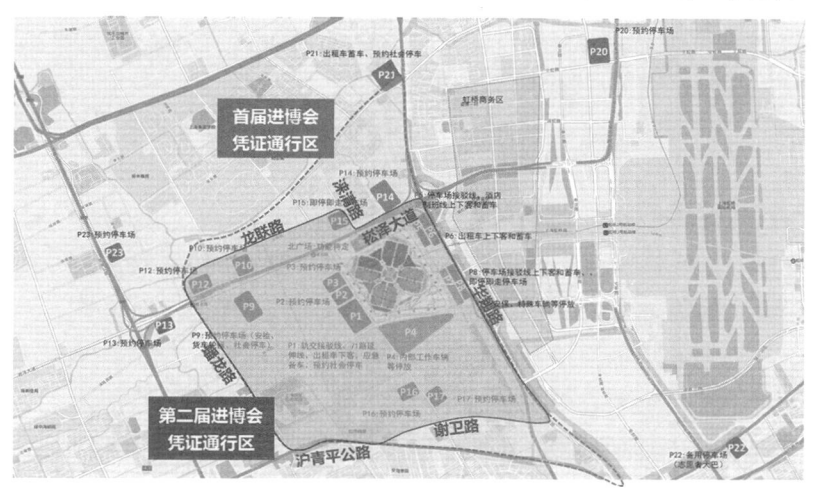

图10-37 进博会凭证通行区

一是停车控制,即内部停车场持证停车,临时停车场预约停车;二是通行控制,即通行区内车辆持证凭约通行。第二届、第三届进博会维持双控措施,但凭证通行区范围有所缩小,第四届、第五届进博会凭证通行区进一步缩小至个别路段。第六届进博会凭证通行区对标第二届进博会。

2) 周边停车场优先满足集约大巴停放或停靠

周边临时停车场优先供公交、出租、即停即走等交通服务使用,其次考虑预约大客车停车,预约小客车停车适当引导控制。

3) 对车辆行驶路径进行动态引导

通过动态情报板和管理措施相结合,引导车流避开拥堵节点,提前均衡分散进入会展区域,充分发挥地面道路疏解作用。3个内层匝道(崧泽高架诸光路下匝道、崧泽高架蟠龙路下匝道、嘉闵高架建虹路下匝道)为车流到达常规路径。当流量增加或交通管控,内层下匝道出现拥堵时,通过可变情报板引导至2个中层匝道(S26金光路、金丰路下匝道)。当中内层匝道或高架区段出现车流集中拥堵点时,通过可变情报板和管控措施,引导车流提前通过8个外层匝道进入地面道路。离场时,同样采取分散引导策略,充分利用地面道路集散能力,避免车流集中某几个高架匝道。

第二届、第三届进博会时,随着诸光路地道、北翟路快速通道等的建成通车,国家会展中心对外交通快速路系统新增北部快速通道,有效缓解外环、延安高架压力,加强北部通道分流,提高北侧通道辐射面。至此场馆道路三横三纵的快速到发体系已基本形成,西侧来向主通道为G15—崧泽高架/S26,东北侧来向主通道为北翟高架—诸光路地道,东南侧来向主通道为延安高架—G50—嘉闵高架。

4) G50瓶颈段(G15—外环)实施临时禁货

为保障博览会主通道安全和有序运行,进博会期间,G50(G15—外环)段于5:00—22:00实施临时禁货措施。

10.5.2 确保轨道交通首要保障能力

1) 分阶段提升保障等级和运能

首日(5日)全路网实施一级保驾;专业日及公众日(6—10日)期间,轨道交通2号、10号、17号线实施一级保驾,其余线路实施二级保驾;展会结束后(11日),全路网恢复常态保驾。进博会期间轨道交通 2 号线取消交路,国家会展中心站区段增能,高峰最大运力增至 4.96 万人次/小时。其余线路原则上按常态计划运行。

从第二届进博会开始,对轨道交通 2 号线入场方向进行特殊组织。第二届进博会的早高峰实施了 2 号线"3+1"调控措施(即 3 列载客至国家会展中心站,1 列虹桥火车站清客,将部分客流分流至 17 号线国家会展中心站),有效缓解场馆西侧入场压力。

2) 强化轨道交通多通道分流

通过引导、公交接驳形成 5 条轨道交通通道。如图 10-38 所示,主要通道为轨道交通 2 号线,确保轨道交通 2 号线国家会展中心站区段运力;辅助通道为轨道交通 10 号线换轨道交通 17 号线,提升轨道交通 10 号—17 号线组合通道的作用;离场分流通道为公交接驳线衔接轨道交通 9 号线中春路站、轨道交通 13 号线金运路站以及轨道交通 12 号线七莘路站。

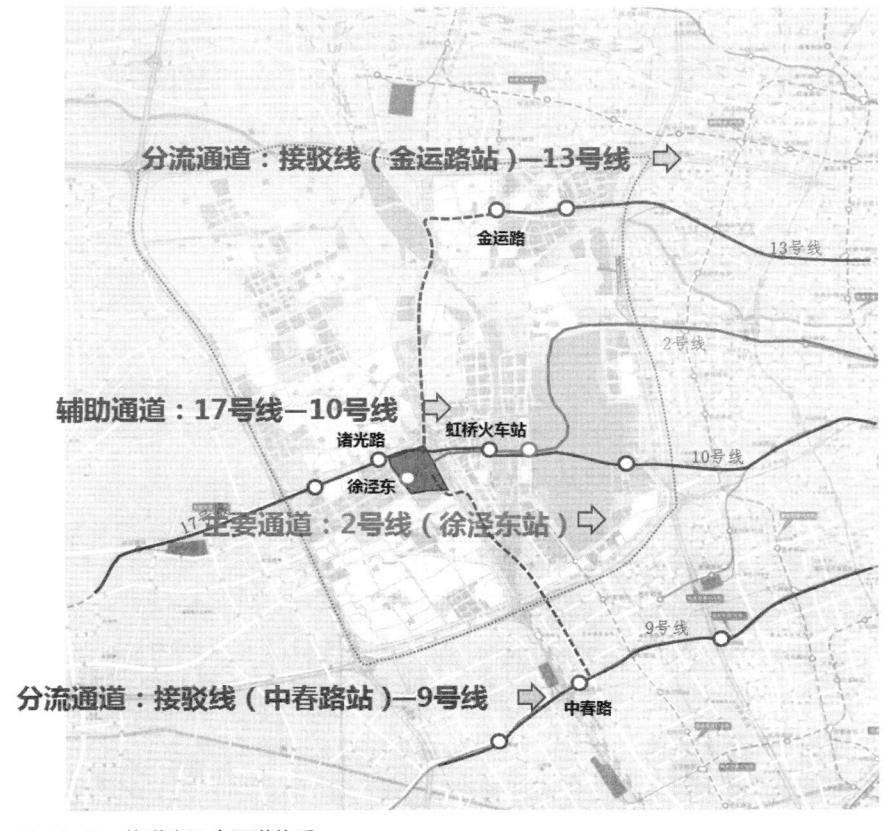

图 10-38 轨道交通多通道体系

3）加强轨道交通站点引导和需求联控

对 2 号线国家会展中心站、17 号线国家会展中心站、虹桥火车站站 3 个轨道交通站点实施需求联控；对虹桥火车站和 T2 航站楼优化换乘指引；对国家会展中心站从场馆内部做好提前引导；对国家会展中心站适时启动限流。

从第二届进博会开始对 2 号线国家会展中心站出入口组织进行了优化，避免西侧客流积压。在首届进博会方案基础上，对国家会展中心站出入口组织进行了一定调整，特别是入场阶段增开 4、5 号口入场，可有效避免西侧客流的积压。离场阶段平峰时 2、4、5 号口进站，相比首届增设了 2 号口进站，离场高峰关闭 2、5 号口，只启用 4、9 号口进站，同首届一致。

4）第二届进博会打通轨道交通 17 号线国家会展中心站与北广场地下通道，持续加强轨道交通 17 号线引导

首届进博会国家会展中心站地下人行通道尚未连通，至国展需上下多次，对行人造成不便。国家会展中心站至国家会展中心北广场的地下通道于 2019 年 10 月打通，方便行人抵离场馆，也有利于发挥轨道交通 17 号线作用。同时，建议场官方加强轨道交通 17 号线离场阶段自内而外引导，以缓解轨道交通 2 号线的离场压力。

10.5.3 提升地面公交服务

1）适时调整常规公交线路运能

梳理常规公交线路，分三个区域，即：引导区、控制区和警戒区开展保障工作。一是引导区（G15—沪青平公路—金沙江路—中环线），按计划配车确保出车率达到 100%；二是控制区（沪青平公路—蟠龙路—天山西路—虹渝高架），部分线路增加配车 1 辆，按计划配车确保出车率达到 100%；三是警戒区（盈港东路—诸光路—崧泽大道—涞港路），线路各自增加配车 1 至 4 辆，主要服务西部郊区，在原计划配车数上增加 20%。进博会期间根据实时客流动态调整运能。

2）离场时段公交 71 路区间延伸至 P1

进博会期间每日 15:00—19:00，公交 71 路区间自黄陂北路站起，经吴宝路站直达 P1 停车场，不进入申昆路枢纽。停靠公交 71 路区间黄陂北路至吴宝路各站、P1 停车场，以加强公交 71 路对进博会的服务，受到观众欢迎。

如图 10-39 所示，第二届进博会起，公交 71 路区间部分班次临时延伸线拓展至

8:00 开始运营。进博会期间将临时延伸线延长营运时间至 8:00—19:00,从公交 71 路区间黄陂北路站至 P1 停车场,双向开行,同时服务于入场客流与离场客流,为公交 71 路乘客提供更为便捷的参展体验。

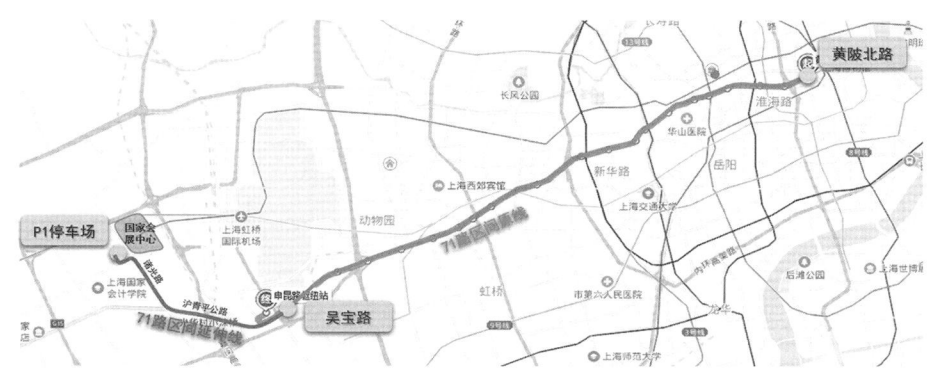

图 10-39　71 路延伸线线路走向

第六届进博会,由于 P1 场地开始开发建设,已不适于公交车辆停放和上、下客,故 71 路区间临时延伸线上、下客点移至 P5。

3) 开辟地铁(中运量)公交接驳线

如图 10-40 所示,开辟 4 条地铁公交接驳线,线路设置为轨道交通 13 号线金运路站、9 号线中春路站、12 号线七莘路—9 号线七宝站及公交 71 路申昆路站。入场阶段仅公交 71 路接驳线运营(每日 8:00—20:00),只停 P6;离场阶段 4 条线全部运营(每日 15:00—19:00),P1(3 条)、P6(4 条)同时上客发车。

自第二届进博会起,由于对 71 路中运量进行了延伸,故取消了 71 路接驳线,保留 3 条轨道交通接驳线,开行时间 15:00—20:00,在 P1 停车场上客,取消了 P6 上客点。

第六届进博会,由于 P1 场地开始开发建设,已不适于公交车辆停放和上、下客,故轨道交通接驳线客点移至 P5。

4) 开辟临时停车场接驳线路

针对距离较远的临时停车场,设置若干条国家会展中心周边停车场接驳线,分别接驳至 P1、P5 停车场。每日 8:00—20:00 运营,客满发车,发车间隔 10 分钟。第二届、第三届进博会时根据周边临时停车场的变化调整远端停车场接驳线路,点位调整至东侧 P5、P8,以缓解西侧压力。第六届进博会时,由于 P1 场地开始开发建设,

图 10-40　轨道交通接驳线线路走向（首届进博会）

已不适于公交车辆停放和上、下客，故停车场接驳线上、下客点移至 P5。

5）开辟商务区停车场接驳线

设置 1 条虹桥商务区核心区北部停车场接驳线，接驳至 P6 停车场。线路走向为国家会展中心 P6—虹桥商务区核心区北部的环线，设若干站点。运营时间为每日 8:00—20:00，客满发车，发车间隔 15 分钟。第二届、第三届进博会时由于商务区共享的停车场范围增多，因此增加至 2 条虹桥商务区停车场接驳线，分南区、北区，接驳至 P8 上、下客。

6）开辟首日轨道交通 2 号线接驳线

首届进博会首日国家会展中心站封站，轨道交通 2 号线虹桥火车站清客，以引导换乘轨道交通17号线为主,并开启虹桥东交通中心—轨道交通2号线国家会展中心站接驳线、轨道交通2号线国家会展中心站9号口—轨道交通10号线航中路2号口两条轨道交通接驳线。第二届进博会首日仍实施国家会展中心站封站相关措施,第三届进博会首日国家会展中心站未封站。第六届进博会首日上午国家会展中心站封站,开行临时接驳线。

7) 研究设置进博会专用道

如图10-41所示,为保障公交接驳线、团队巴士等集约车辆和特殊保障车辆通行效率,在崧泽大道南侧、S26双侧、华翔路单侧设置时段性进博会专用道,进离场高峰时段7:00—10:00、15:00—19:00专供公交车辆和大巴车辆使用。同时沪青平公路借用现有公交专用道,会展期间按工作日常态化管理为集约交通提供优先服务。第二届、第三届进博会延续该方案。

图10-41 进博会专用道设置

8）制订大客流时的公交应急方案

进博会期间，公交配置大客流应急支援车辆 100 辆，分别停放于 P1 停车场（60 辆）、申昆路停车场（40 辆）。结合常规轨道交通站点应急预案，对轨道交通 2 号线国家会展中心站—淞虹路站折返段、轨道交通 17 号线国家会展中心站—徐泾北城折返段、轨道交通 10 号线虹桥交通枢纽—龙溪路站折返段设置公交应急接驳线。同时，针对出租车大客流制订出租车上客点大客流疏散线预案。

10.5.4 加强团体巴士组织力度

1）鼓励、推荐使用大巴包车方式

鼓励、推荐工作人员、参展方、采购商使用大巴包车方式，通过停车预约方式指定大巴停车分布，并做好上、下客现场管理。

2）提供多样化团队巴士服务

提供 3 类团队巴士服务，一是酒店巴士，属于酒店至展馆的点对点交通服务，由酒店设立，场馆则提供停车预约等配套服务。二是酒店定制巴士，引进定制巴士平台企业，提供展馆至酒店密集区的交通服务，沿途停靠数个酒店，根据酒店圈层分布情况，衔接重点圈层，弥补轨道空白，预设若干衔接交通枢纽、人流集散地的线路，短时调度成线。

3）第二届进博会起引入既停即走的大巴下客组织形式

第二届进博会在东侧增加下客点均衡客流。由于停车场主要在西侧，叠加地铁客流，入场客流不均衡问题突出，西侧压力大。将大巴上、下客分散组织，远端停车场接驳线停至 P5、P8，酒店定制班线停至 P5，并在 P8 设即停即走预约大巴下客点，运行效率高，有效均衡东、西侧客流。如图 10-42 所示，第三届进博会时在北侧增加即停即走点，进一步均衡客流。北侧由于交通设施较少，客流较低，有待发挥更大作用。故在北侧新建 P15 停车场作为即停即走功能使用，可缓解停车场紧缺，并增加北侧客流量，进一步均衡客流。第六届进博会时，新增 P6 与 P8 间华翔路社会小客车即停即走下客点，P15 也拓展为社会车辆即停即走下客点。

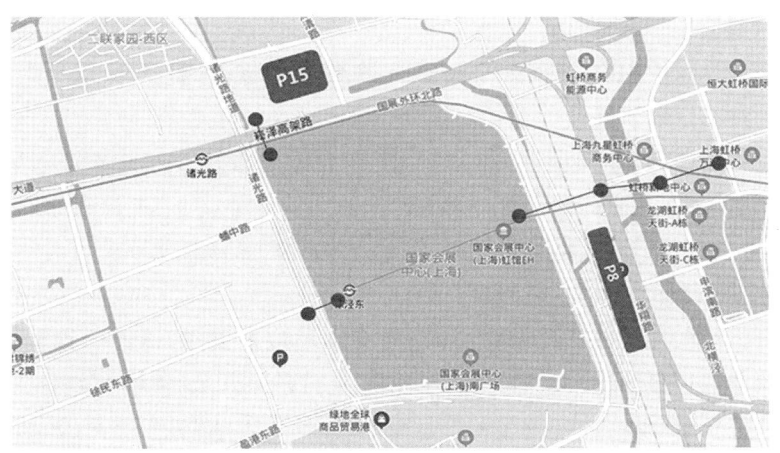

图 10-42　第三届进博会即停即走场地设置

10.5.5　提供出租车定点保障

1）出租车入场方向定点下客

考虑到公安将对周边道路进行管控,也为了规范周边道路秩序,4 条围合道路不下客。设置西(P1)、东(虹桥商务区核心区申武路)两个出租车下客点。设置申武路(锡虹路—绍虹路段)为网约车临时下客点,允许停靠时间延长为 6 分钟。

如图 10-43 所示,第二届进博会起,根据场地条件分散增设出租车下客点,避免

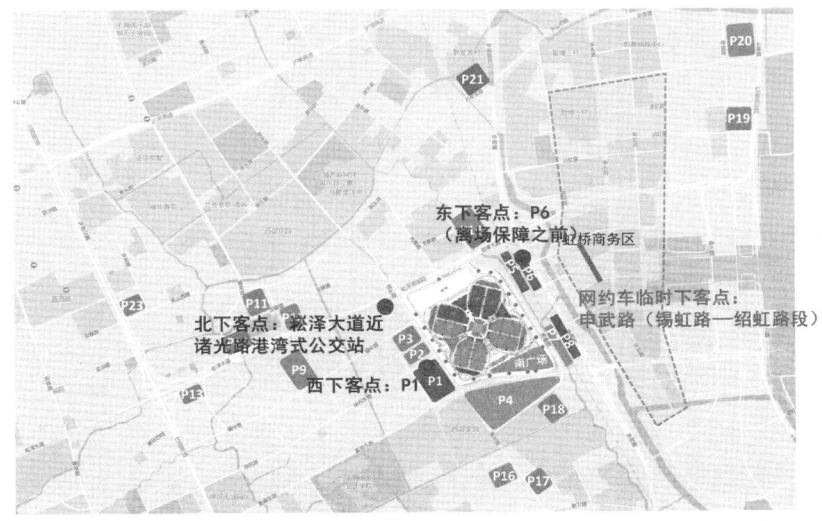

图 10-43　第二届进博会出租车下客点分布

车辆集中到达溢出。新增1个、调整1个出租车下客点,共设置北(崧泽大道近诸光路港湾式公交站)、东(P6)、西(P1)3个出租车到场下客点,每日7:00—12:00进行现场管理。网约车下客点不变。

第六届进博会时,申武路网约车临时下客点取消,可至P6、P8间华翔路社会小客车即停即走下客点、P15停车场下客。

2) 离场高峰出租车实施驻点保障

由强生出租公司牵头,负责联合本市4大出租汽车公司,进博会期间每日14:30起分批组织车辆进场蓄车、运营保障。如图10-44所示,设置润虹路停车场为一级蓄车点(300个),P5为二级蓄车点(400个)。空车从华翔路进P5蓄车上客,重车从涞港路出。

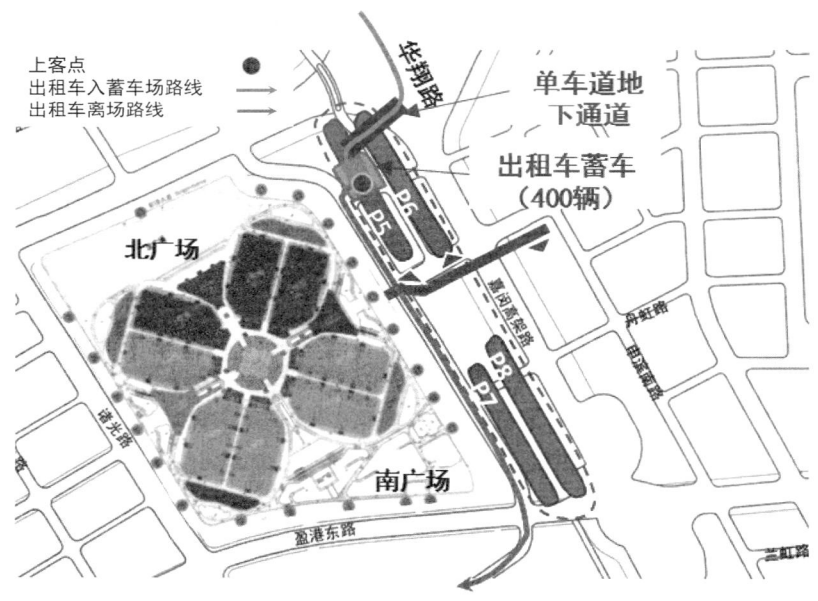

图10-44 首届进博会离场出租车上客组织

如图10-45所示,第二届进博会起,调整了出租车离场蓄车和下客点位置。调整为出租车在P6上客、蓄车,设P21为二级蓄车场,根据首届经验调整运能。保障时间提前至每日下午13~20时,车辆入场流程为车辆进入P21—拿专用凭证—P6—上客离场,保障现场秩序。自第五届进博会起,由于P21开发建设,出租车二级蓄车场调整至P20。

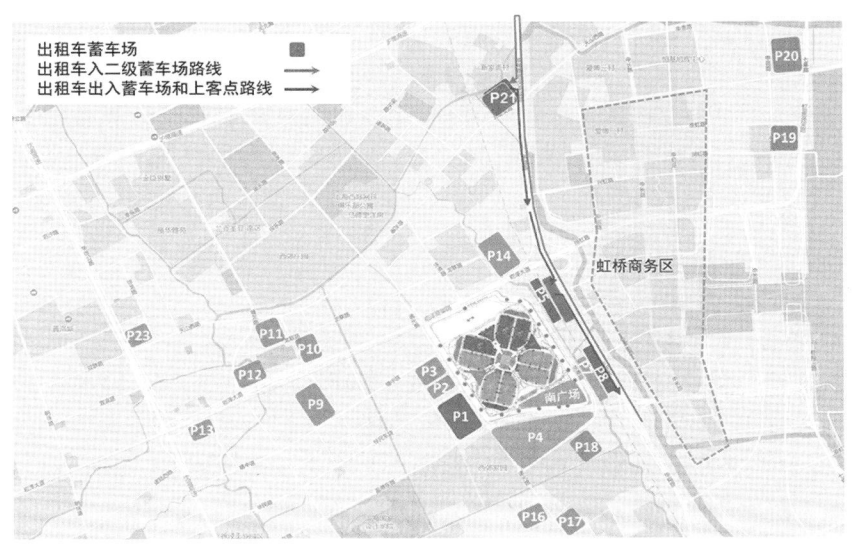

图 10-45 第二届进博会离场出租车上客组织

10.5.6 防控防疫保障

第三届进博会是在新冠疫情大背景下举行,因此较往届增加了疫情防控保障内容,以确保第三届进博会平稳举行。第四届、第五届进博会基本延续了第三届进博会的措施。

1) 制订进博会公共交通疫情防控工作方案和操作指引

根据《第三届中国国际进口博览会新冠肺炎防控工作总体方案》相关要求,结合本市交通行业实际,制订《第三届中国国际进口博览会公共交通疫情防控工作方案》。围绕"守住入城口、严控流动中、严防核心圈"制订相应防控措施。面上坚持落实交通行业各项常态化防控措施,形成三级管控体系,对市境道口、地面公交、轨道交通、省际客运、出租汽车和水路客运行业提出测温查验、个人防控、消毒频次及满载率等工作要求,保持交通行业疫情平稳可控。点上精准化防控,强化"人、物、线、站"管理,进博会管控区内加强人员管控、交通工具消毒,保障人员做好个人防护,在重要点位设立临时观察点,做好宣传和信息上报工作。

制订《本市交通行业第三届进博会管控区疫情防控措施操作指引》。涉及轨道交通、省际客运、地面公交、出租汽车及停车场等行业,提出消毒通风、人员防护、乘客管控、宣传和信息报送等操作要求。

2）各交通子系统形成专项疫情防控方案

轨道交通、地面公交、出租汽车、包车客运和停车管理制订专项疫情防控方案。分别对保障人员防护、工具消毒通风、乘客管控和应急转移等制订相关措施。完善2号线国家会展中心站与17号线国家会展中心站的公共卫生（疫情防控）现场处置方案；公交接驳线实施一程一消毒、一圈一清洁；停车场内设置体温检测点；参与服务保障人员必须佩戴口罩，并加强体温监测等，严格执行防控措施。

3）加强进博会周边临时停车场防控措施

作为进博会交通保障各项服务的落脚点，实施"一场一方案"，共设12个检疫岗位和临时观察点。在P1、P3、P6、P8、P10、P12、P13、P16、P17、P20、P15、P23共12个停车场设置检疫岗位和临时观察点。大巴上车即测温、小车出场即测温，远端停车场人员在停车场接驳线上客点（上接驳线前）测温，71路延伸线在P1停车场下车即测温。本次进博会对停车场车辆采取分区停放措施，防止大、小车乘客混合。

10.6 / 交通信息保障

加强科技赋能在进博会的应用，分别从管理方、用户方角度进一步加强智慧融合，强化实时监测，优化精准调度，实现监测指挥全方位、停车预约全覆盖、出行信息全告知，提升交通保障精细化，提升观众感受度。

10.6.1 构建交通保障指挥体系

形成市交通委指挥中心和现场指挥部两个层级，指挥决策扁平化。进博会交通保障组设交通指挥部、现场指挥部两个指挥层级，如图10-46所示。交通指挥部负责进博会期间全市面上交通状况的综合监测、指挥调度、路况发布及应急处置等常规工作；响应现场指挥部的工作请求，协调解决现场指挥部提请协调的交通保障事项；负责进博会期间交通保障组的日常事务，对接苏、浙、皖交通主管部门。现场指挥部按照进博会交通保障总体方案，做好涉及进博会的交通运行指挥调度工作；接受进博会执委会安保交通组、防疫卫生工作组指令，做好应急指挥调度；负责进博会现场数据的采集和工作信息的传递，及时上报需提请交通指挥部协调解决的事项；负责与安保、交警、商务和卫健等部门的横向联络，保障国家会展中心和虹桥枢纽区域的车流、客流均衡有序。

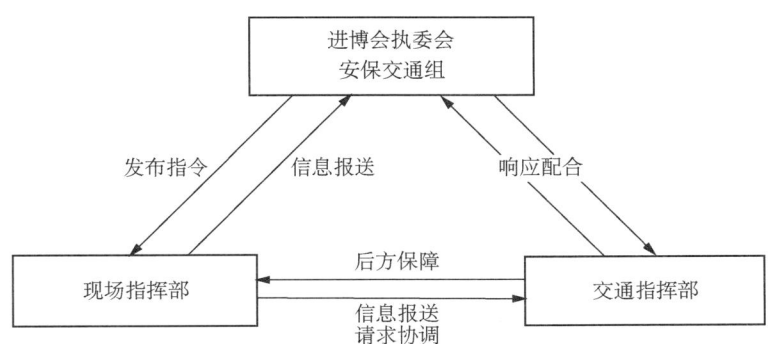

图 10-46　进博会交通保障指挥体系

■ 10.6.2　提供多种形式的公众信息服务

强化宣传，通过会展 App、会展公众号、百度高德电子地图、道路动态诱导屏（情报版）、场馆显示屏、站内广播、交通广播台和媒体宣传等多种渠道发布信息（图 10-47）。

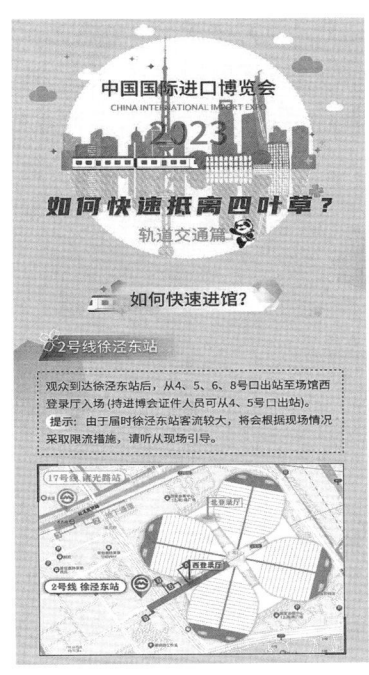 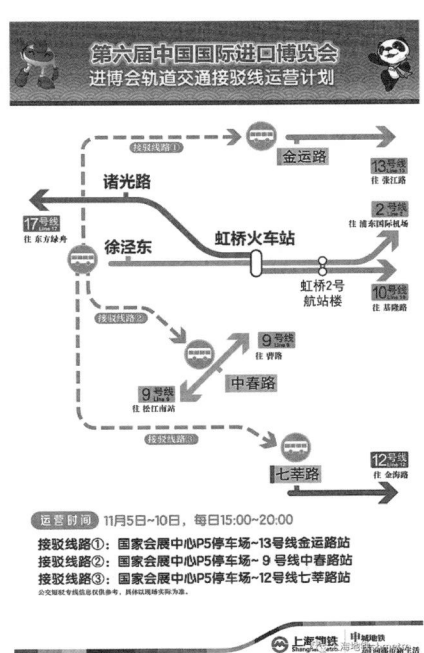

图 10-47　交通保障措施公众宣传

每年进博会及时对接进博局开展交通出行攻略宣贯,进博会举办前夕在主要媒体发布交通攻略,引导参展客商有序参展。

■ 10.6.3 加强多部门协调合作

对接安保管控方案,根据安保方案的细化和变化不断优化调整交通保障方案。对接道路交通组织方案,与交警的道路交通组织方案进行对接,并会同交警一起细化接驳公交、团体大巴、出租车的引导路径,细化小汽车管控方案。对接酒店接待方案,会同市旅游局、进博局等相关单位,根据参展人员入住酒店情况,规划穿梭巴士等集约交通保障服务。对接活动票务信息,持续跟踪招展需求、活动安排和票务方案,调整细化交通保障方案。

■ 10.6.4 科技赋能交通保障

如图 10-48 所示,面向管理方,持续推进交通保障数字化水平,开发并优化交通指挥平台功能,完善视频监控体系,提升智能化、信息化对交通出行、营运、管理和服务等场景的应用程度。释放大数据对交通治理的放大、叠加、倍增作用。开发停车预约系统,并不断完善在线服务和预约规则,通过"登记分配+自由预约"两种方式对外提供停车预约服务。社会公众通过上海停车 App 和随申行 App 及其关联小程序等进行泊位在线预约、停车导航、无感支付和在线取票,实现全智慧停车场景应用。

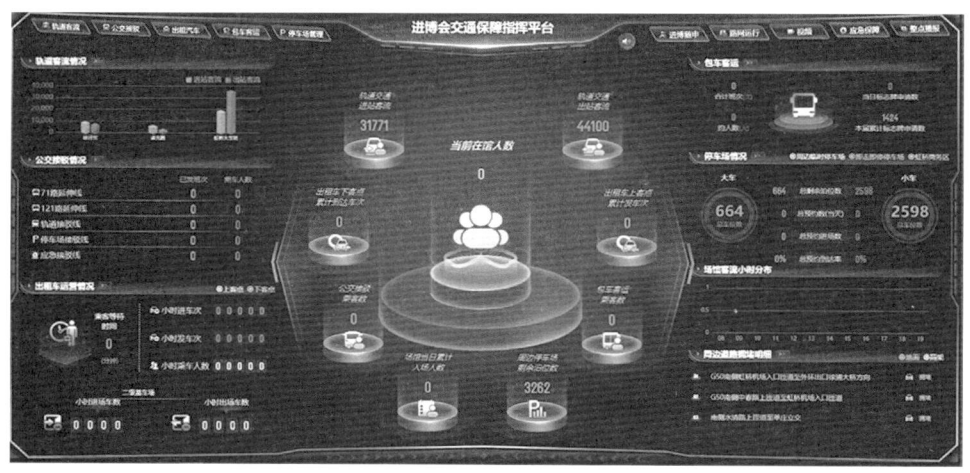

图 10-48 进博会交通保障指挥平台示例(第六届进博会)

如图 10-49 所示，面向用户方，开发优化用户端出行服务。首届进博会即在上海交通 App 开发进博交通板块，随后不断优化、升级、整合，提供出行指引、点位展示等功能。于第五届进博会起与上海 MaaS 系统（随申行）深度融合，打造进博出行专区示范应用，为用户合理规划进博会交通出行方式，强化场馆周边餐饮、娱乐设施等信息衔接，提供进博会停车预约入口，打造局部区域出行即服务的应用场景。此外，上海 MaaS 系统梳理进博会交通出行数据，形成进博会交通出行碳排放、公共交通舒适度、出行热度等实时信息，为进博会交通保障决策和引导市民出行提供有力支撑。

图 10-49　进博会信息化客户端界面

10.7　/　交通研判和评估

制订数据报送和调查方案，在进博会期间每日形成整点播报、综合研判日报，分析当日运行特征,预判次日运行情况,为实时运营决策提供依据。进博会结束后开展进博会交通保障方案后评估工作,分析进博会期间交通运行情况,研究进博交通运行特征和规律,评估保障方案实施效果,总结成功经验,寻找存在问题,为今后每年举办的进博会交通保障工作提出优化建议。

10.7.1 数据报送方案

每届进博会,根据会展的变化情况和交通设施变化情况调整数据报送方案。

1) 轨道交通

每日运营时段(选取 7:00—20:00)按小时采集报送轨道交通 2 号线国家会展中心站、轨道交通 10 号线虹桥火车站站、轨道交通 17 号线国家会展中心站进出站客流情况,以及与非展会日客流对比情况,并按日汇总。同时,在离场时段(15:00—20:00)按小时采集报送 2 号线国家会展中心站、17 号线国家会展中心站进站口排队等候时间等情况。

2) 地面公交

每日运营时段(8:00—20:00)按小时采集报送轨道交通接驳线、停车场接驳线、公交 71 路延伸线和接驳线的出车数、班次及人次,并按日汇总。同时按日(运营时段采集至 19:00)离场时段(15:00—19:00)按小时采集报送控制区 11 条国家会展中心站始发线路每班上客人次;并按日汇总报送控制区 19 条常规公交线路班次、客流量。如启动应急用车时,按要求采集报送并汇总相关数据。

3) 出租汽车

每日运营时段(15:00—20:00)按小时采集报送蓄车数、发车数、排队等候情况,并对发车数按日汇总。每日(选取 8:00—15:00)按小时采集报送下客点(P1、申武路)车次、客流量情况,并按日汇总。

4) 团队巴士

每日定时(11:00、19:00)报送酒店穿梭巴士、浦东机场专线的车次、客流情况,并按日汇总。

5) 停车管理

每日(选取 8:00—20:00)按小时采集报送国家会展中心周边临时停车场剩余泊

位数、累计进场车辆数、累计出场车辆数和泊位周转率,并对进出场车辆数、泊位周转率按日汇总。除 P8 需手动填报外,其余可自动上报的停车场按小时增加采集剩余未进场预约车辆数、累计预约车辆进出场数据等情况。

6) 路网运行

每日(选取 7:00—20:00)按小时截取报送进博会周边高快速路、控制区周边区域地面道路运行状态图;按小时报送核心区周边区域匝道流量并按日汇总,早晚高峰时段四个时间节点报送饱和度情况;按小时分方向报送延安高架(外环—中环)、G50 入城段(嘉闵高架—外环)、嘉闵高架(G50—崧泽高架)、嘉闵高架(北翟高架—崧泽高架)、崧泽高架(华徐公路—嘉闵高架)、北翟高架(外环—嘉闵高架)和 S26 入城段(华徐公路—嘉闵高架)等快速路段整点即时状态,并按日汇总流量;按小时报送江苏、浙江方向各自抵沪客车流量,并按日汇总。

7) 交通执法

每日定时(19:00)报送当日国家会展中心周边、"两场三站"枢纽、出入市境道口及重点指定接待宾馆等区域的交通执法情况。

10.7.2 工作流程

进博会期间,现场指挥部采取基于席位管理的一线指挥调度模式,信息报送由各相关席位按职责组织实施,具体安排上,由各运营调度席位,或运营调度席位指导保障企业,按要求完成信息采集、报送、录入工作;由综合研判席位进行汇总分析。

10.7.3 整点播报编制

进博会期间,项目组派员进驻交通保障现场指挥部值守综合研判席位,根据每个整点各席位报送的数据,简单汇总分析,独创性地形成整点播报,帮助有关方面及时掌握最新运行状态,做出即时研判和方案调整。11 月 5—10 日,每天 8:00—20:00 共 13 个整点,共形成整点播报 78 份。

10.7.4 综合研判日报编制

如图 10-50 所示,进博会期间,每日 23:00 前,完成综合研判日报,分析当日运行特征,预判次日运行情况,并及时提交综合协调组、城市运行组和交通委的主要领导。

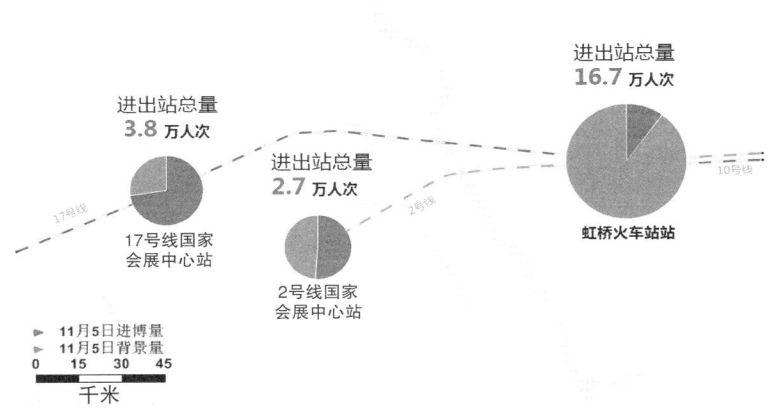

图 10-50　首届进博会于 11 月 5 日的轨道交通运行特征综合研判图

10.7.5　形成综合研判报告

如图 10-51 所示,展会结束当晚形成综合研判总结报告,对 6 天运行情况形成初步的总体分析,提交相关领导和部门。

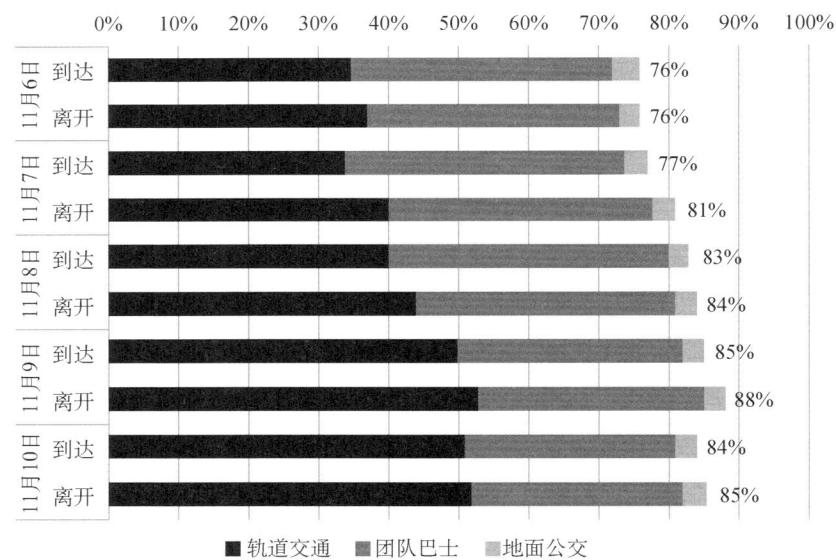

图 10-51　首届进博会集散方式结构综合研判图

10.7.6 进博会客流情况

2024年11月5—10日,第七届进博会在上海成功举办,交通保障任务顺利完成,累计双向运送进博会客流133.8万人次,日均22.2万人次,最高为6日的30.4万人次。如图10-52、图10-53所示。进博会客流稳步恢复,到、离场平稳有序,集约方式分担率保持较高水平。分日期看,客流最高日基本为第二日(6日)。

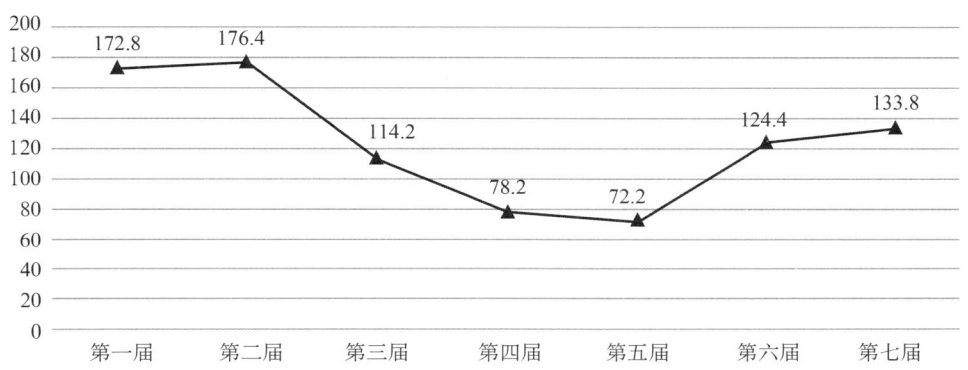

图10-52 历届进博会双向运送客流总规模(万人次)

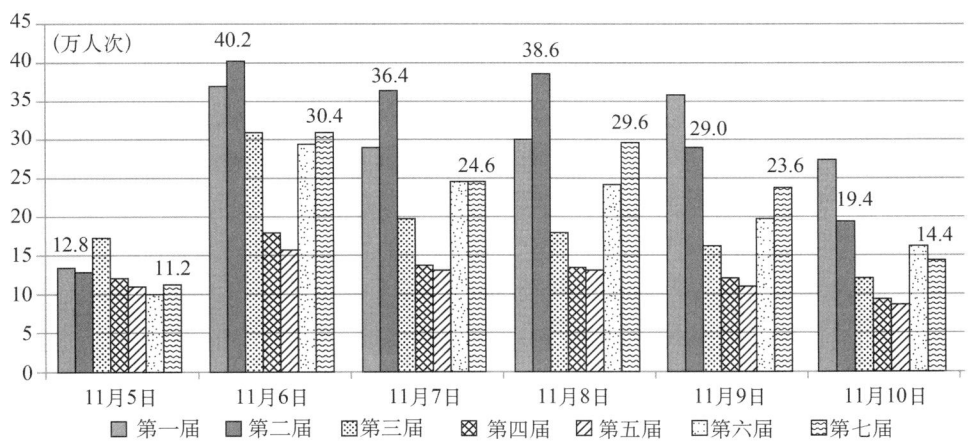

图10-53 进博会双向运送进博客流规模

通常,进博会到场高峰基本为8:00—10:00,离场高峰基本为17:00—19:00。如图10-54、图10-55所示,以第六届进博会为例,受开幕式影响,5日到场客流呈双峰特征,分别为9:00—10:00和13:00—14:00,离场相对较晚;6日大客流呈现早到晚走特征,到、离场高峰分别为8:00—9:00和18:00—19:00;7—9日的到、离场高峰与

251

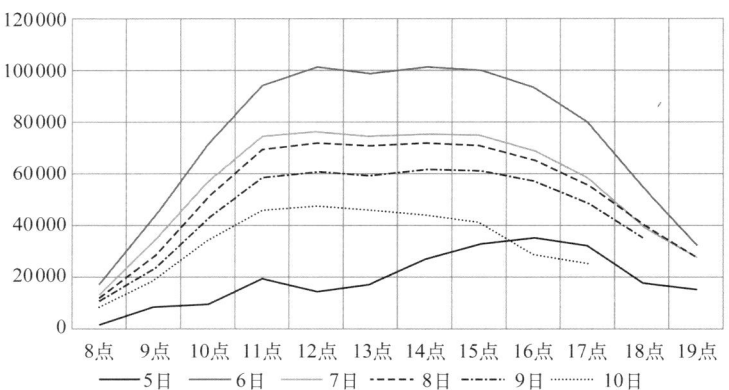

图 10-54 第六届进博会在馆人数时段分布

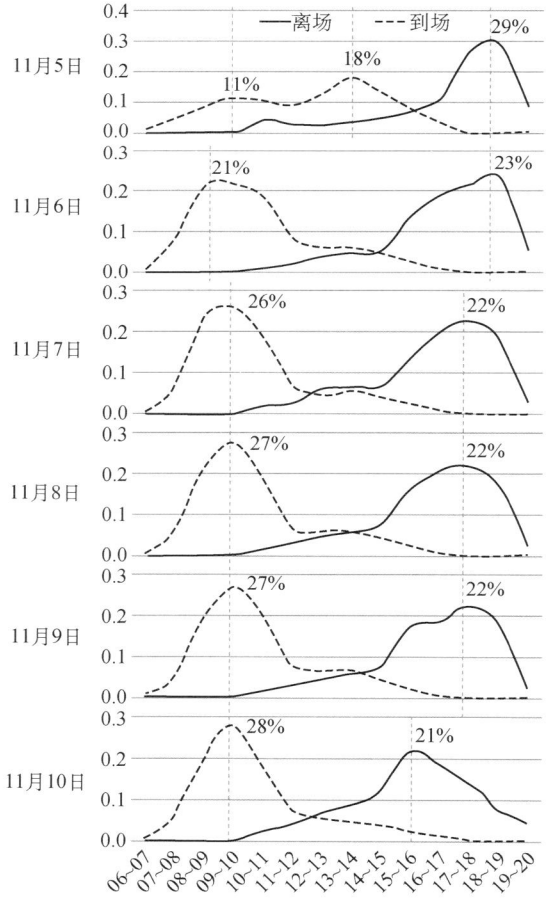

图 10-55 第六届进博会客流到、离场时间分布

往届基本一致,分别为 9:00—10:00 和 17:00—18:00;10 日闭幕日到场高峰为 9:00—10:00,离场呈早走特征,高峰为 15:00—16:00,较往届更为提前。

进博会时集约交通出行仍占主体,兼具个性化出行服务。集约交通包括轨道交通、团队巴士、地面公交,在进博会交通组织中发挥着重大作用。如图 10-56 所示,历年进博会集约交通出行占比均达到 70% 以上。以第六届进博会为例,轨道交通、包车客运、地面公交等集约化交通方式占比 78%,较疫情三年均有提升,与第二届水平持平,集约化程度保持较高水平。

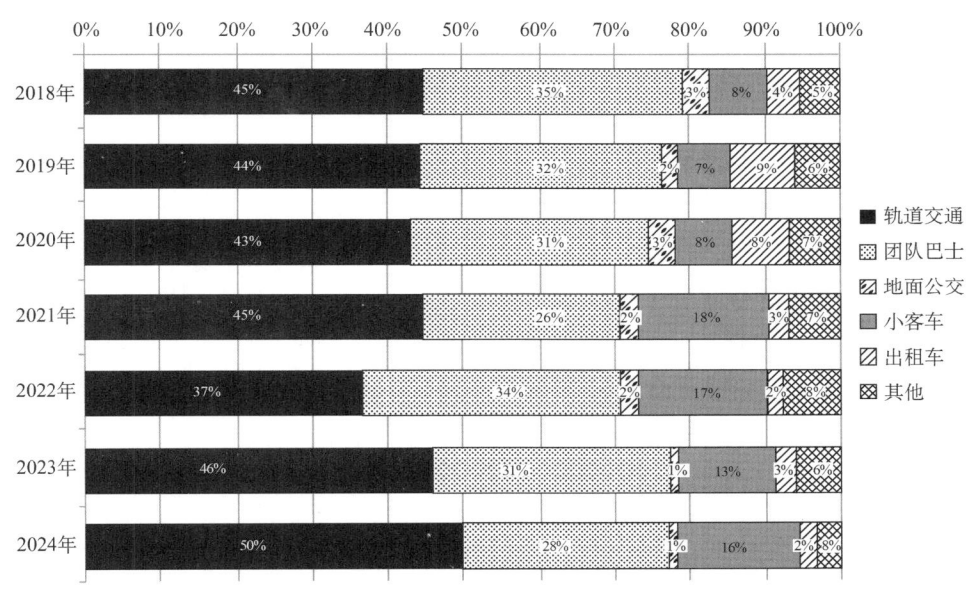

图 10-56 历届进博会交通方式构成

10.7.7 进博会交通系统运行特征

以第六届进博会为例分析进博会交通系统运行情况。

1) 轨道交通

如图 10-57 所示,第六届进博会国家会展中心站累计进出站 61.1 万人次,日均 10.2 万人次,受开幕式管控,5 日上午实施封站,下午 1:27 开站运营,6—10 日均为工作日,背景客流普遍较高,最高日(6 日)进出站量 12.8 万人次,高峰小时客流接近首届水平,进站高峰小时约 1.4 万人次,离场基本无需排队。

17 号线国家会展中心站累计进出站 16.9 万人次,日均 2.8 万人次,5 日 2 号线

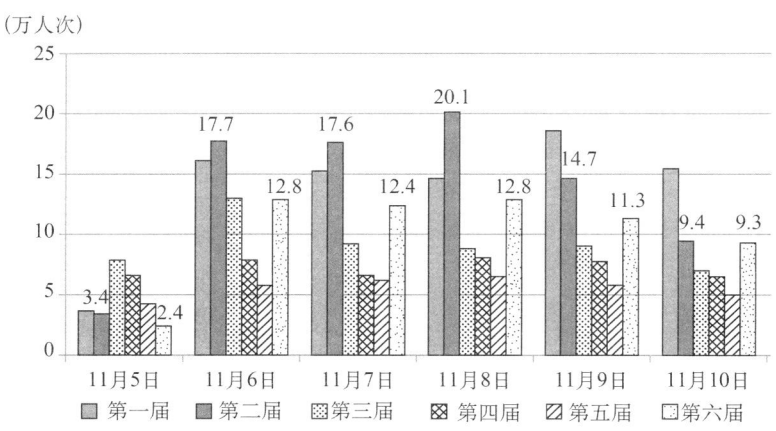

图 10-57 2 号线国家会展中心站进出站量客流

国家会展中心站封站,17 号线国家会展中心站进出站量较高,与最高日 6 日客流基本相当,为 3.1 万人次。高峰客流基本达到首届水平,会展期间延续轨道交通 2 号线"3+1"的调控措施,17 号线国家会展中心站客流分担率 22%,较第二届的 18% 进一步提升,起到一定分流作用。

2）地面公交与包车客运

第六届进博会地面公交保障线路总运送 2.0 万人次,停车场接驳线由于远端停车场使用率提升,客运量较前两届有较大提升,其余线路基本为在疫情期间的水平,并启用首日轨道交通接驳线和出租车大客流应急线。

进博会包车客运业务持续提供高水平服务。根据进博专用标志牌数据,本市道路客运行业累计投放运力 2 930 辆次。3 条酒店穿梭专线客流有所恢复,双向发送 132 班次,共运送客流 529 人次,主要集中在上午入场。

3）出租汽车

第六届进博会三处下客点累计到达 0.6 万辆次,高峰日达 1 442 车次。由于 P1 场地调整,步行绕行距离较往届增加,观众更多选择在 P6 下车。

离场保障有力,累计发车 1.4 万辆次,与第一届水平相当。其中 5 日受华翔路管制影响出租车离场放缓,乘客有短时排队;最高日 6 日发车 3 442 辆次,16 时出现排队,最大排队时长 25 分钟,17:12 启动大客流公交接驳应急,发送 1 辆 P6—中山公园龙之梦线和 1 辆 P6—莘庄地铁站北广场线,至 19:00 乘客排队情况得到缓解;7 日离场高峰仍有排队,其余日期基本无排队现象。

4) 停车管理

第六届进博会周边临时停车场累计驶入进博会预约大车 0.2 万车次、小车 0.9 万车次(不含即停即走);虹桥商务区停车场累计驶入预约小车 802 车次。即停即走停车场利用效率总体较高,其中 P8 停车场同时服务大车和小车,累计进场约 0.3 万辆次;P15 停车场也服务于大车和小车,累计进场约 0.3 万辆次。

5) 路网运行

第六届进博会路网总体运行平稳。延安高架(外环—中环)、G50 入城段(嘉闵高架—外环)、北翟高架(外环—嘉闵高架)、嘉闵高架(G50—崧泽高架)和崧泽高架(徐乐路—嘉闵高架)等快速路工作日高峰时段呈常态拥堵状态;周边地面道路运行平稳。如图 10-58 所示,客流高峰日(11 月 6 日)路网受交通管控和工作日通勤交通叠加影响,除常态拥堵点外,早高峰嘉闵高架建虹立交附近、崧泽高架(蟠龙路出入口—虹翟高架),以及蟠龙路、龙联路等凭证通行区边界道路出现拥堵。

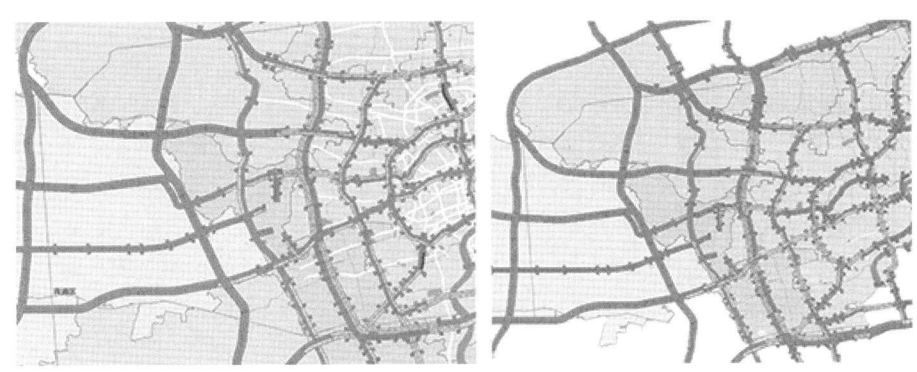

图 10-58 2023 年 11 月 6 日早晚高峰快速路网运行情况

10.7.8 成功经验

1) 构建扁平高效的组织指挥体系

进博会的交通保障工作即成立交通保障组,构建交通指挥部、现场指挥部两级交通保障指挥体系,靠前指挥、协同联动。交通指挥部负责全市交通面上指挥调度,现场指挥部按运营管理、综合保障、区域联动分类设置值守席位,做好涉及进博会的交通运行指挥调度工作。同步成立现场指挥部临时党支部,进一步加强党建引领。

2）围绕集约优先制订方案

管控、引导小汽车出行。在进博会试点停车预约措施,从需求上进行控制和引导,保障现场道路顺畅和秩序。

围绕集约优先布局停车场功能。场馆周边停车资源紧缺,近端场地优先保障公交车、出租车、即停即走等功能性停车场地;停车场优先考虑大巴停车;小汽车停车位适度考虑,在停车资源紧缺的情况下通过协调周边临时用地和配建停车场库共享提供。

各交通系统制定专项保障方案,轨道交通、公交、出租车和包车等运营企业合力保障运行。轨道交通作为骨干力量,保障线路运力和站点秩序。地面公交作为补充和应急,在常规线路服务空白区设置临时线路予以补充,并配备应急力量。出租汽车实施离场驻点保障。包车客运按需开通定制线路,监管车辆合规运营。

3）数字赋能智慧交通

面向管理,搭建信息化交通指挥平台,提供运营现场视频和数据展示,便于第一时间掌握、第一时间研判、第一时间处置。面向用户,开发客户端提供信息查询、交通设施指引、预约购票等线上服务,为参展客商和观众提供优质的出行引导服务。

4）加强宣传优化出行引导

通过微博、公众号、短视频等上海交通新媒体矩阵,以文字、图片、视频等形式,宣传集约出行理念,形成集约出行共识。对进博会的停车预约措施、线上客户端、交通出行攻略等进行有计划、多渠道宣传,向观众市民传达相关信息和集约出行理念,形成集约出行共识。

10.8 / 长效保障机制建议

从历年进博会交通保障工作情况看,整体交通保障方案还存有一些需要改进的方面。首先是统筹考虑解决近远期进博会停车问题,由于场馆规划停车场建设滞后,功能不足,进博会停车场地保障主要以场馆周边临时场地和已建停车场库共享的形式提供,随着场地陆续开发建设,临时场地逐步退出保障,每届进博会都面临巨大的建设任务和方案制订任务。其次,需加强部门间横向协同联动提升保障效率,对于主办方活动方案、交警部门道路管控和现场道路保畅等关键信息,提早告知,及时对接,精准预判客流,联动保障交通。最后,对于深入研究精准调度提升资源利用效率,需在接驳公交、定制专线、停车场管理等方面研究精准施策,优化精准调度措施和方法,进一步提升运力利用效率。

按照习近平总书记提出的进博会要"办出水平、办出成效、越办越好"的重要指示要求,进博会需形成一套行之有效的长效保障机制,便于后续保障工作的开展。从保障工作看,首先是组织机制要长效,形成固定工作组以便形成合力开展工作,其次是设施条件要长效,尤其是场馆周边停车场方案要尽快固化,避免每届进博会的重复研究和建设。最后,对于客运组织方面,在组织机制和设施条件完备的情况下,运力调度有灵活性,长期看以集约优先为总思路,根据展会活动变化适当调整各交通子系统的保障措施。

■ 10.8.1 组织保障:构建常态化进博会交通保障工作组

成立常态化进博会交通保障专项工作组,纵向覆盖管理部门、运营保障企业,横向覆盖相关交通业态,指挥调度扁平高效(图 10-59)。按照既有做法,形成交通指挥部、现场指挥部的两级交通保障指挥体系,靠前指挥、协同联动。交通指挥部负责全市交通面上指挥调度。现场指挥部负责场馆周边和展会交通运行,在进博会筹备期间抽调来自管理部门、行业运营企业、技术支撑单位的同志,分别值守相应席位,做好涉及进博会的交通运行指挥调度工作。

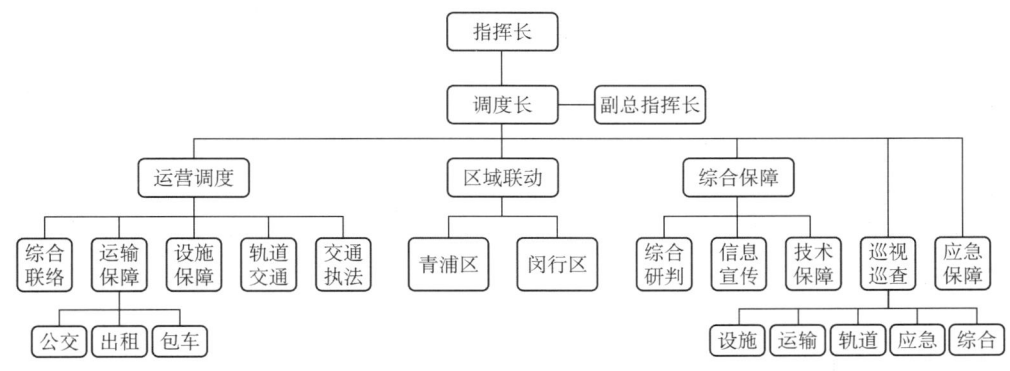

图 10-59 进博会现场指挥部指挥席位设置

■ 10.8.2 设施保障:制定停车场长效保障方案

1)需求梳理

根据对历届进博会交通保障的评估分析,进博会团队巴士停车位需大车泊位约

1 320个(包括团队巴士常用泊位,团队巴士上、下客泊位,接驳公交上、下客泊位,公交车辆蓄车泊位,应急公交泊位和应急泊位),小汽车泊位约1万个(包含基地内部),出租车蓄车位1 000个以及1个上客点、多个分散的下客点。另外,还需提供部分特殊车辆及工作车辆停放场地。以上场地需求可分为下述四大类。

(1) 功能性场地:用于公交接驳线路的上、下客和蓄车,应急备车停放,出租车上、下客和蓄车,团队巴士的即停即走上、下客。该类场地是交通保障工作的基础,必须位于近端、优先保障。

(2) 大车停车场:用于停放大巴车辆,包括社会车辆和特殊工作车辆。该类场地可根据实际停放需求,部分位于近端,部分位于远端,也需优先保障。

(3) 小汽车停车场:用于停放小汽车,包括社会车辆和工作车辆。由于小汽车为交通保障中需要控制的交通方式,因此可进行弹性化的适度保障,停车场可以位于远端,也可同周边商办楼停车库共享。

(4) 货车轮候场:用于布、撤展的货车轮候和进博会期间的食品等保障物资安检轮候场。布展期间,货车在布展前一天晚上进场,直到开展前一天结束;撤展期间,货车在展会倒数第二天晚上进场,最后一天开始撤展,至撤展结束。除展会最后一天外,布、撤展货车同展会客车停车需求要错开。安检场地在展会期间一直占用。

2) 既有规划梳理

如图10-60所示,根据《虹桥商务区规划(2011)》和《会展综合体综合交通规划(2011)》,基地内部配套停车场已全部建成,共计4 350个小车泊位(地下4 000个,地面350个)和50个大车车位(地面)。场馆东侧配套综合停车场(5号停车场,即现P5~P8)未建成且有不确定性,原规划地下2 000个小车泊位,800~1 000个出租车蓄车位和800~1 000个地面大车泊位,但实际规划有变,目前暂停建设。外围配套2处货车轮候区和4处小汽车停车场,仅1号小汽车配建停车场落实建设,2处货车轮候区共规划有2 500个货车泊位,4处小客车P+R停车场共规划有7 000个小客车泊位。合计规划小车泊位13 350个,大车泊位850~1 050个,出租车蓄车位800~1 000个,货车泊位2 500个。但目前仅基地内部停车场已建成,1号小汽车停车场已建成但由于开发商资金问题,尚未竣工验收。

3) 长效方案考虑

综合各类展会,功能性场地和大车停车场需优先满足,小汽车停车场适度满足,货车轮候场可同客车错时共享。从规划和实施情况看,功能性场地和大车停车场供

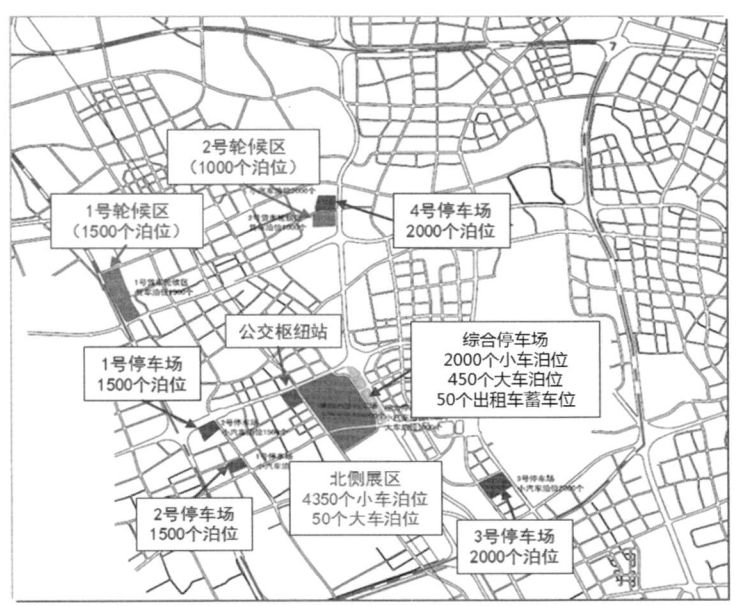

图 10-60 场馆规划停车场

需矛盾最为突出。

如图 10-61 所示,为确保进博会的长效保障,考虑未来展会形式的不确定性,停车场以共享加接驳的方式保障。远期总体以接驳和共享相结合,近远结合、客货结合、永临结合,分功能性场地、团队巴士停车、小客车停车三个层次制订方案。

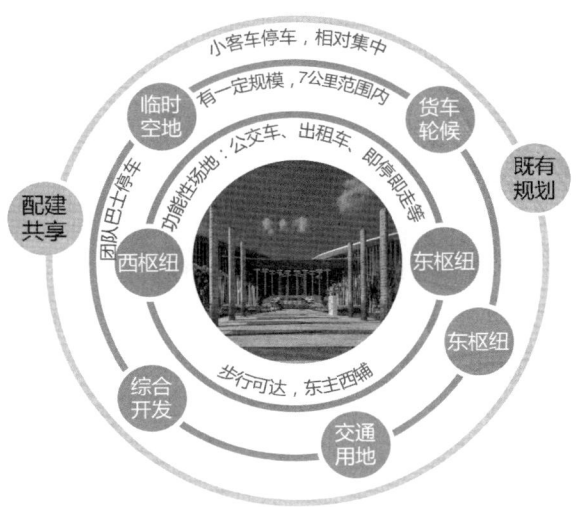

图 10-61 进博会停车长效方案体系

(1) 功能性场地

要求步行可达，设置东、西两个综合交通枢纽。东综合交通枢纽即规划的5号停车场，确保交通功能，近期四片场地作为公交、出租车、即停即走和大车停车场地，还可提供约50个大车位。远期规划450个大车位中，部分空间可作为功能性停车场，部分空间作为近端大车停车，2 000个小车位中部分作为出租车蓄车场。西综合交通枢纽要求位于轨道交通国家会展中心站附近，步行可达场馆，但远期没有符合条件的交通用地，建议利用徐民东路、蟠秀路等作为临时性路内停车点。

(2) 团队巴士停车

以货车轮候区错时共享措施，解决大部分团队巴士远端停车。以满足货车需求、同时兼顾客车停放的原则，1号轮候区可提供部分大客车泊位，在西综合枢纽即停即走后，停放至1号轮候区。2号轮候区可提供部分大客车泊位，在综合停车场即停即走后，停放至2号轮候区。接驳距离5~7千米。轮候区建设可分期进行。

(3) 小客车停车场

以配建停车场库共享和规划外围停车场建设落实的形式提供，配套接驳服务。

此外，内外统筹提升场馆内停车资源利用效率，适时协调将部分公交线路、定制巴士、大巴停放等功能放于红线内部。

10.8.3 运输保障：固化成功措施并根据变化情况调整

目前由于受到展会的政府组织、安保规格等因素的影响，使客流难以预测，易造成资源冗余。但长远看，政府组织因素必然会弱化，展会将向市场化、商业化发展。在政府组织的前提下，方案向下空间小，灵活度低。但在远期市场化背景下，方案仍有较大的优化空间。

1）轨道交通维持既有骨干地位

轨道交通在进博会出行方式的占比常年稳定在40%左右，尤其是第六届进博会占比达到历年最高的46%。在未来轨道交通2号线西延伸、13号线西延伸建成后，轨道交通能力将进一步提升。且多年来的磨合，轨道交通也成为展客商能接受的出行方式。

2）地面公交优化归并，作为应急补充

地面公交客流持续下降是大势，尤其是未出现大客流、轨道交通未出现排队限流的情况下，地面公交几乎没有吸引力。但是在市场化展会、极端大客流和突发应急情况下，地面公交将会是解决客流问题的重要手段。

对于进博会,一是停车场接驳线根据停车场分布保留布设。二是 71 路区间延伸线考虑同 71 路西延伸的关系,71 路西延伸距离场馆最近的一站为申长路绍虹路站,但步行至场馆需要 20 分钟。三是轨道交通接驳线考虑按需保留或归并。四是要预备应急备车,应对大客流和应急突发情况。

3)出租汽车保留定点保障,优化运营模式

根据历届进博会实践,参展客商对乘坐出租车有偏好,出租车也是形象和品质的体现。因此,考虑区位特点,保留上客点与蓄车场的定点保障模式。但是要优化精准调度措施和方法,进一步提升运力利用效率。

此外,网约车已成为不可忽视的一部分,第六届进博会期间同进博会相关订单高峰日可达 8 000 单以上。目前主管部门对网约车在大型活动的定点保障口径还比较模糊,如图 10-62 所示,可设置"社会车辆即停即走下客点",并在 App 设电子围栏,规定网约车下客点,以加强秩序管理。

图 10-62 第六届进博会期间网约车电子围栏

4)团队包车顺势而为,优化定制巴士服务

目前进博会30%左右的团队巴士出行占比主要由于展会形式是政府组织,高出行占比因展会组织形式而变化,应顺势而为调整停车位大小配比。

酒店定制巴士应坚持优化,尤其是未来展会市场化运作后。可考虑同酒店预订平台、酒店方深度合作,以市场化、常态化运作的方式融入日常展会中。

第 11 章 展望

11.1 / 大型会展交通组织经验总结

1）坚持集约交通优先策略

大型会展活动客流具有需求大、瞬时集中、层次化等特点，一味放任个体交通出行将造成会展场馆周边交通拥堵，甚至将影响城市日常交通正常运转。经过多个大型会展活动实践，采取集约交通方式消化参与人员的出行可以大大增加交通资源的利用效率，缓解交通压力，确保交通运行平稳有序。因此，应坚持将集约交通优先作为大型会展活动交通保障的基本策略，在设施建设、资源分配、管理机制等方面向集约交通倾斜，并通过广泛宣传使公众形成集约出行的共识，确保集约优先落地落实。

2）适当满足个性化需求的前提下多举措控制小客车出行

根据多个大型会展活动经验，控制住小客车出行可大大降低大型会展活动交通出行压力。在进博会、花博会等活动中，均采取了场馆园区周边通行管控区限制、停车预约限制的"双控"管理措施，配合集约交通优先策略，整体上道路交通增量不高，周边道路运行情况良好，获得较好的效果。但是考虑到人民群众对美好生活的向往，在适当满足小汽车出行需求的同时，可增强出租车驻场服务，作为个性化服务的补充和体现出行品质的提升。

3) 通过多方式整合均衡客流和车流

客流和车流在时间和空间上的不均衡是造成节点拥堵的原因之一。在大型会展活动交通保障工作中,充分调动各种交通方式的保障资源,避免客流在某一种交通方式、某一条路径通道上过于集中。例如道路分流引导措施、设置轨道交通接驳线分流主要轨道交通线路措施、采取"3+1"特殊运营方式缓解重点线路压力以及各方向均衡布设交通服务点位等措施,均在一定程度上均衡客流车流,充分高效利用资源,避免过于集中导致的排队延误,提升整体交通保障满意度。

4) 交通同票务协同联动实现精准调度

在花博会交通保障工作中实现交通与票务的联动,将票务、出行车票和船票、停车位全部纳入线上预约付费体系,可精确捕捉次日、后日的客流量、交通出行情况,为运能配置、管理预警提供扎实的决策基础。

5) 信息化赋能智慧交通

开发建设大型会展活动交通出行服务 App,提供地图导航、信息查询、停车和票务预约等功能,方便观众出行。构建指挥平台,将视频监控、运行数据等整合展示,实时呈现交通运行状况,提供决策依据,实现大客流精准调度。

6) 多维度宣传引导获得良好效果

运用"上海交通""上海发布"等全媒体平台,发布大型会展活动交通图文出行全攻略,上线"上海交通"抖音号,围绕大型会展活动交通保障方案进一步加大宣传力度。跨前一步积极通过商务团组、旅行社团组等多种渠道,宣传介绍交通保障方案,引导集约化出行。广泛接待上海交通广播、人民网、新华网等媒体进行深度采访、直播和连线,形成强大的宣传合力,有效引导了社会预期。

11.2 / 大型会展交通理念在日常交通中的应用

1) 停车共享理念成为趋势

对于大型会展活动举办场地,一般会根据标准配套停车场。若配套标准较低,则会出现停车位不够的情况,降低活动吸引力;若标准太高,一方面其经济性较低,另一方面也将诱发大量个体交通量,对周边道路交通产生较大压力。针对此情况,大型会展活动停车共享模式已连续多年在进博会中实践,获得良好效果。在日常交通中,由于空间受限,尤其在市区内停车矛盾日益突出。在寸土寸金的市区内建设专用公共停车场不符合经济规律,将周边配建停车资源整合至同一平台形成资源共享是一个重要的解决方向。

2)引导宣传能够改变大众出行理念

通过多次大型会展活动实践,集约出行的理念深入人心,除了提供了优质便捷的集约服务这一基础外,宣传引导发挥了重要作用。因此,在日常交通中对于一些先进理念,需要多宣传、多发布、多解读,通过不断重复,将理念形成一种文化根植于大众心中。

3)停车预约、通行区管控措施作用大

通过花博会、进博会的实践,运用停车预约、通行区管控措施有效控制小汽车出行,显著降低周边道路交通增量,说明大众对此类措施的认可度、接受度较高。这给日常交通中相关措施的实施提供经验。

4)特定区域设置集约专用道具备可行性

G40长江隧桥是上海市节假日"必堵点",且拥堵程度"名列前茅"。花博会在G40上创新性地设置花博会专用道为集约车辆提供优先通行权,对保障各类花博会专线和集约车辆快速通行发挥了重要作用。相关经验可移植到日常节假日G40管理中,通过优先路权提升集约交通占比,降低通道交通量,缓解节假日拥堵。

11.3 / 未来科技在大型会展交通组织中的应用

1)无人驾驶

无人驾驶技术结合物联网技术,能在车辆出行自由度上实现飞跃。对于大型活动而言,一个重要的应用就是场馆园区内部捷运系统。随着展会行业的蓬勃发展,场馆园区越建越大,在能够满足更大规模的大型活动的同时,对观众的步行体力、方向辨识能力要求随之提高,全馆参观下来往往精疲力竭,迷路的情况比比皆是。目

前场馆园区内部捷运系统主要采用小型旅游式电瓶车,运能往往不足,且在人流密集的区域穿梭有安全隐患。无人驾驶技术可有效解决这个痛点,让观众观展体验更佳,包括无人驾驶航空器、无人驾驶车辆等。

(a) 无人驾驶航空器

(b) 无人驾驶车辆

图 11-1　无人驾驶航空器及无人驾驶车辆

2) 基于虚拟现实(VR)的仿真技术

通过 VR 仿真技术,能够构建一个体验更为真实、功能更为丰富的"线上虚拟展馆"(图 11-2)。通过线上展馆的沉浸式体验,完成实物品鉴、沟通交流、商业洽谈等互动,身临其境,实现身不在此更甚此的体验。这将打破空间和时间的局限,从交通出行需求端减少出行需求,避免了一系列交通问题。

图 11-2　VR 线上虚拟展馆示例

3) 地下物流技术

大型会展活动中,除了客运需求外,货运物资的需求也是不可忽略的部分,无论是布、撤展,还是日常物资配送。在进博会等大型会展活动中,需要专门辟出一块停车场作为货运轮候区和货运安检区,对停车资源造成压力。其大量货车在地面行驶,还占用了较多的道路资源,同时也带来了非常突出的安全和尾气排放等问题。因此将城市的大部分货运转入地下,通过管道自动运输(图 11-3),或许将是未来解决货运问题的重要技术手段。

图 11-3 德国 Cargocap(城市地下胶囊车货运系统)

参考文献

[1] LATOSKI S P, DUNN W M, WAGENBLAST B, et al. Managing Travel for Planned Special Events[R]. United States. Federal Highway Administration. Office of Transportation Management,2003.

[2] WALTER H, KRAFT. Managing Travel for Planned Special Events[C]. //ITE 2007 Annual Meeting and Exhibit. 2007:1519-1524.

[3] ZHANG Y C. Modeling Traffic Impact Under Special Events[D]. Akron:University of Akron,2003.

[4] 中华人民共和国国务院.大型群众性活动安全管理条例(国务院令第505号),2007年9月14日;https://www.gov.cn/zhengce/2007-09/21/content_2602489.htm。

[5] 上海市人民政府.上海市公共场所人群聚集安全管理办法(沪府令29号)[EB/OL].(2015-5-15)https://www.shanghai.gov.cn/nw33192/20200821/0001-33192_42784.html.

[6] 上海市城乡建设和交通发展研究院.国家会展中心(上海)交通保障总体方案[R].上海市城乡建设和交通发展研究院,2014.

[7] 李雪.中国会展业国际竞争力的构建[D].大连:东北财经大学,2005.

[8] 张纪周.我国会展业发展研究[D].长春:吉林大学,2008.

[9] 李成,云美萍,杨晓光.日本爱知世博会的交通管理对策[J].城市交通,2007,5(2):19-24.

[10] 王秀宝.人性化的园区交通——日本爱知世博会交通印象[J].交通与运输,2006(01):10-11.

[11] 熊萍,刘永平.日本爱知世博会交通规划与实施效果分析[J].交通与运输(学术版),2006(01):1-5.

[12] 朱昊,赵方.日本爱知世博会客流均衡策略对上海的启示[J].交通与运输,2010,26(03):4-6.

[13] 吴志强,李欣.历届世博会到达交通组织的比较研究[J].城市规划学刊,2006(04):61-67.

[14] 沈悦.有关爱知世博会的回顾与思考[J].中国园林,2006(07):6-12.

[15] 朱亮.自然的睿智——2005日本爱知世博会[J].装饰,2010(12):54-59.

[16] 严佳仲.世界博览会会场内部交通的比较研究——比较研究 Expo'58,Expo'67,Expo'70,Expo'92,Expo2000,Expo2005,Expo2010[J].重庆建筑,2004(S1):47-51.

[17] 田聪.大型会展中心交通疏解策略探讨[J].低碳世界,2018(06):280-281.

[18] 许懋彦,张音玄,王晓欧.德国大型会展中心选址模式及场馆规划[J].城市规划,2003(09):32-39+48.

[19] 郭晟,陆原,黄晓虹.广交会交通需求分析与对策研究[J].科技风,2008(06):83-84+90.

[20] 张海霞.广州市琶洲会展地区交通模式研究[J].交通科技,2010(02):87-90.

[21] 马小毅,王波.广交会交通组织策略[J].城市交通,2010,8(02):42-48.

[22] 广州市人民政府.广州市人民政府关于印发进一步支持中国进出口商品交易会提升影响力辐射面的通知[J].广州市人民政府公报,2021(02):1-5.

[23] 广州市公安局交通警察支队. 广州市公安局交通警察支队关于第130届中国进出口商品交易会期间临时限制通行的通告[J]. 广州市人民政府公报, 2021(28): 34-35.

[24] 方向东, 李玉洁. 第133届广交会交通系统及保障措施探析[J]. 中国会展, 2023(19): 46-51.

[25] 上海市城乡建设和交通发展研究院. 首届中国国际进口博览会交通保障方案与实施方案[R]. 上海市城乡建设和交通发展研究院, 2018.

[26] 谢恩怡, 朱洪. 中国国际进口博览会交通承载力分析及保障方案设想[C]//创新驱动与智慧发展——2018年中国城市交通规划年会论文集. 2018.

[27] 洪于亮. 大型会展类项目的交通客流预测方法研究[J]. 交通节能与环保, 2017, 13(03): 58-62.

[28] 张瑞. 基于出行距离分布的改进重力模型[C]//中国公路学会, 世界交通运输大会执委会, 西安市人民政府, 陕西省科学技术协会. 世界交通运输工程技术论坛（WTC2021）论文集（下）. 2021.

[29] YOON E J, CHEOL K L, HWAN P L, et al. Comparison Study of O/D Estimation Methods for Building a Large-Sized Microscopic Traffic Simulation Network-Cases of Gravity Model and QUEEENSOD Method-[J]. International Journal of Highway Engineering, 2016, 18(2): 91-101.

[30] 来江涛, 胡学平. 恩格尔系数模型的修正及其实证分析[J]. 山西大同大学学报（自然科学版）, 2023, 39(03): 71-75.

[31] 赵会珍, 李中山, 孟丽丽. 大型活动交通分布预测方法比较及应用[J]. 交通科技与经济, 2014, 16(06): 53-55.

[32] WANG Y, GENG K, MAY A D, et al. The impact of traffic demand management policy mix on commuter travel choices[J]. Transport Policy, 2022, 117: 74-87.

[33] 梁兴柳. 大型活动对区域道路交通网稳定性的影响分析方法研究[D]. 石家庄: 石家庄铁道大学, 2022.

[34] DING X, ZHANG S, LIU Z, et al. The Analysis and Calculation Method of Urban Rail Transit Carrying Capacity Based on Express-Slow Mode[J]. Mathematical Problems in Engineering, 2016(1): 1-9.

[35] 美国交通运输研究委员会. 公共交通通行能力和服务质量手册[M]. 杨晓光, 滕靖, 等, 译. 北京: 中国建筑工业出版社, 2010.

[36] 谢恩怡. 进博会交通保障的精细化管理研究[J]. 交通与港航, 2019, 6(05): 28-36.

[37] 上海市城市综合交通规划研究所. 中国博览会会展综合体综合交通规划报告[R]. 上海市城市综合交通规划研究所, 2011.

[38] 上海市城市综合交通规划研究所. 中国博览会会展综合体交通影响评价[R]. 上海市城市综合交通规划研究所, 2011.

[39] 王铭艳, 杨立峰. 中国博览会会展综合体综合交通规划研究[J]. 上海城市规划, 2012(02): 79-82.

[40] 杨立峰, 谢辉. 国家会展中心（上海）交通保障方案研究[J]. 交通与运输, 2014, 30(05): 4-6.

[41] 薛美根, 谢恩怡, 朱洪. 首届中国国际进口博览会交通保障方案研究[J]. 交通与运输, 2018, 34(06): 1-3.

[42] ERTMAN S A, ERTMAN J A, GAVAEV A S, et al. Modern Methods of Project

Management in Road Traffic Organization[J]. IOP Conference Series: Earth and Environmental Science, 2020, 543(1): 1-7.

[43] KARST T G, BERT V W. Accessibility evaluation of land-use and transportation strategies: Review and research directions[J]. Journal of Transportation Geography, 2004, 12(2): 127-140.

[44] DANIEL A B, ERIC J M, Transportation land-use interaction empirical findings in north140. America, and their implications for modeling[J]. Transportation Research, 2000(4): 5.

[45] 陆锡明,陈必壮,朱洪. 世博集约交通[M]. 北京:中国建筑工业出版社,2010.

[46] 陆锡明,邵丹. 世博交通保障方案编制过程与思考[J]. 上海城市规划,2010(2):43-46.

[47] 朱洪,邵丹,陈欢,等. 上海世博集约交通的实践与启示[J]. 城市交通,2011,9(4):76-84.

[48] 朱洪,邵丹,陈欢. 世博集约交通理念的实践[J]. 现代交通技术,2011,8(01):68-72.

[49] 朱洪,邵丹,陈欢. 上海世博会交通组织的主要经验[J]. 交通与运输,2011,27(1):6-8.

[50] 薛美根,邵丹. 世博后上海交通发展的战略思考[J]. 上海城市规划,2012(2):14-17.

[51] 朱浩. 机场联络线浦东机场站建设期间交通组织保障方案[J]. 交通与运输,2021,37(3):1-5.

[52] 上海市城市综合交通规划研究所. 世博会交通跟踪评估报告[R]. 上海市城市综合交通规划研究所,2010.

[53] 上海市城乡建设和交通发展研究院. 上海国际汽车工业博览会交通跟踪评估报告[R]. 上海市城乡建设和交通发展研究院,2015.

[54] 上海市城乡建设和交通发展研究院. 中国国际进口博览会交通跟踪评估(2018—2023)[R]. 上海市城乡建设和交通发展研究院,2018.

[55] 薛美根,朱洪,邵丹. 上海世博交通研判技术与实践[M]. 上海:上海社会科学院出版社,2012.

[56] 陆锡明. 世博客流组织[M]. 上海:同济大学出版社,2010.

[57] 世博会交通协调保障组. 上海世博交通[R]. 世博会交通协调保障组,2011.

[58] 汪勇,范宇杰. 大客流入岛交通组织分析——以崇明花博会为例[J]. 中国市政工程,2019(05):28-30+41.

[59] 刘小明,陈艳艳,荣建. 大型活动交通组织规划理论与方法[M]. 北京:科学出版社,2010.

[60] 刘小明,全永桑,张仁,等. 北京奥运交通规划[M]. 北京:人民交通出版社,2010.

[61] 上海市城乡建设和交通发展研究院. 国家会展中心(上海)首展、车展、医药展等重点展会交通保障方案及跟踪评估[R]. 上海市城乡建设和交通发展研究院,2012.

[62] 耿志军. 大型活动交通需求预测及其交通组织管理方法研究[D]. 合肥:合肥工业大学,2007.

[63] 魏贺,刘斌,刘韵,等. 2019年北京世界园艺博览会客流预测及需求分析[C]//协同发展与交通实践——2015年中国城市交通规划年会暨第28次学术研讨会论文集,2015.

[64] 李娇. 城市大型活动中的观众交通需求预测模型及应用[D]. 天津:天津工业大学,2010.

[65] 黄伟. 新技术、新模式、新生活——未来城市交通的规划思考[EB/OL]. (2017-06-28) https://zhuanlan.zhihu.com/p/27591854? utm_source=wechat_session.

[66] 奕合行. 全景VR展厅——VR全景线上展示优点[EB/OL]. (2121-01-07). http://www.360doc.com/content/21/0107/16/72587493_955694097.shtml.

附录

▶ 进博会外围临时停车场布局图

▶ 进博会临时公交保障线路

附录

▶ 现场保障之公交线路清洁车辆

▶ 现场保障之花博会现场指挥部

▶ 现场保障之进博会现场研究讨论

▶ 现场保障之方案研究讨论

附录

▶ 交通保障设施之国家会展中心周边道路

▶ 交通保障设施之进博会保障停车场

大型会展交通　　从世博到进博

▶ 交通保障设施之进博会保障车辆

▶ 交通保障设施之进博会轨道交通保障

▶ 交通保障设施之进博会轨道交通保障

▶ 交通保障设施之进博会出租车保障

▶ 交通保障设施之花博会综合停车场